中国

注释法学

文库

强制执行法释义

郑競毅 著

2014年·北京

广州大学公法研究中心合作项目

主持人　董　皞

顾问　李步云　应松年

广州大学社科专项资助

商务印书馆图书馆提供版本

总　序

　　一个时代法学的昌明，总开始于注释法学；一个民族法学的复兴，须开始于历史法学。

　　虽然清朝帝制的陨落也正式宣告了中华法系生命的终结，但历史的延续中，文明的生命并不只在纸面上流动。在中华民族近现代法治文明孕育的肇端，中华法制传统转向以潜移默化地形式继续生息，西学东渐中舶来的西方法学固然是塑造中国作为现代民族国家法学的模型，但内里涌动的中国法文化传统却是造就当代中国法学的基因——这正是梅因要从古代法中去寻找英国法渊源的原因，也是萨维尼在德国法体系发展伊始即提出的："在人类信史展开的最为古老的时代，可以看出，法律已然秉有自身的特性，其为一定民族所特有，如同其语言、行为方式和基本的社会组织特征。"①

　　有鉴于此，从历史溯源来探索独特中华法治文明，重塑中华法系，是当代中华民族追求伟大复兴的必由之路。所以，当历史的沧桑和尘埃终于在半个多世纪的岁月里缓缓落定的时候，我们应在此刻再度回眸那个东西文明撞击的年代，会发现，在孜孜探求中国现代民族国家法学发展之路的民国，近代法学的先驱们尝试将曾经推动西方现代法学兴起的注释法学引入中国。孟森、张君劢、郑竞毅、汪文玑、

---

　　① ［德］萨维尼：《论立法与法学的当代使命》，许章润译，中国法制出版社2001年版，第7页。

秦瑞玠、谢霖、徐朝阳……这些人既是中国传统文化滋养下成长的精英，又是怀有开放心态虚心学习世界先进文化的智者，可以说，他们以自觉的时代精神和历史责任感担负起构建民族法学、追求民族复兴的使命，而又不自觉地传递着中华法系传统的理念和逻辑。细细研读他们的作品，不但是对近代民国注释法学派理论研究的梳理，更能对近代以降，现代民族国家觉醒过程中，中国法学建立的历史源流进行深入和系统的把握。

近年来，多部近代法学著作重新被整理推出，其中不乏当时大家的经典之作，然而，从注释法学的角度，系统梳理中国当代法学的理论发展史，尚无显著进展或相关成果问世。由此，余欣闻商务印书馆和广州大学法学学科的教学、科研单位，现合作计划对这批民国时期注释法学的研究成果进行勘校整理，并重新让民国法注释学的经典著作问世，我深感振奋。这套丛书比较全面地覆盖了现代法体系中各个法律部门，能够为展现中国近代法治文明转型和现代民族法学发生、发展史建立起完备的框架，无论对于法制史学，还是对于当代中国部门法的理论研究与制度探索，乃至整个当代民族法学文化的发展而言，都具有极其关键的意义。毕竟，受到法文化传统影响，中国政治对法学和法制的压抑使传统的法文明散落在经典知识体系的各个"角落"而未能独立，虽然有律学这支奇葩，但法独立性的文化基础仍然稀薄。进入近代，在西方法治文明模式的冲击下，虽然屡有"立宪救国"的政治运动以及社会思潮，然而，尝试用最"纯粹"的路径去构建民族法学和部门法制度，还当属这些学术先驱们拟采用的"罗马法复兴"之路径，即用注释法学来为中国民族法学奠基。可以说，勘校和整理这一系列丛书，是法学研究中对注释法学和历史法学的大胆结合，既是对文献研究的贡献，也是突破既定法学研究范式，打通部门法、法理学和法制史学研究的方法创新。

是以，余诚挚期盼该丛书经过勘校整理，能够为中国法制史和部门法学基础理论研究，提供一条贯通历史与现实的"生命线"，望能促进当代中国法学的理论和制度，均能一据历史法学而内蕴传统之民族精神，又外依注释法学而具精进之现实理性，故此为序。

张晋藩

2013年3月15日于北京

凡　　例

一、"中国注释法学文库"多收录 1949 年以前法律学术体系中注释法学的重点著作，尤以部门法释义居多。

二、入选著作内容、编次一仍其旧，唯各书卷首冠以作者照片、手迹等。卷末附作者学术年表和题解文章，诚邀专家学者撰写而成，意在介绍作者学术成就、著作成书背景、学术价值及版本流变等情况。

三、入选著作率以原刊或作者修订、校阅本为底本，参校他本，正其讹误。前人引书，时有省略更改，倘不失原意，则不以原书文字改动引文；如确需校改，则出脚注说明版本依据，以"编者注"或"校者注"形式说明。

四、作者自有其文字风格，各时代均有其语言习惯，故不按现行用法、写法及表现手法改动原文；原书专名（人名、地名、术语）及译名与今不统一者，亦不作改动。如确系作者笔误、排印舛误、数据计算与外文拼写错误等，则予径改。

五、原书为直排繁体，均改作横排简体。其中原书无标点或仅有简单断句者，一律改为新式标点，专名号从略。

六、原书篇后注原则上移作脚注，双行夹注改为单行夹注。文献著录则从其原貌，稍加统一。

七、原书因年代久远而字迹模糊或纸页残缺者，据所缺字数用"□"表示；字难以确定者，则用"（下缺）"表示。

八、入选著作外国人名保持原译名，唯便今天读者，在正文后酌附新旧译名对照表。

目 录

例言 …………………………………………………… 1

绪论 …………………………………………………… 3
 第一 强制执行法总说 ………………………………… 3
 第二 强制执行法之起草经过与内容概要 …………… 4
  附：立法院讨论之经过 …………………………… 13
第一章 总则（第1—44条）[①] …………………………… 16
第二章 对于动产之执行（第45—74条）……………… 137
第三章 对于不动产之执行（第75—114条）………… 188
第四章 对于其他财产权之执行（第115—122条）… 256
第五章 关于物之交付请求权之执行（第123—126条）… 275
第六章 关于行为及不行为请求权之执行（第127—131条）… 280
第七章 假扣押、假处分之执行（第132—140条）… 298
第八章 附则（第141—142条）………………………… 316
附录
 一 民事诉讼执行规则 ………………………………… 318
 二 补订民事执行办法 ………………………………… 335

[①] 含解释例、裁判例、部令，以下各章同。

三　管收民事被告人规则 …………………………………… 346
　四　地方法院及分院处务规程有关条文 …………………… 348

郑兢毅先生学术年表 …………………… 蒋银华　王　堃　349
以公力救济的法制化构建私权神圣之法制
　　——《强制执行法释义》导读 ………………… 张　颖　351

《中国注释法学文库》编后记 …………………………………… 361

附

文件格式目录

债权人声请执行状 …………………………………… 43
民事庭移付执行片 …………………………………… 48
派执达员执行训令 …………………………………… 48
令债务人遵限履行执行命令 ………………………… 49
对债权人领款通知书 ………………………………… 49
传票式 ………………………………………………… 52
讯问笔录式 …………………………………………… 53
通知登记机关为所有权移转之登记公函 …………… 57
向拍买人径向登记机关办理登记通知书 …………… 58
债务人声明查封异议状 ……………………………… 65
对债务人声明查封异议裁定书 ……………………… 66
债务人声请暂缓拍卖状 ……………………………… 67
对债务人声请暂缓拍卖裁定 ………………………… 67
债务人对于"声请暂缓拍卖裁定"抗告状 ………… 68
对债务人抗告驳回之裁定 …………………………… 69
债务人异议之诉状 …………………………………… 73
第三人异议之诉状 …………………………………… 79
撤销强制执行裁定书 ………………………………… 82
债权人报明债务人财产状 …………………………… 90

令书记官调查债务人财产之训令 ……	91
拘票 ……	93
管收票 ……	96
担保书 ……	98
债权人声请向担保人为强制执行书状 ……	98
兴隆票式 ……	103
令债权人调查债务人财产之命令 ……	103
执行凭证 ……	104
执行费表 ……	107
执行费贴用司法印纸证明书式 ……	107
购贴司法印纸用纸式 ……	108
令债权人预纳查封鉴定费通知书 ……	108
收款证式 ……	109
鉴定等费暂领证 ……	110
声请确定执行费用数额书 ……	111
对于声请确定执行费用数额之裁定 ……	111
动产卖得金分配表 ……	114
声明参与分配状 ……	117
向执行当事人通知参与分配事通知书 ……	120
动产卖得金分配表（他债权人声明参与分配后所用者）……	122
向声明参与分配人通知书 ……	124
分配笔录 ……	125
对分配表声明异议书状 ……	130
对分配表声明异议无理由裁定书 ……	130
向商会请予协助查封公函 ……	139
声请实施查封书状 ……	141
令书记官查封动产之训令 ……	141

实施查封向债权人通知书	142
封条格式	142
封标纸式	143
指封结文	151
查封动产笔录式	151
查封物品清单	152
查封动产布告	153
书记官向推事报告债务人动产因另案已受查封书	154
声请撤销查封动产状	157
因债务人之声请而撤销查封动产之布告	158
看管结文式	160
保管结文	161
声请变卖动产状	162
令书记官实施变卖训令	163
鉴定人鉴定动产鉴定书	164
鉴定人具结书	165
令书记官另选鉴定人训令	165
实施拍卖向债权人（或债务人）通知书	167
拍卖动产布告	169
请报馆登载拍卖布告函	170
债务人声请预定拍卖物底价书状	177
执行法院撤销查封之裁定	178
拍卖动产笔录（已终结所用者）	181
拍卖动产笔录（未终结所用者）	182
债权人请求领款状	184
发款笔录	185

给领命令 ……	186
给领报告书 ……	186
领收证 ……	187
令书记官查封不动产之训令 ……	193
查封不动产笔录式 ……	193
查封不动产布告 ……	194
请估价函 ……	198
鉴定人鉴定不动产鉴定书 ……	198
拍卖不动产布告式 ……	202
请报馆登载拍卖布告函 ……	203
标卖不动产布告 ……	204
投标书件式 ……	207
允许拍定裁定书 ……	208
拍卖不动产笔录（已终结所用者） ……	211
拍卖不动产笔录（未终结所用者） ……	212
减价拍卖不动产布告 ……	213
实施减价拍卖不动产向债权人（或债务人）通知书 ……	214
减价拍卖不动产笔录 ……	214
令执员将拍卖不动产移转债权人接收之训令 ……	217
不动产移转证书式（交债权人管业者） ……	218
嘱托登记机关为所有权移转之登记公函 ……	219
向债权人径向登记机关办理登记通知书 ……	219
公告拍卖不动产已移转债权人管业布告 ……	220
依职权决定强制管理裁定 ……	223
债权人声请再行减价或另行估价拍卖书状 ……	224
不动产移转证书式（交承买人管业者） ……	227

条目	页码
不动产移转证书式（交投标承买人管业者）	228
公告拍卖不动产已移转拍买人管业之布告	229
令执达员将拍卖不动产移转拍买人接管之训令	231
对债务人为领回遗留动产之通知书	233
宣告债务人所执不动产契据无效布告	234
对他共有人为共有物应有部分拍卖之通知书	236
声请强制管理书状	238
对于声请强制管理之裁定	238
令执达员将查封不动产点交管理人管理训令	240
为强制管理事向管理人通知书	241
禁止债务人干涉管理人事务及处分收益命令	242
对承租人向管理人给付租金通知书	242
债权人对强制管理人所交数额发生异议时之声明书状	247
债务人对管理人收支计算书声明异议书状（式一）	249
债务人对管理人收支计算书声明异议书状（式二）	250
对债务人关于收支计算书声明异议之裁定	250
宣告终结强制管理之裁定	252
禁止命令计分下列二种	259
收取命令	260
转付命令计分下列二种	261
禁止债务人为处分行为命令式	264
禁止第三人向债务人为移转之命令式	265
命第三人将不动产交与执行法院命令式	265
命债务人将专利权让与于人命令式	268
第三人对禁止命令及转付命令声明异议书状	269
公告债务人所持有书据无效布告	272

不动产权利证明书 ………………………………………… 272
命债务人将其对第三人得请求交付之权利移转债权人命令 ……… 278
对第三人为已将请求权移转于债权人之通知书 …………… 279
命债务人限期恢复所毁老坟原状命令 …………………… 282
派执达员勒令债务人限期恢复所毁老坟原状训令 ………… 282
命债权人以第三人代为履行命令 ………………………… 283
处债务人过怠金裁定 ……………………………………… 289
债权人为命债务人提出相当担保之声请书 ……………… 291
命债务人提出三千元现款担保命令 ……………………… 292
分析遗产证明书 …………………………………………… 295
分析共有物证明书 ………………………………………… 296
债权人声请拍卖假扣押动产书状 ………………………… 304
禁止债务人为处分行为之命令 …………………………… 305
禁止第三人向债务人履行清偿义务命令 ………………… 306
通知登记机关为假处分裁定之登记公函 ………………… 314
为禁止债务人移转房屋所有权之假处分裁定时布告式 …… 314

例　言

本法已由国民政府
于民国二十九年（1940年）一月十九日公布施行

一　本书就最近由立法院通过之强制执行法，逐条加以诠释。

一　前大理院解释例、裁判例及司法院最高法院之解释例与最高法院裁判例，以及司法院院令并司法行政部部令，均择其有关者附入于各条释义之后；惟以上均系以民事诉讼执行规则及补订民事执行办法等旧行法规为根据，经编者详加校阅，遇有与新法条文不相抵触时，始行采录。

一　关于当事人就强制执行所用书状格式及法院办理执行事件所用公文格式，本书均尽量拟制或录入，一一附列于关系条文之后，借供仿用。

一　本书释义，及书状公文格式等务求准确完备，各种条文字句经编者亲自校对，务期减少错误。编首绪论有强制执行法总说，强制执行法之起草经过与内容概要（按即强制执行法草案说明书），并立法院讨论之经过各一篇，对于强制执行法之意义、沿革、编制、内容以及起草通过之经过，均有扼要之叙述与记载，俾资参证。

一　管收条例迄未制订，为便利诠释起见，自本法第二十二条至第二十六条止，特参酌管收民事被告人规则之条文，附带加以说明。

一　强制执行为实现私权之方法，故内容繁复，程序烦琐，以编者之学识经验，终不免有闭门造车之憾，谨以至诚向读者请求教正。

郑　竞　毅

中华民国二十五年（1936年）十月十八日

由京回沪后之第四月

绪　论

第一　强制执行法总说

畴昔之世，法律制度未备，国家权力薄弱，人民私权之保护，恒依自力救济之方式。或对他人之生命加以剥夺，或对他人之自由加以限制，驯至弱肉强食，社会秩序，公众安宁，毫无保障。洎乎后世，法律制度日臻完善，国家权力渐趋扩张，保护私权之方式，由自力救济一变而为公力救济，而此公力救济亦逐渐为国家所专有。至近代法治国家则对于公力救济之实施，更进而以分工合作之精神设置特种机关专司其事，此种机关，即通常所称之法院是也。法院因维护人民私权而适用国家强制力，约有二种方法：其一为对于私权之确定，其一则为对于私权之实行。前者为狭义之诉讼程序，后者则为强制执行程序。

强制执行程序之设，其唯一目的乃在于使人民业已确定之私权，于不满足之状态中，依国家之强制力使其获得现实之满足，换言之：即在于贯澈①人民对于私权之现实的享有，而使其发生实行之效果为目的也。关于此种程序之实施，列国立法例有依民事诉讼不干涉主义之原则，限于权利人基于私权保护之请求权之要求，始行开始者，是曰声请主义。更有除认依权利人之要求始得开始者外，即执行机关之

---

①　澈，通"彻"。

自身，亦可依职权发动，其强制力以开始实施此项程序者，是曰声请兼职权主义。此二主义，以后者为优，故为我国立法例所采。

强制执行程序之实施，与私人权利关系至大，不可不制定极严密之明文，以为准绳，借防流弊。其为此项制定之法规，谓之强制执行法规。但按通常所称之强制执行法规一语，计有广狭二义，广义之强制执行法规，乃包含行政上，刑事上以及民事上之强制执行法规在内。狭义之强制执行法规，则仅为民事上之强制执行法规，此之所谓强制执行法规乃指狭义者而言。惟此项狭义之强制执行法规，更有实质的强制执行法与形式的强制执行法之区别：前者谓一切关于民事上之强制执行法规不论为成文的或习惯的均在其内，换言之，即为该项法规之全体之通称；后者则单指强制执行法法典一种而言。

关于我国强制执行法之制订，乃采单行法主义，与奥匈二国立法例相同，此系以强制执行为非讼事件之结果。诚以强制执行乃诉讼判决后之行为，纯为对于私权之实行，与对于私权之确定显有区别。惟德日及法国等之立法例，则将强制执行程序规定于民事诉讼法法典之内；但仍分诉讼程序，为审判程序与执行程序二种，彼国学者所以均主张强制执行实为诉讼事件者，职是故也。

第二　强制执行法之起草经过与内容概要

强制执行法草案说明书

谨按民事强制执行程序，所以运用国家强制力使民事裁判发生实行之效果，故现代法治国家，莫不有关于民事强制执行之法规。吾国于前清末年所颁行之《各级审判厅试办章程》中，曾有关于民事判决后执行之规定，惟内容简略异常。又广西省曾有单行执行章程；然已于民国九年（1920年）经北京司法部通令废止，且其适用之范围，仅以广西一省为限。余如京师地方审判厅所订执行处规则,不动产变卖章程等,只鳞片羽,并非完璧。其内容较详足资参考者,计有:(一)强制执行律草案[民国四年(1915年)前法律编查会稿];(二)民事诉讼执行规则[民国十四年(1925年)北京司法部修正公布];(三)补订民事执行办法[民国二十二年(1933年)司法行政部通令施行];(四)东省特别区域法院民事诉讼执行规则[民国十五年(1926年)北京司法部准予指令备案]。

本会奉令起草强制执行法,自本年二月起至六月止,历时四月,开会三十五次,计成强制执行法草案八章,都一百四十四条。兹将起草经过及草案内容之概略,分述于次:

甲　起草之经过

本会于二十二年(1933年)春间接奉院令,起草破产法、强制执行法及非讼事件法,当经拟具工作计划,呈奉核准。去年六月间破产法及破产法施行法均告完成,即开始商讨强制执行法之起草,一面搜集各种关系资料,以资参考。本年一月又奉院令,内开:

"为令遵事,案准国民政府文官处第二八〇号公函内开:'案准中央政治委员会秘书处二十五年(1936年)一月九日函为准司法院函送强制执行法原则草案及强制执行法草案请转陈核交立法院审议等因;经陈奉中央政治委员会决议,先交立法院审议原则,抄附原件函请转陈办理。再本会讨论此案时,戴委员传贤主张管收一层,应慎重,立法院讨论列原则第七项时,应特别注意,并希转知,仍函司法院查照等由,附强制执行法原则草案及强制执行法草案各一件。准此,经即转陈奉国民政府批'照办'等因。除函复并函司法院查照外,相应检同原附强制执行法原则草案及强制执行法草案,函达查照审议为荷'等由。准此,合行抄发原件，令仰该会审议具报，此令。"

　　计抄发强制执行法原则草案及强制执行法草案各一件等因；遵即开会讨论，并由拟订该两草案之司法行政部指派代表列席说明。金以强制执行法为程序法之一种，本院起草各程序法时，均未先订原则，此次强制执行法之起草，似亦无先行呈请制定原则之必要，且查奉发之强制执行法原则草案，与一般原则体例不符。据司法行政部代表说明，原系该部所拟强制执行法起草要旨，意在说明强制执行法草案之内容，故与原则体例，未尽吻合。当经议决强制执行法之起草，无须呈请制定原则，在起草中可与司法行政部交换意见，以期周善。至关于管收一层，自应遵照中央政治委员会意旨，于起草时慎重规定等语，呈奉院长提交院会通过。本会旋即根据司法行政部草案，参照各种关系资料及现行民事法规，开始起草。又司法行政部于拟订草案前，曾征集各级法院对于民事诉讼执行规则及补订民事执行办法之意见，一并转送到院，本会亦加审阅，量为采纳。顾问宝道亦先后供给意见多种。至东西各国关于强制执行之法规草案，曾加参考者，举其大要如下：

　　一　德国民事诉讼法　　一八七七年公布，一九一四年修正

　　一　日本民事诉讼法　　一九二六年修正

　　一　法国民事诉讼法　　一八〇六年公布，一八四一年至一九三三年修正

　　一　比利时征收及不动产强制执行法　　一八五四年公布

　　一　意大利民事诉讼法　　一八六五年公布

　　一　突尼斯民事诉讼法　　一九一〇年公布

　　一　摩洛哥民事诉讼法　　一九一三年公布

　　一　瑞士债务及破产法　　一八八九年公布，一九三一年修正

一　土耳其执行及破产法　一九三二年公布
一　奎百克省民事诉讼法　一九三三年修正
一　加利福尼亚省民事诉讼法　一八七二年公布，一九三一年修正
一　法国律师公会拟订民事诉讼法草案　一九三四年拟订

本会于开始起草时，曾邀司法行政部代表到会，对于该部草案加以说明。在起草中顾问宝道亦曾列席发表意见。草案拟成后，复经分别函请司法院，司法行政部及最高法院签注意见，旋准司法行政部、最高法院两机关送到意见各一份，司法行政部并指派代表来院，对于所签意见加以阐述。本院爰又参照各该意见，将所拟草案，重加审查，酌量修正，成此草案，此本案起草经过之大略也。

乙　草案内容之概要

一、民事诉讼执行规则及司法行政部草案内容，俱分六章，即（一）总则；（二）动产执行；（三）不动产执行；（四）其他之执行；（五）假扣押及假处分之执行；（六）附则。而于"其他之执行"章中，兼列数种性质不同之财产权及请求权之执行，即凡属动产不动产以外之他项执行，悉数归纳其内。本案特就该章条文，按其性质，依类编次，析为三章。即"对于其他财产权之执行"、"关于物之交付请求权之执行"及"关于行为及不行为请求权之执行。"编制体裁，似更清晰，且征诸强制执行律草案及各国民事诉讼法，亦不乏先例。至其余各章，则仅略为更改。

二、关于办理强制执行事务之机关，东西各国制度互异。吾国强制执行律草案规定强制执行以依承发吏实施为原则，此系采用外国之成例；然在吾国执行事件，由推事负责办理，较为适当，故民事诉讼执行规则，已规定地方审判厅设民事执行处办理执行事务。现在各地法院有置专任之推事及书记官办理者，亦有以办理各该案件之推事及书记官兼办者。按执行事件，程序既甚繁复，进行又须敏捷，实以设

置专任人员为当,故本案规定民事强制执行事务,于地方法院设民事执行处办理之,并以设置专任之推事及书记官为原则。(本案第一条及第二条,本法亦同)

三、依照民法第八百七十三条第一项规定之原意,系指抵押权人之债权已届清偿期而未受清偿者,得声请法院依拍卖程序,拍卖其抵押物,无须经过确定判决。本会曾于审议行政院咨请从速制定关于不动产抵押法令案时,加以阐明,并经司法院重加解释有案。近来工商各界为便利金融流通起见,极愿抵押物之得以迅速拍卖;惟是否具备民法第八百七十三条第一项所定之要件,须先经法院审核,以裁定许可其执行,以昭慎重,故本案特设规定,将此项裁定,列为强制执行名义之一。对于此项裁定,虽有抗告;但强制执行不因而停止,俾与社会需要,能相切合。(本案第五条及第一九条,即本法之第四条及第一八条)

四、关于强制执行之开始,各国法典有采声请主义者,有采职权主义者,我国强制执行律草案采声请主义,民事诉讼执行规则,则两者兼采用之;但十八年(1929年)三月前司法部又曾有未经声请勿① 庸执行之部令。本案以声请主义为原则,惟于假扣押、假处分及假执行之裁判,有迅予执行之必要,故兼采职权主义,以为补充。(本案第六条,即本法第五条)

五、民法第七五八条规定,不动产物权依法律行为而取得、设定、丧失及变更者,均应登记。土地法第三三条亦有土地权利应行登记之规定。本案特定对于此种权利为强制执行时,执行法院应通知该管登记机关登记其事由,以达执行之目的,而符登记制度之精神。(本案第一二条,即本法之第一一条)

六、强制执行案件,往往经年累月,拖延不结,债权人既蒙损失,社会经济亦受影响,故本案对于程序之进行,力求简捷以矫此弊。(本

---

① 勿,通"毋"。

案第一九条、第三五条、第三七条、第四二条至第四四条、第五九条、第六二条、第六五条、第六八条、第六九条、第七二条、第九六条、第九七条、第一〇三条、第一二三条、第一二六条及第一三〇条,即本法第一八条、第三三条、第三五条、第四〇条至第四二条、第五七条、第六〇条、第六三条、第六六条、第六七条、第七〇条、第九四条、第九五条、第一〇一条、第一二一条、第一二四条及第一二八条)

七、依照一般原则,关于民事强制执行无拘束债务人身体自由之必要。中央政治委员会于管收一层,亦主张慎重;惟现在财产登记制度,尚未颁行,强制执行中债务人每有隐匿或处分其财产之情事,或有逃匿之企图,或其他足以妨及执行程序进行之行为,即担保人亦每有故纵债务人逃亡者,若不加以制裁,则于强制执行之目的显生阻碍。民事诉讼执行规则第八九条有执行处得管收债务人之规定,惟其适用范围甚狭。十七年(1928年)十月前司法部曾公布管收民事被告人规则十三条,所列管收原因,计有四种,适用范围,较前为广,补订民事执行办法又更加以扩充。此次司法行政部草案亦有同样之规定,并增加管收担保人之明文。至于管收期限,则明定为不得逾三个月。对于债务人之再行管收,亦明定为一次,且以管收新原因发生时为限,大致尚属妥善,故本案酌予修改而采用之。(本案第二〇条、第二一条、第二三条至第二七条及第一三一条,即本法第一九条、第二〇条、第二二条至第二五条及第一二九条)

八、本案第二三条、第二六条、第二七条及第一三一条(即本法之第二二条、第二四条、第二五条及第一二九条)所定关于债务人之管收,仅适用于强制执行开始以后,而管收民事被告人规则,在本法施行后,又应归于废止,虽法院于诉讼进行中明知债务人有逃匿之企图,亦将无适当之方法以防止之。一旦诉讼终结,执行等于具文,致债权人空无所获,而债务人转得脱然无累,于社会道德,法律效用,俱有深切之影响。本案爰采司法行政部之意见，规定在民事诉讼进行中债务人显有逃匿之虞者，法院得拘提管收之，以避免将来执行困难。如债务人提出相当担保，即不得为管收。（本案第二五条）（本法本条删）

九、由执行所得之价金如何分配，于债权人有二种不同主义，其一为质权主义，即第一查封债权人就查封物取得质权，得以排除其他之债权人而优先受偿，其一为分配主义，即查封债权人虽先为查封，然并不因此取得优先权，而应与其他要求参加分配之债权人为平均之分配。本案系采分配主义，规定参与分配之债权人除有优先权者外，应按其债权额数平均分配。（本案第四〇条）（即本法第三八条）

十、民事诉讼执行规则第十二条规定执行事件，自开始执行后，不得逾三个月；但有特别情形者，得报明厅长，酌予展限。司法行政部草案，亦设有同等之条文。至各级法院对于此点之意见，颇不一致，有主延长为四个月或六个月者；有主明定展限期间与次数者；亦有主不加限制者。按办理强制执行事件，其所需时日，固因事件之繁简而各有不同；但果漫无限制，则任意拖延，或所难免，故本案仍规定为三个月，遇有特别情形，得报请酌予展限；但每次展限不得逾三个月，庶执行人员对于未结案件，既得顺序进行，又须时加注意，即法院院长，亦易有考核之机会，惟于展限次数，则不强为规定，以免与事实相凿枘。（本案第四四条）（即本法之第四二条）

十一、强制执行法为民事程序法之一种，原与民事诉讼法相辅而行，故实施强制执行中之各种程序，除必须厘订者外，应准用民事诉讼法之规定。本案特于总则章中设为专条，明揭其旨。（本案第四六条）（即本法之第四四条）

十二、对于已查封之动产，其通常之变价方法，厥为拍卖。惟拍卖应经一定程序,较之普通买卖,限制严而需时多,且须支出相当之费用。苟有较为简捷之方法,自宜酌为采用,以谋当事人之利益,而增事实上之便利。强制执行律草案第一一一条至第一一四条。有得变卖扣押物之明文。民事诉讼执行规则第三五条亦有任意卖却之规定;惟其适用范围限制綦严。本案于动产之执行,兼采拍卖变卖两种方法,并规定在拍卖期日前,执行处因债权人及债务人之声请,得变卖查封物之全部或一部,如查封物易腐坏者,执行处得不待声请径依职权变卖。又如金银物品及有市价之物品,亦得不经拍卖程序,径依市价变卖之。(本案第四七条第六二条及第六九条)(即本法之第四五条第六〇条及第六七条)

十三、强制执行,原为满足债权人之权利要求;然债务人之生活,亦不可不顾及,故关于债务人之财产,何者不得查封,何者应予酌留,自应明文规定。民事诉讼执行规则关于此点,虽已有相当之条文;然其范围稍嫌狭隘,本案酌为扩充,以示公允(本案第五四条及第五五条)(即本法之第五二条及第五三条)

十四、民法以拍卖为特种买卖,列于买卖一节以内。而依买卖之通则,买受人对于买卖标的物之瑕疵,有担保请求权。强制执行法上之拍卖,除已有明文者外,固应适用民法之规定;然对于瑕疵担保之问题,则学说颇不一致。本案仿各国立法通例,规定买受人无瑕疵担保请求权,以示与民法有别。(本案第七一条)(即本法之第六九条)

十五、关于动产之拍卖,依民事诉讼执行规则,东省特区地方法院民事诉讼执行规则及司法行政部草案,均有最低债额,及再三减价拍卖之规定。此项规定,程序颇繁,费用颇巨,且亦需较长之时日,而于债权人及债务人均未比较有利益。本案参照外国立法例,规定执行处因声请或认为必要时,应依职权预定拍卖物之底价,此种底价,并不公开宣布。应买人所出之价如低于底价,或虽未定底价而债权人或债务人对于应买人所出之价,认为不足时,由执行处定期再行拍卖;惟在再行拍卖时,即以拍卖物拍归出价最高之应买人,以期敏捷。(本案第七二条,即本法之第七〇条)

十六、关于查封不动产之变价,亦以拍卖为通常方法,惟强制执行律草案及补订民事执行办法,均有标卖之规定,各地法院颇多采用之者,司法行政部草案亦设标卖一条。本案更为较详之规定,以为拍卖程序之补充。(本案第八七条至第九二条,即本法之第八五条至第九〇条)

十七、关于船舶之执行,各国法典,有专立章节,以为规定者。吾国强制执行律草案第四编有对于船舶之强制执行一节。东省特区法院民事诉讼执行规则,亦有船舶之执行一章;惟依海商法第八条规定,船舶以适用民法关于动产之规定为原则,而船舶之得以抵押租赁,则又与不动产性质相同,似无另定专章之必要,故本案仅规定船舶之强制执行,准用关于不动产执行之规定。(本案第一一六条,即本法之第一一四条)

中华民国二十五年(1936年)六月三十日
立法院民法委员会委员
傅秉常　董其政
林　彬　夏晋麟
史尚宽　梅汝璈
吴经熊　瞿曾泽

附：立法院讨论之经过

立法院于七月三日晨，开第六六次例会，到委员吴尚鹰等六十四人。主席孙科，秘书长梁寒操病假，由秘书陈海澄代，当将修正内部组织法案，照法制委员会审查报告修正通过，继审议强制执行法案，先由民法委员会召集人傅秉常报告起草经过，旋撮述该法内容。该法内容要点：(1) 关于民事强制执行，本无拘束债务人身体自由必要，中政会戴委员傅贤于管收一层亦主张慎重。民法委员会对此曾作充分详细研究，佥以现在财产登记制度，尚未颁行，在强制执行中债务人每有隐匿或处分其财产情事，或有逃匿企图，或其他足以妨及执行程序进行之行为。即担保人亦每有故纵债务人逃亡者。若不加以制裁，则于强制执行之目的显生阻碍，故参照英国立法例，在本法中已予采用，并增加管收担保人之明文。(2) 依民法规定抵押权人于债权已届清偿期而未受清偿者，得声请法院依拍卖程序拍卖其抵押物。旋司法院解释此项抵押物拍卖，须经过确定判决，因既须判决即可上诉，致此项抵押案件多迁延难决，抵押权人损失甚大，抵押业务随之一落千丈，沪地产业不景气，金融呆滞，即受此种原因之影响。现为便利金融，活动市面，已将此项抵押物拍卖，只须经过法院审核，以裁定许可其执行，对此项裁定，虽可抗告；但强制执行不因抗告而停止，以期此项抵押案件能获迅速解决。(3) 对已查封动产之变价，偏重于拍卖方法，对已查封不动产之变价，则兼采标卖方法，以期简捷。词毕，即开始二读。

上午讨论之经过

强制执行法付讨论后，委员赵琛首先发言，主于标题上加民事二字,俾得名实相符。陈长蘅附议。林彬谓本法内容全是说的民事强制执行事项,即使标题不说明,亦无不便,且关于刑事中罚金之追缴,亦可适用该法规定,主照原案。史尚宽亦谓不改的好。主席付表决,赞成加民事二字者少数,标题仍旧。

赵琛对第四条强制执行之命令应由院长签名一点,认与下文第五十五条有急迫情形经执行推事许可诸语显有抵触,且在施行上亦有困难,主张删除。因附议者众,表决时以三十五人之赞成,居出席六十四人之多数,遂得通过。

盛振为对第二十五条在民事诉讼程序进行中债务人显有逃匿之虞,法院认为必要时,得拘提管收之,认为流弊过大,法官若恃此为借口,几于无案不能押人。中国人习惯又以被押为奇耻大辱,必千方百计以图释出,而不肖法官,即利用此种心理,作要挟工具。过去沪地发生此类事件甚多,本人决非无的放矢。吕志伊亦谓如此规定不妥,并举本人供职粤司法部事实为证,谓当时为债务受押者,竟达数百名,而对债务清理毫无补益,曾向总理报告,亦认为管收非善策。徐元诰主将此条完全删除,谓否则债权者呈文朝上,债务者即可夕被管收,而管收之期间最多又不能过六个月,试问期满之后,债务者岂不仍可公然逃匿,法院又将何法以济其穷?主席付表决,赞成删除者三十五人,过半数通过。

刘盥训对第二十六条债务人财产经强制执行后所得之数额不足清偿债务者,经债权人同意得命债务人写立书据载明俟有资力之日偿还,指为太苛。谓如此一来,债务人势将永无出头日,主加限制。傅秉常解答,谓中国有一句老话,债务许拖不许赖,此亦拖而不赖之意,欠债还钱,事理之常。立法对债务人困苦及债权人利益,当兼筹并顾。刘复以立法应救济贫苦为理由二次发言。孙院长谓刘委员主张,破产法内已有规定,如债务者自问亏欠过多,自可声请破产。结果本条仍照原案通过。讨论至此，因时间已迟，俟下午续议。计上午二读，通过第一章总则、第二章至第七十四条止。

下午讨论之经过

立法院三日下午三时开会，继续二读，通过强制执行法第三章对于不动产之执行；第四章对于其他财产权之执行；第五章关于物之交付请求权之执行；第六章关于行为及不行为请求权之执行；第七章假扣押、假处分之执行；第八章附则。全文凡一百四十二条，较原草案删去二条，并全部省略三读通过。

第一章　总则

（第 1—44 条[①]）

总则为本法各条之共同原则，即总括本法全编共通规则之规定。除本章以外另有特别明文及因性质相抵触者外，凡关于本法所定之各种执行之共通关系均适用之。本章计条文四十四条，即自第一条起至第四十四条止，兹逐一分析于下：

第一条　民事强制执行事务，于地方法院设民事执行处办理之。

本条为关于民事执行机关之规定

民事乃与刑事一词相对称，目下我国立法采取民商法合一制度，不复再有商事名称，故关于前此商事之执行，均包括于民事执行之内。

关于办理民事强制执行事务之机关，各国立法例均不一致，我国旧时之强制执行律草案采取日本法例，强制执行之实施，在原则上以执达员充任之，惟在民事诉讼执行规则内则规定地方审判厅设民事执行处办理执行事务，故办理民事执行之机关并非专指推事或书记官或执达员，而实为一整个之民事执行处。本法亦以该执行规则施行已久，关于执行事件由此特设机关办理，并无不便之处，故仍从其旧，不加更改。

此种民事执行处应设于为第一审之地方法院内，盖地方法院专司

[①] 以下含解释例、裁判例、部令。

第一审案件，对于所辖案件之诉讼标的物（例如动产或不动产）以及债务人住所均直接在该法院管辖范围之内，故不特未经上诉而确定之判决应由该受诉地方法院所设之民事执行处为之执行，即凡案件之经过上诉法院判决确定以后，亦应以由为该第一审之地方法院所设之民事执行处为其执行之机关，盖为事实上之便利不得不如此也；否则若以民事执行处附设于最高法院或附设于高等法院或其分院内，不独管辖范围广大，鞭长莫及，即未经当事人提起上诉之案件之执行，亦将成为问题矣。故本条明定民事执行处于地方法院内设置之。

于此有一问题，即关于法院其初受理执行事件，后忽发现该执行标的物并不在其管辖范围内时究应如何办理乎？此际如仍继续执行，不特不能达到执行之目的，且与民事诉讼法上之管辖规定相反，故依法即应嘱托该有管辖权之地方法院代为执行。（嘱托公函格式附后）

解释例

民国十九年（1930年）一月二十三日院字第二一八号：

　　甲法院函嘱乙法院执行，则乙法院即为执行法院，如向乙法院提起异议之诉自应受理。

裁判例

民国四年（1915年）前大理院声字第一二号：

　　败诉人若不遵判履行义务，胜诉人得向原第一审审判衙门请求强制执行。

大理院五年（1916年）上字第五九七号：

　　强制执行为第一审衙门之职责，债权人于债务人不肯自由履行债务时，得本于确定判决之债务名义向第一审衙门请求执行，而不得径请本院饬县执行。

民国十九年（1930年）抗字第三三三号：

可供执行之不动产不在执行法院管辖区域内者，由执行法院嘱托该管法院代为执行，乃属通常之事例，如果别无纠葛，尚不能谓为不易执行。

部　　令

民国十八年（1929年）三月二十五日指字第二一二七号：

执行案件之管辖，不必尽属原审法院，如其标的物所在地属他法院管辖，除函请协助外，并得令债权人赴该法院声请执行。

嘱托管辖法院代为强制执行公函

径启者：

查民国　　年度　　字第　　号　　与　　为求偿欠款一案，业经本院判决应偿还　　欠款　　元，及自民国　　年　月　日起至执行终了日止，周年百分之二十之利息，诉讼费用由被告　　负担，确定在案。兹据债权人（即原告）　　状称，债务人系在　　省　　县经营商业，有房屋一所，足供执行，请求嘱托该管法院依法执行等情到院。查该债权人所指财产，系在　贵院管辖范围之内，除批示照准并饬持批投案指封外，相应函请　贵院查照，请于该债权人投案时，派员实施查封，估价拍卖，将款汇解我院，以便转给具领，并希将执行情形随时见复，至级公谊。此致

　　地方法院

地方法院院长
中华民国　　年　　月　　日

第二条 民事执行处置专任之推事及书记官办理执行事务；但在事务较简之法院，得由推事及书记官兼办之。

本条为关于民事执行处之内部组织的规定

民事案件由起诉以至于获得法院之判决为止，手续既繁，历时又久，人民每多感觉讼累之苦，倘于实施强制执行时不再讲求敏捷之道，是益将增加执行当事人之讼累也。关于执行程序既须迅速进行，是非遴选勤慎干练而且谙悉执行程序之人员专司其事不可，此本条之所以有以设置专任推事及书记官以办理执行事务为原则之规定也。所谓专任，与兼任相对称，凡仅从专于一种职务者谓之专任，否则谓之兼任。民事执行处之推事及书记官为办理执行事件之主要人员，概以专任为原则；但如该法院之事务较简时，则专任人员之设置，殊非必要，故本条更设例外规定，即仍得由该院推事及书记官兼负办理执行之任务。惟此处所谓推事，应包括兼任院长之推事在内。又所谓推事及书记官，不特指审判该项案件之原推事及书记官而言，即办理执行时原推事及书记官如已变更，亦可临时由院长指定其他推事及书记官以司其事。观本条法文，此项解释，并无疑义。

第三条 强制执行事件由推事、书记官督同执达员办理之。

本条为关于民事执行之补助人员的规定

执达员旧称承发吏，于地方法院及其分院设置之，其职务在法院组织法第五十二条设有明文，于执行职务时且须绝对服从长官命令。德日民事诉讼法对于强制执行之实施，多由执达员担任。本条则规定由推事、书记官督同执达员办理之，是执达员并非一种独立之执行机关而实系处于补助之地位。关于执达员在本法所定之职务散见各条中，当分别于各该本条内论之，此处不加赘述。至于与执达员在执行上有关之法规，计有承发吏职务章程及承发吏惩奖章程二种，请参阅之。

第四条 强制执行依下列执行名义为之：

一、确定之终局判决；

二、假扣押、假处分、假执行之裁判，及其他依民事诉讼法得为强制执行之裁判；

三、依民事诉讼法成立之和解或调解；

四、依公证法作成之公证书；但以债权人之请求系以给付金钱，或其他代替物或有价证券之一定数量为标的，而于证书上载明应径受强制执行者为限；

五、抵押权人依民法第八百七十三条之规定为拍卖抵押物之声请，经法院为许可强制执行之裁定者；

六、其他依法律之规定得为强制执行名义者。

本条为关于执行名义之规定

执行名义一称债务名义，凡债之内容可使法律上认定确为私权存在之根据，且依法可以执行之债务之公正证书，谓之债务名义。凡有此项债务名义除法院得依职权为实施强制执行外，债权人即可以之为声请实施强制执行之根据，而向执行机关声请强制执行。依本条规定，执行名义计有下列各项，兹分析于下：

一 确定之终局判决

诉讼事件，除撤回和解或诉讼当事人死亡等勿需裁判而行终结外，法院应以终局判决为之。所谓终局判决，与中间判决相对称，前者乃指终结诉讼时所为之判决而言。后者乃关于诉讼实体上或程序上部分之判决而为终局判决之准备的判决。终局判决,必须确定以后,方发生强制执行之效力。凡第一审及第二审法院所为之判决,本限诉讼当事人于一定之上诉期间内(参民事诉讼法第四三七条)准其提起上诉,逾期不行提起者,则其判决有拘束当事人之效力。换言之:即该项判决于一定之上诉期间届满时即行确定也。此外当事人若于宣示判决时以言辞舍弃上诉权者,则该第一审或第二审法院所为之判决,亦即因舍弃而确定。又如上诉人于终局判决前将上诉之全部或一部撤回时,亦不得再行上诉,而该第一审或第二审法院所为之判决,亦即因上诉之撤回而确定。至于第三审法院所为关于维持原审判决或废弃原审判决而自为判决时之判决,则为当然之确定判决,以第三审为法律审且为最高最后之审判故也。于此应注意者,即关于财产权上诉讼之第二审判决如因上诉所得受之利益不逾五百元者,于该第二审之判决宣示时即为确定,不得再向第三审法院提起上诉。(参民事诉讼法第四六三条)

此外复有一事应加注意者,即确定的终局判决之内容,必须为令债务人负担给付之义务,换言之:即必须为给付之判决。至于确认之判决,虽其判决确定以后,亦不能实施强制执行。盖确认判决确定之后,私权亦即确定,自无需再经何种执行程序。若夫创设之判决,其目的在于变更某种法律关系,一经确定,私权关系亦即随而变更,自亦无需别有执行程序。关于夫妇同居之诉,为人事诉讼之一种,凡为此种诉讼所为之判决,虽属给付之判决,然仍不能使其适用关于强制执行之规定。(参阅本法第一百二十八条释义)

二 假扣押、假处分、假执行之裁判,及其他依民事诉讼法得为强制执行之裁判

甲 假扣押之裁定

假扣押者,谓就金钱或得易为金钱请求之请求对债务人财产请求扣押以保全其强制执行为目的而设之程序也。此种程序乃依债权人之

声请而开始，除应具备普通诉讼要件外，并应具备下列各种特别要件：（1）须系就为金钱请求或得易为金钱请求之债权而声请者；（2）须系有日后不能强制执行或在外国为强制执行或其他难于执行之虞者；（3）须系向有管辖权之法院声请者；（4）须系于可得径为强制执行之债务各义，即执行名义不存在时为之者；（5）须系依法定之程式声请之者。

我民事诉讼法对于假扣押之声请，在原则上应在业已到期而债务人不履行时为之；但为贯澈保全强制执行之目的起见，即就未到履行期之请求亦得声请实施假扣押程序。（参第五一八条）

法院就债权人之声请，应即调查，如认为合法或认为有理由时，应即以裁定令为假扣押。此种假扣押裁定，在强制执行法中亦为执行名义之一种。

乙　假处分之裁定

假处分与假扣押在民事诉讼法中同为保全程序。凡就金钱以外之请求为预防其现状之变更以免使其于日后有不能强制执行或甚难于执行之危险时所设之保全程序，谓之假处分。广义方面言之，假处分可分为关于争执物之假处分与关于争执法律关系之假处分二种。前者例如于土地所有权未经确定前暂时禁止当事人在其上建筑房屋是，后者例如夫妇关系未经判决前禁止夫权之行使是。至于狭义方面则仅指争执物之假处分而言，并不包含争执法律关系之假处分在内。我国民事诉讼法则采广义说。

法院对于假处分之声请，亦应调查其是否合法以及有无理由，然后予以准驳之裁判，如认为合法且为有理由时，则以裁定为之。此项裁定在强制执行法中亦即为执行名义之一种。

丙　假执行之裁判

A　假执行之判决

所谓假执行，乃指法院就未确定之判决，许为强制之执行而言。

假执行之判决有依声请而宣告者；有依职权而宣告者。依声请而宣告者有二：

1. 关于财产权之诉讼，原告释明在判决确定前不为执行，恐受难于抵偿或难于计算之损害者，法院应依其声请宣告假执行。（民事诉讼法第三九〇条第一项）

2. 原告陈明在执行前可供担保而声请宣告假执行者。

虽无释明上项情形，法院亦应定相当之担保额宣告供担保后，为之假执行。（民事诉讼法第三九〇条第二项）

法院依职权而宣告假执行者，计有下列五种判决：

1. 本于被告认诺所为之判决；

2. 命履行扶养义务之判决；但以起诉前最近六个月分及诉讼中履行期已到者为限；

3. 就民诉法第四〇二条第二项诉讼所为被告败诉之判决；

此项诉讼计有下列五种：

①出租人与承租人间，因接收房屋，或迁让、使用、修缮，或因留置承租人之家具物品涉讼者；

②雇用人与受雇人间，因雇佣契约涉讼，其雇佣期间在一年以下者；

③旅客与旅馆主人、饮食店主人，或运送人间，因食宿运送费或因寄存行李财物涉讼者；

④因请求保护占有涉讼者；

⑤因定不动产之界线或设置界标涉讼者。

4. 命清偿票据上债务之判决；

5. 所命给付之金额或价额未逾一百圆之判决。（请参民事诉讼法第三八九条）

以上所述关于假执行之宣告，不论基于原告人之声请，或基于法院之行使其职权，概以保全债权人之权利为目的，故此项假执行之宣告亦为执行名义之一种。

B 假执行之裁定

上述为关于假执行之判决，此外尚有所谓假执行之裁定，即对于假执行之宣示由法院以裁定方式为之也。本条亦以之为强制执行之执行名义之一种，依民事诉讼法所规定之情形，可得而言者有四：

1. 上诉有其他显不合法之情形而可以补正者，原第一审法院应定期间命其补正，如不于期间内补正可认为系意图延滞诉讼者，应依他造声请以裁定就原判决宣告假执行，并得酌量情形依职权宣告之。（民事诉讼法第四三九条第二项）

2. 第一审判决未宣告假执行或宣告附条件之假执行者，其未经声明不服之部分，第二审法院应依当事人在言词辩论时之声请，以裁定宣示假执行。（民事诉讼法第四五三条第一项）

3. 第二审法院认为上诉人系意图延滞诉讼而提起上诉者，应依被上诉人声请，以裁定就第一审判决宣告假执行，其逾时始行提出攻击或防御方法，可认为系意图延滞诉讼者亦同。（民事诉讼法第四五三条第二项）

4. 法院依督促程序所颁发之支付命令，如在该命令所载期间已满后，该发命令之法院即应依债权人之声请以裁定宣告假执行，但宣告前债务人提出异议者不在此限。（民事诉讼法第五一三条第一项）

丁 其他依民事诉讼法得为强制执行之裁判

其他依民事诉讼法得为强制执行之裁判计有下列所述各种：

A 负担诉讼费用之裁定

凡诉讼不经裁判而终结者（例如诉之撤回或经和解之类），法院应依声请以裁定为诉讼费用之裁判（民事诉讼法第九十条）。是项裁定一经确定即可为执行名义而依法开始执行。然此系指命当事人负担诉讼费用而言，至于命当事人以外之人负担诉讼费用者，法院亦可裁定为之，兹更分述如下：

1. 法院书记官、执达员、法定代理人，或诉讼代理人因故意或

第一章　总则　25

重大过失致生无益之诉讼费用者，法院得依声请或依职权以裁定命该官员或代理人负担（民事诉讼法第八十九条第一项）。此项裁定一经确定亦可以之为执行名义而开始强制执行。

2. 法院于能力，法定代理权或为诉讼所必要之允许认为有欠缺而可以补正者应定期间命其补正，如恐久延致当事人受损害时，得许其暂为诉讼行为。若该暂行诉讼行为之人并不补正其欠缺者，则凡因其诉讼行为所生之费用，法院均得依职权以裁定命其负担（民事诉讼法第八十九条第二项）。此项裁定一经确定，即可为执行名义而开始为强制执行。

3. 法院对于诉讼代理权认为有欠缺而可以补正者，应定期间命其补正；但仍得许其暂为诉讼行为。如该暂为诉讼行为之人并不补正其欠缺时，则凡因其诉讼行为所生之费用，法院得依职权以裁定命其负担（民事诉讼法第八十九条第二项）。此项裁定一经确定亦可为执行名义而开始为强制执行。

B　关于罚锾之裁定

（a）关于证人罚锾之裁定——除法律别有规定外（例如民事诉讼法第三〇七条之规定），不问何人于他人之诉讼有为证人之义务。如经合法之传唤无正当理由而不到场者，法院得以裁定科五十圆以下之罚锾。如已受此项裁定仍不遵传到场者，再科一百圆以下之罚锾（民事诉讼法第三〇二条、第三〇三条第一项第二项）。

（b）关于当事人罚锾之判定——在调解时法院于必要时得命当事人或法定代理人本人于调解期日到场。当事人无正当理由不于调解期日到场者，法院得以裁定科五十圆以下之罚锾，其有代理人到场而本人无正当理由不从法院之命到场者亦同。（民事诉讼法第四一三条、第四一四条）

上述关于罚锾之裁定均得为抗告，抗告中，应停止执行（民事诉讼法第三〇三条、第四项及第四一四条第二项）。但一经确定，即得为执行名义而据以开始为强制执行。

三 依民事诉讼法成立之和解或调解

甲 和解

和解可分为诉讼上之和解与诉讼外之和解,其依民事诉讼法所成立之和解,乃指前者而言。即两造当事人于受诉法院中在言辞辩论时或在受命推事或受托推事前表示互相让步而停止争执之行为。所谓在言辞辩论时,即不问诉讼程序如何,凡在言辞辩论终结以前,如认为有成立和解之希望时,均得为之。所谓在受命推事或受托推事前,即得依当事人之声请,或依职权使受命推事或受托推事试行和解。其于言辞辩论时试行和解而成立者,应将和解情形及结果记明于言辞辩论笔录中。其由受命推事或受托推事试行和解而成立之和解情形及结果,则应另作和解笔录。

关于上述已成立之和解,其效力与已经确定之判决同,其内容如适于强制执行者则亦为执行名义之一种。(民事诉讼法第三七七条、第三七九条)

乙 调解

调解者,谓当事人对于可以适用民事诉讼简易程序所规定之诉讼(民诉法第四○九条)在起诉前向法院声请而经法院依照法定程序予以调停而解决其争端也。调解一经依法成立,法院书记官即应作成调解程序笔录(民事诉讼法第四二二条),其效力与诉讼上之和解相等。换言之:即与已经确定之判决同其效力,苟其内容适合于强制执行时,亦即为执行名义之一种。

四 依公证法作成之公证书

公证制度在各国多已采用,盖公证制度之功用在于杜息争端,及减少讼累,即使人民就其所为法律行为或其他关于私权之事实,由此得一确实证明方法,诉讼事件即可因之而减少,即或提起诉讼,而受诉法院亦每以之为根据极易判断其曲直，故对案件之迅速了结，实有莫大裨助。我国现亦已于本年［民二十五年（1936年）］开始推行，惟在草创期间仅以首都地方法院、吴县地方法院、上海第一第二特区地方法院，及上海地方法院为试办区域（暂定为二年）。现已有公证暂行规则（计共四十七条）之制定。本条第一项第四款所称之公证法，此后在公证法未经依立法程序办理完竣以前，自系指此种公证暂行规则及其他有关之法规（例如公证费用规则）而言。至于依公证法所作成之公证书，学者又称曰公正证书，即公证人受私权享有人之请求依法定要件所作成之证书。此种证书效力甚大，不特在诉讼法上可为证据之用，即法院并得以其正本为执行法上之执行名义；但于此应注意者，即欲以该公证书为执行名义时，非具备下列各要件不可：

A 须为公证人在其权限内依法定方式所作成者

所谓公证人，乃指地方法院所设公证处内之专办或兼办公证事务之推事而言，至该处之书记官则仅为辅助推事办理公证事务而设。所谓权限，一须为关于民事方面者，二须在公证人管辖区域内作成者，三原则上须为在公证处或公证分处内为之者。至于所谓方式，则为推事于职务上签名时，应记载某法院公证处及其官职，且在文书上仍须具备法定要件，否则不生公证效力。（公证暂行规则第一条至第四条、第七条、第九条至第十条）

B 须为就以给付金钱或其他代替物或有价证券之一定数量为标的之请求而作成者

在交易上测定价格之标准而为货物交换之媒介或清偿债务之方法者，谓之金钱。凡依社会上之观念如能以其种类品质或数量而指定之物曰代替物。至于财产权于证券上表示之，而其券与该财产权又有不可分离之关系者则称曰有价证券。公证书之作成须为关于给付一定金额之给付为请求之标的，或为对于其他代替物或有价证券之一定数量的给付为标的之请求始可，盖苟以依此所作成之公证书作为执行名义而向法院请求强制执行，则数额或数量均已于证书内载明，当事人必无发生争执之余地，而执行法院即可据以开始为强制执行程序之实施，故必不至于有因此而发生难偿之损害也。

C 须有记明关于应径受强制执行之旨者

即于公证书内须记明债务人应立即受强制执行之旨，盖非如此则无以表示公证书作成之目的，而于实施强制执行时亦将不免发生疑义。故为避免困难起见，凡欲充为执行名义所作成之公证书仍须具备此种要件，始有强制执行之效力。

五 关于拍卖抵押物之裁定

民法第八百七十三条规定抵押权人于债权已届清偿期而未受债务人之清偿者，得声请法院，拍卖抵押物，就其卖得价金而受清偿。按债权人向法院提出声请时，法院对于声请拍卖之是否许可，依旧制经司法院之解释，谓此项抵押物之拍卖须经过法院之确定判决，然因既须经过判决程序，当事人即可提出上诉，遂致此项抵押案件每有迁延难决之弊，此于抵押权人颇多损失。迩来抵押业务之一落千丈，学者每谓多种因于此，故本法特于本款规定，抵押物拍卖只须经过法院审核，以裁定方式许可其执行。此项许可之裁定，亦即为执行名义之一种，债权人即可据以请求开始为拍卖程序之实施。至于此项裁定，虽可抗告，但强制执行并不因抗告而停止，盖为使抵押案件能获迅速解决，而免使社会金融再有如前此呆滞之现象也。

六 其他依法律之规定得为强制执行名义者

关于其他依法律之规定得为强制执行名义者，均散处于各种法规中，兹举其重要者数种于后：

A 刑诉法上关于罚金、罚锾、没收、没入及追征之执行

所谓罚金乃财产刑，即令犯人缴纳一定金额之刑也。罚锾，系于证人、鉴定人等违背义务时所施之金钱处分，与罚金之为刑罚性质者不同，没收为刑法上从刑之一种，乃附加于主刑所科之一种财产刑，盖即借没入官以剥夺犯人财产上之利益为目的者也，得为没收之物有三种：一为违禁物，二为供犯罪所用及犯罪预备之物，三为因犯罪所获得之物。按没入，即被告经保释停止羁押后，受传唤无正当理由不到案时，法院依裁定方法得将具保人所缴存之保证金收没之谓也。没入与没收不可相混，前者专指保证金已纳存于官署后因法定原因发生时即不发还，或未缴纳时应加以强制执行而言，后者则指对违禁之物，供犯罪所用及犯罪预备之物，并因犯罪所得之物加以收没而言。前者为诉讼上之一种处分，后者则为刑法上从刑之一种。至于追征则有罚金追征与追征二种之区分，前者即被罚金处分之犯人死亡后，得向其遗产追缴之谓。后者则为法院对公务员所收受之贿赂不能没收时，就其价额加以追补交纳之处分也。例如：所受贿赂一千元业已耗尽或所得之贿为消费物亦已耗完，此时只有令其按照价额如数缴出，故曰追征，与罚金及没收性质虽异，然系介乎二者之间故实为刑法上之一种特别处分。

关于罚金、罚锾、没收、没入及追征之执行，须先有法院之裁判。至负此项裁判执行之责者，厥为检察官。依刑事诉讼法第四七四条及第四七五条之规定，应依检察官之命令执行之；但罚金、罚锾于裁判宣示后，如经受裁判人同意而检察官不在场者，得由推事当庭指挥执行，又罚金、没收及追征如受刑人死亡者，并得就受刑人之遗产执行。此外关于上述各种裁判之执行，并可准用执行民事裁判之规定，故检察官之命令实与民事执行名义有同一之效力。至检察官嘱托民事执行处代为强制执行时，仅为一种协助之关系，对于民事执行处并无指挥命令之权，执行处于接到嘱托书后，即应依法开施强制执行，自不得借故推诿。

B 关于刑事诉讼费用之判决之执行

刑事诉讼所需之费用，例如钞[①]录费、翻译费、邮电费、证人鉴

---

① 钞，通"抄"。

定人及通译之到庭费及滞留费,以及推事并法院书记官出外调查证据之旅费等皆属之。此种费用之征收应由检察官于判决确定后实施执行,如当事人抗不缴纳,检察官得以命令依照强制执行法例办理。[民十七年(1928年)二月二十九日解字第三十七号解释]。此时检察官之命令即与民事强制执行之执行名义有同一之效力。惟检察官嘱托民事执行处代为执行时,亦为一种协助关系,并无指挥命令之权。

此外依破产程序所确定之权利之执行,刑诉法内之私诉判决,劳资争议处理法内之视同争议当事人间契约之决定或裁决以及印花税法规内之罚金,皆可为执行名义。又行政法院、军事法院(军法会审)之私权判决,如嘱托民事执行处执行者,亦均可为执行名义。

解释例

民国三年(1914年)十月二十八日,大理院统字第一七三号:

查附带私诉其性质原系民事诉讼,因审判程序之便利,故附带于刑诉,由刑庭审判。至其执行自应与公诉分别办理,当然由审判厅依民事执行程序为之。

民国六年(1917年)三月十二日,大理院统字第五九〇号:

判决中已确定之一部与其他未确定部分,不相牵连者,自可先予执行。

民国九年(1920年)九月十六日,大理院统字第一四〇二号:

子欠私债,其父无代偿之义务,判决主文内既不及其父,即无向其父执行之理。

民国十年(1921年)五月十九日,大理院统字第一五三三号:

离婚事件如系审判上之和解,条件成就自可请求执行。至关于条件成就与否有所争执,则不论审判上,或审判外之和解,均须诉经裁判。

第一章　总则　31

民国十年（1921年），统字第一六三一号：

　　罚金、过怠金及由具保结人担保之讼费，如有执行名义可据，得径依民事诉讼执行规则，及试办章程四一条执行。

民国十七年（1928年）八月□日，解字第一四一号：

　　甲商控乙机关雇用使用人冒名窃取票款，经三审终结，判令乙机关负责经手追偿，交付执行。则乙机关自不能仅以交出使用人及其铺保即可解除追偿责任。故追偿与赔偿不能混合为一。

民国二十年（1931年）九月二日，院字第五七六号：

　　调解业已成立，一造若不遵行，其他一造应以送达之调解笔录正本，为执行名义，依普通程序声请实施执行。

民国二十一年（1932年）七月二日，院字第七七六号：

　　关于罚金之强制执行，其程序虽可准用执行民事裁判之规定；但检察官对于民事执行处，应嘱托为之，并无指挥命令之权。

民国二十一年（1932年）十二月六日，院字第八二六号：

　　在执行处之和解，亦为审判外之和解，不得据以强制执行。债务人若不照和解履行，债权人得仍就确定判决，声请继续执行。

民国二十二年（1933年）六月五日，院字第九一八号：

　　原确定判决，虽仅令合伙团体履行债务；但合伙财产不足清偿时，自得对合伙人执行，合伙人如有争议，应另行起诉。

民国二十二年（1933年）八月二十八日，院字第九六一号：

　　民事在未起诉前，经法院依法调解者，有与确定判决同等之效力。在民事调解法第十三条定有明文（按该法现已废止），依照民事诉讼执行规则第四条（参阅强制执行法第四条第三款），自得为强制执行。至区乡镇坊调解委员会所为之调解既无明文规定，可为执行根据，则当事人一方如不依调解履行，除由他方向法院提起确认调解成立并给付之诉外，不得遽请执行。

民国二十二年（1933年）十月二十一日，院字第九九一号：

县区公所所为之民事调解，既无与确定判决同等效力之明文，自不得径请执行。

民国二十四年（1935年）三月四日，院字第一二二九号：

人民滞纳税捐，除各该征收法令另有规定外，应依行政执行法办理，不得径就其财产强制执行。

民国二十四年（1935年）三月十二日，院字第一二三八号：

行政机关本其行政权之作用，标封人民之财产，与法院依当事人之声请，对于债务人之财产，实施假扣押，系属两事。若法院将行政机关已标封之财产，实施假扣押，自系就行政机关标封目的以外之财产（即标封目的所剩余之财产）实施假扣押，将来就假扣押之财产，而为分配，纵有多数债权人，亦仅得就其所扣押之范围分配。

民国二十四年（1935年）三月二十五日，院字第一二五〇号：

违反印花税暂行条例处罚案件，依其性质，应归刑庭办理，裁判确定后，移送检察官执行，毋须征收执行费用。

民国二十三年（1934年）四月二十五日，院字第一〇五六号：

二、兼理司法之县政府，如将确属行政处分之事件误用民事判决，除上级法院得因上诉予以改判纠正外，其为判决之县政府，不得自行改判，即其上级行政机关，亦不得令饬撤销，但行政官署仍得依法就该事件另为行政处分。其上述错误之判决，若与行政处分有所抵触，自无从执行。

民国二十四年（1935年）三月二十八日，院字第一二五三号：

院字第一〇五六号解释既谓误用民事判决之事件，如经行政官署另为处分，而该判决，又与此处分相抵触，该判决即无从执行云云。则此判决确定后，虽经当事人呈请执行，或并经上级法院督促进行，亦不应为之执行。若该事件未另有行政处分，则该判决应依法执行自不待论。

民国二十五年（1936年），院字第一四○四号：

在民法物权编所规定之登记法律尚未施行以前，抵押权人于债权已届清偿期而未受清偿声请法院拍卖抵押物时，如债务人或第三人就该抵押关系，并未发生争执，毋庸经过判决程序，即可径予拍卖，亦不因该地之已未实行登记制度而有差异。

民国二十五年（1936年），司法院院字第一五五三号：

一、院字第一四○四号解释对于民法第八百七十三条第一项之声请，既谓债务人或第三人就抵押关系并未发生争执毋庸经过判决程序径予拍卖，即明示此项拍卖不须取得裁判上之执行名义，即可径予执行。在拍卖法未颁布施行以前，自可准照关于不动产执行之程序办理。如债务人就抵押关系有争执时，仍应由债权人提起确认之诉。如第三人就执行拍卖标的有争执时，则应由该第三人依法提起异议之诉。

民国二十五年（1936年），司法院院字第一五五六号：

抵押权人依法声请拍卖抵押物，在声请时债务人或第三人如未发生争执，法院即可径予拍卖，毋庸经民庭裁定。此项声请属于非讼事件，其声请费用应依非讼事件征收费用暂行规则第二条之规定征收。

裁判例

大理院三年（1914年），上字第六四六号：

商店贸易均以股东为债权债务之主体，除有特别法令或当事人特别意思表示或习惯法则外，凡债务之强制执行，不论对于债务人何部分之财产，均得为之。至应尽债务人何部分财产，或应于何时执行，本非审判衙门裁判范围应及之事。

大理院四年（1915年），抗字第五号：

执行衙门就债务人财产开始强制执行时，其债权人有多数者，自得同时执行。

大理院四年（1915年），抗字第五六号：

　　确定判决之既判力仅能拘束诉讼当事人执行衙门不得对于败诉人以外之第三人实施强制执行。惟诉讼案件，系由铺店掌柜执事人提起，或铺店掌柜执事人受诉者，自应以铺东为当事人，而该铺掌柜执事人，即应视为铺东之代理人。

大理院四年（1915年），上字第一五二号：

　　债务人不履行债务时，除依法例不许扣押之财产外，债权人得就债务人一切财产请求执行。

大理院四年（1915年），抗字第三三九号：

　　判决确定后，败诉人如不遵判履行，执行衙门因胜诉人之声请，当然于判决确定之范围内，予以强制执行。如所请并不在判决范围以内，执行衙门不应予以准许。

大理院四年（1915年），抗字第四三五号：

　　案件一经判决确定后，败诉人不遵判履行义务者，执行衙门应就该判决之内容，依法执行，不得变更原判增加败诉人所负担之义务。

大理院四年（1915年），抗字第四五八号：

　　判决之执行，除原告允将债权抵销或自愿舍弃其胜诉之全部或一部债权毋庸执行外，执行衙门应依照原确定判决执行。若被告对于原告有债权可以主张抵销，在原案一二审诉讼进行中，未经适法提出抗辩，或虽已提出抗辩而审判衙门脱漏其全部或一部未予裁判者，则应分别另案诉追，或依法请求补充判决。要不得据为拒绝执行之理由。

大理院四年（1915年），上字第五三五号：

　　判决之效力，不能及于案外之第三人，故第三人所有之财产不能为该判决强制执行之标的。

大理院五年（1916年），抗字第一七一号：

　　诉讼事件一经判决确定，执行衙门应本该判决之内容依法执行，不仅以主文所载为范围，即主文有遗漏或不明了而据其所附理由，苟已判断明晰，与主文不相抵触，亦应依照执行。

大理院六年（1917年），抗字第一一号：

　　同一债务人负有各个金钱债务均经判决确定而不为履行者，则虽由各债权人分别请求强制执行，而执行衙门自得就债务人之财产合并执行。其各债权人对于执行之标的物，除有担保物权外，不得以请求执行在先主张优先之权利。

大理院六年（1917年），抗字第一三三号：

　　债权有物权为担保者，执行衙门于债权人请求强制执行时，应先就担保物变价清偿，有余仍以之返还于债务人，不足则就债务人其他之财产更为强制执行。苟非经债务人之同意不得遽将担保物交付于债权人，听其自由处分。

大理院六年（1917年），抗字第一〇五号：

　　判决确定后，如有有效成立之和解契约，债务人可据以拒绝确定判决之执行。

大理院六年（1917年），抗字第一五四号：

　　族中公共祠产当其设置之初，原以永供祠堂祭飨或其他族中公用为一定之目的，与寻常之共有物自难相提并论，故在未经公同议定废止以前，不得由族人私擅处分。尤不得因族人负有债务之故，即由执行衙门施行查封拍卖等处分以之抵债。

大理院六年（1917年），抗字第二一四号：

　　执行衙门对执行事件苟非胜诉人已有表示让步之意思，不得舍弃确定判决之全部或一部不为执行。

大理院六年（1917年），抗字第二八一号：

　　凡因债务人违反义务而向审判衙门请求执行者，应以债权人持有执行名义者为限。

大理院六年（1917年），上字第四五五号：

  债权人所请查封之物，其所有权既证明应属于第三人，则纵因承揽工作之关系，第三人或不免短欠债务人之工料银款，该债务人于未受清偿之前，得对于第三人拒绝交付该物，而债务人之于该物既未取得所有权，亦非就此有质权，则非经第三人承诺准其变价抵偿，该债权人即不能因债务人之不履行债务，而遽请将该物件查封。

大理院七年（1918年），声字第五号：

  以判决命给付之案，一经确定，败诉人不遵判履行，胜诉人自得向原第一审衙门依法请求强制执行。至判决一部确定者，如于未经确定之部分，并无牵连关系（如抵销），亦得先就一部请求执行。

大理院七年（1918年），抗字第七七号：

  命令给付之诉，一经判决确定，即发生执行之效力。除胜诉人对败诉人另有同种类之给付义务两造并无争执或另经判决确定者外，不得以胜诉人犹有争执之债款遽予执行中准其抵销。

大理院八年（1919年），抗字第二五号：

  合伙债务，其合伙财产不足供清偿者，得依确定判决更就合伙人之财产，请求查封拍卖，以清偿其不足之额。至合伙人或东伙间于对外债务判决确定后，因内部争执提起诉讼，则属另件关系，不容据以对抗执行。

大理院十一年（1922年），抗字第一六六号：

  执行衙门依确定判决实施执行时，应以该确定判决之内容为限。如不在原案讼事范围内，而于判决后始行发生者，乃系另一事件。除由当事人于审判上另求解决外在执行衙门要末便就此未经裁判之事项，径为何种处分。

大理院十一年（1922年），抗字第一七七号：

  败诉人不在者，如有财产，可就其财产执行。

大理院十一年（1922年），声字第一七七号：

　　判决之既判力不及于代理人，故代理人不负执行上之责任。

大理院十一年（1922年），抗字第二一四号：

　　判决一经确定，即有强制执行之效力，无论该判决正当与否，均不许当事人于执行程序中声明不服。

大理院十一年（1922年），抗字第四三二号：

　　债务人一部履行，债权人虽得拒绝领受；但执行衙门实施执行程序时，原系就债务人之财产各别执行，故虽豫①见债务人财产之卖得金不足以消灭全部债务，亦应为之执行。在给付现款时，债务人所交之现款，虽仅足供一部之清偿，而执行衙门亦不应拒绝收受。至执行衙门之收受，与债权人之自收同应有消灭债务之效力。

民国十八年（1929年），抗字第二一〇号：

　　执行之标准，应依判决主文所示之旨趣为之。

民国十八年（1929年），抗字第二四一号：

　　判决之执行，应依主文所表示，主文不明时，始得参照理由加以解释。

民国十九年（1930年），上字第一五号：

　　判决确定后，败诉人如不遵判履行，胜诉人只应于确定判决之范围内，声请强制执行。若不在判决范围以内，两造发生争执之事项，乃属另一事件。除于审判外或审判上另求解决方法外，若胜诉人亦以声请执行，是无执行名义可资依据，不能认为合法。

民国十九年（1930年），抗字第五八〇号：

　　判决于执行法上得为强制执行债务名义者，限于给付判决。

民国十九年（1930年），抗字第八一三号：

　　债务人之财产为债权之总担保，债权人自得任意对之请求为强制

---

① 豫，通"预"。

执行,决无仅由债务人指定应以何种财产充偿之理。

民国十九年(1930年),抗字第二一九号:

执行名义为确定判决时,应以该判决之内容为根据。

民国二十一年(1932年),一月十八日,上字第八九号:

债务人供担保之物,原为担保债之履行,债务人受应为给付之确定判决仍不履行时,债权人自得请求就该担保物为执行,并不因判决主文未明示该担保物得为执行标的之故,遂谓其执行为不合法。

民国二十一年(1932年),一月三十日,抗字第七六号:

一、审判上之和解与确定判决有同一效力,故有强制执行之名义。若非审判上和解,则仅能发生契约关系,因此而起争执,自应依诉讼解决,不得径予查照执行。二、执行处既非受诉法院,又非受命或受托推事,无试行和解之职权,因之执行处所为和解即不能以审判上之和解论,应不发生强制执行之效力。纵令和解属实,亦只应由受理执行异议诉讼之法院参酌裁判,无径行执行之余地。

民国二十一年(1932年),八月二十五日,上字第一七六三号:

债权人未就主债务人之财产为强制执行,保证人固得拒绝清偿,惟保证人若抛弃此权利,即不得对于债权人为此主张。

民国二十一年(1932年),十月三日,抗字第一〇四二号:

按给付判决一经确定,债权人即可请求强制执行。如果执行标的为破产财团之财产,其执行足以侵害破产债权人之权利者,自可由破产债权人自行依法主张,不容债务人借口于破产而请求停止执行。

民国二十一年(1932年),十二月三日,抗字第一二三二号:

债权人于债务人不遵调解履行清偿时,原可本于调解笔录取得之债务名义,请原法院就抵押标的物之田房并予扣押,原可不依保全程序为假扣押之声请。

民国二十二年（1933年）五月二十五日，上字第二一一七号：

抵押权之效力，仅得就权利标的物之卖得金优先受偿，并不得以阻止所有人为其所有物之让与。故所有人苟因另欠债务，由其他债权人对于该抵押权之标的物声请执行。若与抵押权人应受优先清偿之权利不生影响，则抵押权人即不得据以诉请阻止执行。

民国二十二年（1933年）抗字第二五〇五号：

确定判决之执行，依法本应以主文所表示者为准，如主文不明了时，固未尝不可就其理由予以参酌，但若主文并无疑问，即无依照理由执行之理。

民国二十二年（1933年）六月十二日，抗字第七二四号：

担保物权之设定，乃为确保债务之履行，债权人行使债权时，并不以就担保物变价抵偿为限，债务人亦无强以担保物供清偿之权。

民国二十二年（1933年）八月二十一日，抗字第一九七号：

民事诉讼当事人在审判上成立之和解，如一造不遵行，他造自得以和解笔录为执行名义声请执行。

民国二十二年（1933年）九月二十七日，抗字第四一六号：

本于命商号履行债务之执行名义，对于商号合伙员强制执行，固非法所不许；但应以承认不争之合伙员为限，倘对于是否商号合伙员尚有争执，自非执行法院所能审认径予执行。

民国二十二年（1933年）十月十六日，抗字第五六六号：

执行名义之为确定判决者，执行法院自应照判执行。如果执行中所为之庭谕与确定判决之内容不符，非两造当事人同意本不生何种效力，当事人对之亦即无抗告之必要。

民国二十三年（1934年），三月五日，上字第二五七号：

一、民法规定，抵押权人于债权已届清偿期而未受清偿者，得声请法院拍卖抵押物，就其卖得金而受清偿，只谓抵押权人于届期未受清偿时,有就抵押物声请法院拍卖之权利,并非认债务人有要求拍卖之权利。故抵押权人既不愿行使此项权利,即无由债务人强其行使之理。二、抵押权人就抵押物行使权利,抑或径向债务人请求清偿,仍有选择之自由。

民国二十三年(1934年),声字第三八一号:

一、判决之有执行力者,以给付判决为限。若仅得有确认判决,固不得据以声请强制执行。至不服执行处分,须依法请求救济,亦不得向最高法院为解释判决之请求。

民国二十三年(1934年),抗字第一三八九号:

判决确定后,败诉人如不遵判履行,执行法院当然于判决确定之范围内,因胜诉人之声请予以执行。其不在确定判决范围内之事项,既无执行名义,法院固不得率予强制执行,而已判决确定之部分,要无因此停止执行之理。

民国二十三年(1934年),抗字第八〇三号:

执行名义如为确定判决,应以该确定判决之内容为根据,执行法院不得就确定判决之事项,径为何种处分。

民国二十三年度(1934年),上字第二九六六号:

以命商号履行债务之确定判决为执行名义,对于号东财产为强制执行者,应以其不否认为号东始得为之。如果是否号东尚有争执,非另行提起确认之诉得有确定判决确认其为号东,自不得遽向之为强制执行。

民国二十三年度(1934年),抗字第三〇八六号:

债权人因债务人对于裁判决确定后所成立之审判外和解契约,延不履行,请求照确定判决执行,执行法院自应依照原确定判决予以执行,倘债务人声明异议,应命其依法提起异议之诉。

民国二十四年(1935年),抗字第九二一号:

诉讼上之和解与确定判决有同一之效力,义务人若不依照履行,权利人即得向执行法院请求依法执行。

民国二十四年（1935年），抗字第一三二二号：

假扣押之规定系为起诉前或起诉后预防后来不能强制执行或难于执行而设，故在执行中无声请假扣押之余地。

部　令

民国二十年（1931年）三月三日，指字第三五九五号：

当事人不遵调解笔录履行者，应依照民事诉讼执行规则办理，并照章征收执行费。

民国二十年（1931年）三月十九日，指字第四二七一号：

民事调解成立后，不遵照调解笔录履行，应依照民事诉讼执行规则办理，并照章征收执行费至当事人声请法院执行时，亦应依照普通执行办法，一律购用诉状。

民国二十四年（1935年）四月八日，指字第六〇九七号：

查法院以裁定命当事人预纳送达钞录等费，当事人仍不遵行者，如系钞录费，得依征收诉讼费用注意事项第十二款不为钞录，如系送达费得由法院暂垫此项费用，事后再依同注意事项第十三款强制执行。

民国二十五年（1936年）三月二十三日，指字第六四七三号：

查强制执行应依据裁判或和解笔录之正本为之，补订民事执行办法第九条已有明文规定。如判决或和解笔录之正本，未经裁有利息，纵经债权人请求，执行处亦不得给与迟延利息。

第五条　强制执行因债权人之声请为之；但假扣押、假处分及假执行之裁判，其执行应依职权为之。

本条为关于声请主义与职权主义之规定

执行名义之种类，在前条业已列举。但关于其执行程序之开始实施，自不可不有明文以资依据。本条即为应付此项目的而设。按列国立法例对此有全取声请主义者，有全采职权主义者，更有同时兼取声请主义以及职权主义者。我国旧时民事诉讼执行规则，兼取声请主义与职权主义（第四条第一项）；但于民国十八年（1929年）三月司法部则有未经声请勿庸执行之部令，本法则仍仿民事诉讼执行规则之规定。

所谓声请主义，乃指执行程序的开始须经当事人的声请始能进行而言。至于职权主义则谓强制执行，执行机关可以径自开始进行执行程序，勿须预先经过当事人的声请。

本条明定以声请主义为原则，以职权主义为例外，即凡一切强制执行程序的开始均应依据债权人的声请，然后始由执行机关予以实施，是为原则。但关于假扣押、假处分及假执行之裁判，以其有迅予执行之必要，故其执行程序的开始，则应由执行机关依职权为之，是为例外。

依债权人（即有请求实行私权之权利者）之声请而开始执行程序者，应由债权人以书状向民事执行处为之。此项书状之格式附后。

裁判例

大理院十二年（1923年），抗字第三三八号：

执行程序虽得依当事人之声请而开始，惟声请执行应由债权人为之，债务人并无所谓声请执行之权利。故债务人若不任意履行，而就自己财产向执行衙门声请拍卖抵偿，虽经衙门驳斥，而在债务人亦无不利益之可言。凡提起抗告，应以受有不利益之裁决者为限。驳斥此项声请之裁决，自无债务人提起抗告之余地。

民国二十四年度（1925年），上字第一四八七号：

声请强制执行，仅获有执行名义之债权人始得为之。若并无执行名义之第三人，无论其依照确定判决应否受领执行名义上所载之给付，除得向为执行之债权人主张外，要无径向债务人为强制执行之权。

部　令

民国十八年（1929年）三月二十五日，指字第二一二七号：

　　查各国通行法例，强制执行以依债权人声请为原则，未经声请者无庸执行。至债权人所持有执行力之正本，法律上认为债务名义非适合消灭时效之条件，其效力不能消灭。若债务人所在地不明，或明知其所在而实无财产，法院得将有执行力之正本发还债权人，令其调查债务人财产所在，俟呈报后再予执行，若执行后所得金额不足清偿债权之全部，应将已偿还之额数记入于发还之正本内，并注明年月日以便查核。

债权人声①请执行状

　　声请人　　（年龄）　　（籍贯）　　（住址）　　（职业）
　　代理人

　　为声请强制执行事：
　　窃声请人前于　月　　日诉追　　不理欠款一案，已于　　月日奉到
　　钧院判决，令　　如数清偿并负担本案讼费，今已逾上诉期间判决业已确定在案。乃依然不为履行，长此延宕实于声请人权利大有妨碍。为此依法状请　　　钧院鉴核，迅予限令　　于　日内如数清偿完案，否则将　　房屋及动产等查封拍卖，以备抵偿。谨状
　　　地方法院民事执行处
　　　附呈判决正本及判决确定证明书各一件

声请人
代理人

---

① 声，"申"。

第六条　债权人声请强制执行，应依下列规定，提出证明文件：

一、依第四条第一款声请者，应提出判决正本并判决确定证明书，或各审级之判决正本；

二、依第四条第二款声请者，应提出裁判正本；

三、依第四条第三款声请者，应提出笔录正本；

四、依第四条第四款声请者，应提出公证书；

五、依第四条第五款声请者，应提出债权抵押权之证明文件及裁定正本；

六、依第四条第六款声请者，应提出得为强制执行名义之证明文件。

前项各款证明文件，债权人未经提出者，执行处应调阅卷宗；但受声请之法院非系原第一审法院时，不在此限。

本条为关于声请强制执行时应提出证明文件之规定

列国立法例如德日两国关于声请强制执行，除须获得执行名义外，尚须付与执行文。我国强制执行律草案亦同，惟民事诉讼执行规则及本法则均不予采用，仅须获得一定之执行名义为已足，此皆因兼采声请主义与职权主义之故也。

关于债权人之向法院声请为强行执行，既须具有一定执行名义，惟其执行名义之得为执行之根据与否，仍须有一定文件以为证明，故本条特责令声请执行之债权人，依下列规定提出证明文件：

一　依第四条第一款之执行名义而声请者　即以确定之终局判决为执行名义而声请开始为强制执行者，应提出该确定判决之判决书正本，同时并应将判决确定证明书提出。所谓判决确定证明书，乃指当事人向法院书记官声请而由该书记官所付与以为证明该判决业已确定之用之文书而言；例如在不变期间内未经对方提起上诉时，（此时判决即已确定,)使声请而由法院书记官所制作付与之证明书是。关于付与之法院,依民事诉讼法第三百九十八条之规定,判决确定证明书在原则上固应由第一审法院书记官付与之,但如卷宗在上级法院者,则应由该上级法院书记官付与之。此外案经上诉,如债权人仅提出各审级之判决书正本,例如债权人提出第一、第二及第三审之判决书正本者,或对于财产权上诉讼标的之价额或金额在五百元以下而经第一审及第二。审判决时(因此项诉讼不得向第三审上诉)之判决书正本等皆是。此时在事实上并无所谓判决确定证明书之制作,故仅提出各该审级判决书之正本为已足,此不可不注意者也。

二　依第四条第二款之执行名义而声请者　即以假扣押,假处分,假执行之裁判及其他依民事诉讼法得为强制执行之裁判为执行名义而声请开始为强制执行者,此时应向法院提出各该裁判书之正本;例如声请为假扣押或假处分之执行时,应即提出假扣押或假处分之裁定书正本,又如声请实施假执行之裁定或判决时,应即提出假执行之裁定书正本或判决书正本是。至于其他依民事诉讼法得为强制执行之裁判,例如负担诉讼费用之裁定,以及关于罚锾之裁定等皆是,在声请为强制执行时,亦应提出各该裁定书之正本。

三　依第四条第三款之执行名义而声请者　即以依民事诉讼法所成立之和解或调解为执行名义而声请开始为强制执行者,此时应将和解笔录正本或调解笔录正本提出,如无和解笔录而仅系将和解情形记载于言词辩论笔录者,仍应将该项笔录正本提出。至于此处所称之调解笔录乃专指调解成立时所作成之调解程序笔录而言。(参阅民事诉讼法第四二二条)

四　依第四条第四款之执行名义而声请者　即以依公证法所作成之公证书为执行名义而声请开始为强制执行者,此时亦应将该公证书向法院提出，惟此项公证书之内容必须以债权人之请求，系以给付金钱或其他代替物或有价证券之一定数量为标的，而于证书上载明应径受强制执行者为限者，始为有效耳。

五　依第四条第五款之执行名义而声请者　即以依法院对于债权人依法为拍卖抵押物之声请时所为关于许可其为强制执行之裁定为执行名义而声请开始为强制执行者，此时声请人即应将与该债权及抵押权有关系之证明文件向执行法院提出，同时对于前此法院所为之许可裁定书正本，亦应一并提出。

六　依第四条第六款之执行名义而声请者　即其他依法律之规定得为强制执行名义者为执行名义而声请开始为强制执行者，例如刑诉法上关于罚金、罚锾、没收、没入及追征之执行以及关于刑事诉讼费用之判决之执行，并依破产程序而确定之权利之执行，或刑诉法内之私诉判决，或行政法院及军事法院之私权判决等皆是。声请时应提出得为强制执行名义之证明文件，例如关于罚金等之判决书正本及检察官之命令书；刑事诉讼费用判决书正本，及检察官之命令书；破产程序中关于认可调协之裁定书正本或认可和解之裁定书正本；刑事诉讼法内关于私诉判决之判决书正本以及行政法院或军事法院之私诉判决书正本及各该院之嘱托书皆是。

以上均系就本条第一项之规定而言。如对各该证明文件，债权人并未提出，或仅提出其一部时，依本条第二项之规定，执行处应即向原审法院调阅卷宗以便查明该债权人所声请之该项执行名义是否得为强制执行之根据；但若债权人并非向原第一审法院声请执行，而系向该原第一审法院以外之法院声请执行者，此时如令执行处自行调阅卷宗，往返需时，实际上殊多不便，故本条第二项末段规定"不在此限"，换言之：即仍应责令该债权人依法提出文件，以为证明，执行处无庸自为调查。

部　令

民国二十三年（1934年）五月十九日，指字第六八七三号：

执行推事办理执行事件，如遇笔录未臻明确发生争议时，自得咨询该案原审庭长或推事之意见，再行处理。

第七条　法院于民事裁判得为强制执行时，应将裁判正本移付执行处。

本条为关于法院有移付裁判正本于执行处之义务的规定

本法既以民事执行处为实际办理民事强制执行事务之特设的独立机关，则第一审法院对于得为强制执行名义之民事裁判书自有移付于执行处之必要，即如上诉案件之在其他各审级法院中者，亦应将该项案件之裁判书于案件确定以后移付于执行处，务使执行处于接受该裁判书后得即依法以声请或以职权据以开始执行。本条所谓"得为强制执行时"，乃指因裁判确定以后或与确定判决有同一效力时者而言，是在未确定以前固无移付之必要也。又所谓裁判书，须为正本（即由原本缮录而成之缮本而由书记官签名并盖有法院之印章者），如系移付其原本固为事实上不可能，即为副本（即由原本所缮录而成，惟未经认证机关之认证耳），亦为法所不许，至于移付之意义，即将该裁判书正本依法定手续由甲机关移转交付于乙机关之谓。

本条仅定为民事裁判，不特专指民事庭所审理之民事案件，即刑事庭所办理之附带民事诉讼案件，亦应包括在内。又移付时究由该各民刑庭直接办理乎？抑须由该各庭呈经院长再行移付乎？本条就此虽无明文，惟在解释上似乎以由该各民刑庭直接办理之说为当，即就实际上言，亦可因而节省许多手续也。（各种文件格式附后）

民事庭移付执行片

地方法院民事庭片第　　号

　　查民国　　年度　　字第　　号　与　　为求偿欠款事件，业经判决确定。兹依强制执行法第七条之规定将本案移付执行，并将判决正本一份送请　　贵处查照办理。此致

　　同院民事执行处

　　计送

　　判决正本一份

中华民国　　年　　月　　日
民事庭书记官　　印

派执达员执行训令

地方法院训令第　　号

　　令本院执达员

　　案查　　年度　　字第　　号　与　　为求偿欠款执行事件业经判决确定，合行令仰该员按照后开各节前往切实执行，如遇反抗情事，得请该管警察局选派警察官吏协助，限十日内执行终结具报，勿得违延。此令。

　　计开

　　一　要旨（即执行名义）

　　二　债务人姓名

　　三　执行处所

　　四　执行方法

中华民国　　年　　月　　日
院长

令债务人遵限履行执行命令

地方法院执行命令　第　　号

　　为命令限期缴款事：

　　查本院受理　　与　　为求偿欠款事件，业经本院判决确定该债务人　　应偿还　　欠款计洋三千元及自借款日起至执行终结日止周年一分之利息。至诉讼费用亦由该债务人负担。合亟令仰该债务人于令到十日内，迅将上开欠款本利及周年一分之利息并讼费一并缴案以凭给领完案。至执行费用计　　元亦应同时缴纳，如逾期延不遵缴，定将该债务人所有财产查封拍卖，以资抵偿，决不宽贷。此令

　　　　上令债务人　　知照

　　　　　　　　　　　　中华民国　　年　　月　　日
　　　　　　　　　　　　　　　院长　　印

对债权人领款通知书

地方法院通知书第　　号

　　为通知事：

　　查本院执行民国　　年度　字第　　号　　与　　为求偿欠款一案，业据债务人　　将应偿还债权人之抵款本利共计洋　　元如数缴案。合行通知该债权人迅予来院具领，勿延，特此通知。

　　　　上通知债权人　　知照

　　　　　　　　　　　　中华民国　　年　　月　　日
　　　　　　　　　　　　地方法院民事执行处
　　　　　　　　　　　　　　　　推事

第八条 关于强制执行事项及范围发生疑义时，执行处应调查卷宗。

前项卷宗为其他法院所需用时，应自作缮本或节本，或嘱托他法院移送缮本或节本。

本条为关于执行处调阅卷宗之规定

事项：通常系指事物之件数，或为具体的指称某种事实而言，故此处所称强制执行事项，系指应受强制执行之特定事实与其件数而言。范围，则为事物之界限，前者例如某人对于某人因某案件而声请强制执行是，后者例如为强制执行之标的物为何，应受强制执行数额之多寡皆是。

关于应受强制执行之案件，执行处依前条所定于接到法院所移付之裁判正本或依第五条前段所定而系由债权人提出声请书时，应即开始实施强制执行。盖裁判书正本为证明具有执行名义之文书，而债权人所提出之声请书亦必附有为证明执行名义之书面（例如法院判决书，和解笔录，调解程序笔录，公证书等皆是）始可；但为使执行事件迅速进行起见，执行处对于执行名义并无追究其是否合法成立之权限，惟对于该强制执行事项及范围有发生疑义时，则因欲避免执行错误及免除执行困难起见，执行处即应就法院所汇存关于诉讼事件之一切文件加以调查，以期明了；例如对当事人书状，法院笔录，裁判书以及其他与该诉讼事件有关之文书等予以调阅是。

按诉讼卷宗通常仅存一份，同一卷宗之同时为其他法院所需用者，事所难免，故本条第二项特定凡执行处之欲调查该项卷宗而为其他法院所需用时，应选择下列方法之一行之：

一　自作缮本或节本。涉及全部者，应自作缮本；涉及一部者应自作节本。（缮录原本之内容而与之完全相同者曰缮本，又曰誊本。节本则为摘录原本内容之一部，或其重要部分而成之缮本。）

二　嘱托他法院移送缮本或节本。此项规定，一则为避免需用时之争执；二则以防止执行处借口于诉讼卷宗之为其他法院所需用而率尔停止执行程序为目的。

裁判例

民国十九年（1930年），上字第一五号：

　　判决确定后，败诉人如不遵判履行，胜诉人只应于确定判决之范围内声请强制执行。若不在判决范围以内，两造发生争执之事项，乃属另一事件。除于审判外或审判上另求解决方法外，若胜诉人亦以之声请执行，是无执行名义可资依据，不能认为合法。

民国二十二年（1933年），抗字第七九五号：

　　关于确定判决之执行，应本该判决之内容为之。其判决主文不明了，而其所附理由若已判断明悉，与主文不相抵触，自应本于判决之内容，以为执行。

第九条　开始强制执行前，除因调查关于强制执行之法定要件或执行之标的物，认为必要者外，无庸传讯当事人。

本条为关于限制传讯当事人之规定

　　实施强制执行程序，虽得开庭传讯当事人，但为防止执行迟滞起见，凡欲传讯当事人仍须具有下列两种情形始得为之：（一）须为因欲调查关于强制执行之法定要件时。例如执行名义为诉讼上之和解时，在和解笔录内仅记明债务人须将欠款分为五期给付，惟对于给付始期及每期距离时间之长短并未一并载明是。（二）须为关于调查执行之标的物时。例如关于得为执行名义之履行判决，于主文内仅记明令被告人将欠款二万元连同约定利息给付原告，而对于所约定之利率究属若干并未记明时是。又凡具有上项两种情形之一时，自当讯问当事人方可据以执行；但均须由法院认为必要时始得为之。是否必要，自应依具体事实定之，例如在诉讼卷宗内亦无可调查则此时即有传讯当事人之必要是。

传讯谓传唤及讯问。传唤时须用传票，讯问时应作讯问笔录，兹附其格式于下：

传票式

地方法院民事传票	年　（　）　字第　号　　执行一案				
^	被传人姓名		住址		被传事由	
^	应到时期				应到处所	
^	注意	一　被传人务须遵时来院报到如无故不到得许到场当事人一造辩论而为判决 一　本件送达费应查明收据定额数目即时交付送达人不准拖欠 一　送达人如有额外需索准既告发又被传人如呈递书状应记明〇〇年〇字第〇〇〇号 一　此票由被传人带院报到兼代入门证用				
第号	书记官　　　　　　　　　　　　　　送达人				
^	中华民国　　　　　　　　　　　　　年　　月　　日				
^					本票到庭缴销附卷	

讯问笔录式

讯问笔录

债权人

债务人

上列当事人间因　年执字　号请求给付欠款诉讼执行案件于中华民国　年　月　日　午　时在本院民事执行处当庭讯问。

出席职员如下

推　事（姓名）

书记官（姓名）

到庭当事人如下

债权人

代理人

债务人

代理人

证　人

推事问：

　答

　　问

　答

　　问

　答

　　　　　　　　　　中华民国　年　月　日
　　　　　　　　　　地方法院民事执行处
　　　　　　　　　　　书记官（签名）
　　　　　　　　　　　推　事（签名）

第十条 实施强制执行时，债务人如具确实担保经债权人同意者，得延缓执行。

本条为关于得为延缓执行之规定

强制执行既以满足债权人享有其私权为目的，则在将行实施时，苟债务人能提供确实担保，则债权人之私权便不至于无法满足。此时债权人如经表示同意，法律为兼顾债务人之利益起见，对于执行程序得准予延缓实施。此之所谓确实担保，有时为物的担保，有时则为人的担保。对于物的担保，应依客观事实以决定其是否确实，对于人的担保则其情形稍异，除须观察客观事实外，并应由执行处根据主观的认识以决定之。至于所具担保既属确实，然仍非经债权人之同意不可，盖每有一般狡猾债务人，恒借口于提供一定担保而拖延执行之程序以遂其私，故本条特明文规定须经债权人之同意，始得延缓执行。至延缓执行时间之长短本法既未设有明文，自应解为得由执行处酌量情形定之。

第十一条 供强制执行之财产权，其取得、设定、丧失或变更，依法应登记者，为强制执行时，执行法院，应通知该管登记机关登记其事由。

本条为关于供执行之财产权应依法登记之规定

登记者，谓将私法上之权利依照法定程序将一定事项呈请特定公署记载于一定之簿册之行为也。例如不动产物权登记、土地法上之土地登记，以及商标登记、船舶登记、矿业权登记、著作权登记、渔业权登记皆属之。登记制度一方为保护人民之私权而设，一方则为表示国家之行使其监督权。列国法律多有特别法规予以详细规定，我国法律对于登记制度，惜未大备；然散见于各种法规中者亦属不少。本条所谓：

"依法应登记者"自应分别依照各种法规所规定者以为办理之根据。

本条所称之财产权，自系包括债权、物权、准物权，以及智能权等在内。兹特略举在供强制执行时其取得、设定、丧失，或变更依法应登记者于下：

一　物权之得丧变更　此之所谓物权，乃专指不动产物权而言。我国民法第七五八条规定："不动产物权依法律行为而取得、设定、丧失及变更者，非经登记，不生效力。"此项规定乃采取登记要件主义，举凡不动产所有权、地上权、永佃权、地役权、抵押权、典权，概须于登记后始得对抗第三人，盖为交易安全计也。又采此登记要件主义之结果，凡不动产物权之得丧变更时，苟未经依法呈请登记，不特不能与第三人相对抗，即当事人之间亦不能发生效力。是此项物权如系供强制执行时，执行法院实有通知该管登记机关以登记其事由之必要也。

二　土地法上之土地登记　土地登记者，谓土地及其定着物之登记于地政机关所置备之簿册也。与民法物权篇中所称之不动产物权登记相同，惟土地登记除含有私人所有权确定之效力外，尚附有公法上之作用，盖土地登记之目的：第一，乃在于减少土地之纠纷；第二，在于整理土地之税收；第三，在于使地价有正确之标准。故下列土地（不论公有或私有）权利之取得、设定、移转、变更或消灭均应依照土地法所规定之办法呈请登记：A 所有权；B 地上权；C 永佃权；D 地役权；E 典权；F 抵押权（参阅土地法第三十三条）。此项土地权利依法既应呈请登记，则其为强制执行之标的时，执行法院即应通知该管登记机关登记其事由。

三　商标法上之商标登记　我国商标法上称商标登记为商标专用权注册。所谓商标专用权（简称曰商标权）乃指依商标法呈请注册，而有禁止他人之商品使用同一或类似之文字（包括读音在内）、图形、记号或其联合式之权利而言。凡欲取得专用权者，须依法呈请注册，于取得专用权之后，并得与其营业一并移转于他人，且得随使用该商标之商品分析移转（但有例外），又为移转时须呈经商标局核准注册始得对抗第三人（其以商标专用权抵押时亦同）。此外关于专用权期间之续展以及专用权之撤销，均须经过注册手续。据此，关于商标专用权之得丧变更等既须依法经过注册（即登记）手续，故凡以此项权利为强制执行时，执行法院自亦应通知该管登记机关（即商标局）登记其事由。

四　船舶登记法上之船舶登记　所谓船舶，在原则上乃指在海上航行及在与海相通能供海船行驶之水上航行之船舶而言。此项船舶之所有权，抵押权及租赁权等之设定、移转、变更或消灭等，依法亦均应呈请登记，否则不得以之对抗第三人。故凡对于船舶所有权等供强制执行时，执行法院亦应通知该管登记机关（即该船籍港主管航政官署），登记其事由。

五　矿业登记规则上之矿业权登记　矿业权乃包含探矿权与采矿权二种。法律上视为物权（即准物权），不得分割，除继承、让与、抵押（限于采矿权）、滞纳处分及强制执行外，不得为权利之目的。关于矿业权或小矿业权（凡采矿区域之面积不及矿业法第七条所定之最小限度者曰小矿业，对于此项区域以采矿为限之权利则曰小矿业权。）之设定、变更、移转、消灭等，以及矿业权抵押之设定、变更、移转及消灭等，依法亦须呈请登记，凡遇以此种权利为强制执行之标的时，执行法院亦应分别通知该管登记机关（即实业部或省主管官署）登记其事由。

六　著作权法上之著作权注册　所谓著作权，乃指关于文艺、学术或美术上的著作物，因依法呈请注册而取得专有、重制利益之权利而言。此项权利乃属于所谓智能权，其权利之取得、转让及承继等，均须依法呈送内政部请求注册，凡遇有以此项权利供强制执行时，执行法院应即通知该管登记(即注册)机关(指内政部)登记其事由。

七 渔业登记规则上之渔业权登记 凡依法在一国领海或其他公用水面,享有设定渔具以经营采捕业或区划水面以经营养殖业之权利,称曰渔业权。有一般的、专用的与特许的之分。此项权利视为物权(即准物权)。依我国现行之渔业登记规则的规定,渔业权之设立、变更、移转、消灭等及渔业权抵押时抵押权之设立、移转及消灭,并入渔权(谓依契约或地方习惯有入属于他人专用渔业权之渔场以内,从事经营该专用渔业权之全部或一部之权利也。)之设立、移转及消灭等,均须依法呈请登记。凡以此项权利供强制执行时,执行法院应分别通知该管登记机关(在各省为建设厅,在直隶行政院之市为社会局,在各地方如县或市政府。)登记其事由。

通知登记机关为所有权移转之登记公函

地方法院公函　第　　号

径启者:

　　查本院执行民国　　年　字第　　号　与　　求偿欠款一案,业经本院派员将债务人　　所有坐落　　路　　里第　号房屋一所查封拍卖在案。兹查该项不动产业据　　以最高价额拍买并将价金　　元如数缴纳到院,除派员依法移转拍买人接收管业并通知径向

贵登记处办理登记外,相应将权利移转证书一纸送请

贵登记处依法登记,并希于登记后径发交拍买人　　具领为荷。

　　此致

　　　　登记机关

　　　　计送　权利移转证书一件

　　　　　　　　　　　地方法院民事执行处启　　年　　月　　日

向拍买人径向登记机关办理登记通知书

地方法院通知书　第　　号
为通知事：
　　查本院执行民国　　年字第　　号与　　求偿欠款一案，业经该民以最高价额将债务人　　所有坐落　　路　　里第　　号房屋一所拍买，并经本院派员移转该民接收管业各在案。所有应发该民收执之权利移转证书，兹已填送　　登记机关依法登记，合行通知该民，应于　日内带同本通知书前往办理登记手续。幸勿自误，特此通知。
　　上通知　　知照

中华民国　　年　月　日
地方法院民事执行处
推事

第十二条　当事人或利害关系人对于强制执行之命令，或对于执行推事、书记官、执达员实施强制执行之方法，强制执行时应遵守之程序，或其他侵害利益之情事，得于强制执行程序终结前，为声请或声明异议；但强制执行不因而停止。
前项声请及声明异议，由执行法院裁定之。
不服前项裁定者，得于五日内提起抗告。

本条为关于当事人及利害关系人声请或声明异议之规定

对于本条第一项之规定有应予释明者六：
一　当事人　本条所称当事人，即强制执行当事人，此与诉讼上之当事人不同，在诉讼程序中当事人之两造称曰原告与被告，在强制执行程序中其胜诉之一方称为债权人，败诉之一方则称为债务人。前者乃指有执行名义得向法院请求实行满足其私权之一方，后者则指有服从执行机关受强制而负担支付义务之一方。在一般情形而论，诉讼程序中之原告恒为执行程序中之债权人；但如判决原告败诉时，则无执行之可言矣。又如被告有时所提起之反诉成立，原告此时即为债务人，而被告则反成为债权人矣。此外在假扣押及假处分事件，一经法院裁定，债权债务名义业经判明，此时声请人为债权人，而被假扣押人及被假处分人则为债务人。

二　利害关系人　本条所称利害关系人，乃指除执行当事人以外凡对于该执行事件上有利害关系之第三人而言：例如甲乙二人为执行当事人，其执行目的物为土地所有权，第三人丙对该项土地所有权有所主张时，则丙即为利害关系人。

三　强制执行之命令　强制执行命令，谓执行法院就强制执行程序进行中所颁发之命令也，例如查封命令是。

四　强制执行之方法　强制执行方法，谓到达强制执行目的时所采用之手段也。例如在动产之强制执行程序中有所谓查封，在查封动产时应以标封、烙印或火漆印等方法行之是也。又如在拍卖时之评价及公告等方法亦属之。

五　强制执行之程序　强制执行之程序，乃指在强制执行程序实施时，执行人员依法所应经历之过程而言，例如：本法第六十三条所定执行处应向债权人及债务人为通知令其于拍卖期日到场；第六十六条关于拍卖实施期日与拍卖公告后应有至少五日之距离期限；第八十二条关于拍卖期日与公告期日之距离期间的规定，以及第九十六条关于就一部分之卖得金已足供清偿之用时，其他部分应即停止拍卖之规定等皆是。

六　其他侵害利益之情事　所谓其他侵害利益之情事，例如执行程序延滞，或拍卖时之估价不当（太高或太低），或不将债务人所已交出之款项支付于债权人皆是。凡此均于当事人之利益有碍，故均称为侵害利益之情事。

凡强制执行当事人或利害关系人对于执行法院就执行时所为之命令或对于执行推事、书记官、执达员实施强制执行之方法，强制执行时应行遵守之程序，或有其他侵害利益之情事时，以其于私人上之权利显受其影响，法律为贯澈其保护私权之目的起见，不得不设有一种救济之规定，此种救济办法，即许该执行当事人或利害关系人采取下列方式：

一　声请　声请，谓对于执行法院请求其为一定行为之意思表示也，换言之：即当事人或利害关系人向执行法院提出请求，希望其为一定行为也。此种方法属于积极方面的救济。

二　声明异议　声明异议，谓对于对方人之主张或对于法院所为之处分不满时所为之反对表示也。此种方法系属于消极方面的救济，即于当事人对执行机关业经实施的执行方法或程序以及其他处分，认为不当时，始得向其提起异议之声明是。

于此尚有应行注意者有三：

A　关于提出声请或声明异议之时期　关于此点，本条定为应于强制执行程序未行终结以前始得提出，盖若许其于程序终结以后亦得任意提出，不特无以贯澈期望执行事件速结之立法精神，即一般狡猾之徒，亦将凭借此种救济方法以遂其私图矣。

B　关于提出声请及声明异议之方式　关于此点，本法并未明文规定，依一般习惯而言，自应解为以书状（格式附后）或以言词为之均为有效。

C　关于提出后对于强制执行之效力　依照一般情形而论，执行当事人或利害关系人提出声请或声明异议时，对于执行程序等自应有停止其进行之效力；惟本条第一项但书则明定强制执行并不因之而停止，立法意旨盖在于使执行事件之迅速终结而不发生延滞之虞也。

至于上述之声请与声明异议究应向何种机关提出乎？其声请之是否正当，与夫异议之有无理由，究应由何机关予以判定乎？本条第二项对后者设有明文。即"由执行法院裁定之。"据此解释则声请与声明异议之提出，当然亦系向执行法院为之矣。又执行法院于为裁定前是否必须经过言词辩论，亦一问题。查此种声请及声明异议全为关于形式上理由，与实体上之权利无涉，且系全为对于执行机关之行为而提起，故应不经言词辩论而为裁定。（裁定书格式附后）

执行当事人或利害关系人对执行法院就上述之声请或声明异议所为之裁定，如有不服时，本条第三项尚设有下列之规定：

一　得提起抗告　此项抗告之提起，依民事诉讼法第四八三条及第四八五条之规定，自应向为裁定之原法院提出抗告状（格式附后）为之，然后依法送交抗告法院（指高等法院或其分院），由该抗告法院予以裁定。（裁定书格式附后）

二　提起抗告时应于五日内为之　关于抗告期限，民事诉讼法定为以明文规定为五日外（指即时抗告）余均以十日（指普通抗告）为准，概自送达后起算。本条第三项认为本条之抗告实具有特须速行确定之理由，故亦规定其抗告期间为五日。

解释例

民国七年（1918年），统字第八五九号：

　　凡地方管辖之执行案件，无论为地厅抑为县知事之裁判，均可再抗告至大理院。

民国九年（1920年），统字第一三一六号：

　　地方厅简易案件关于执行之声请或声明异议，由地审厅长裁断，如有不服自未便令其再向地审厅之合议庭声明，应向高等厅抗告。至简易案件本属于地方管辖者,应以高等厅为终审。

民国十年(1921年)十二月二十一日,大理院统字第一六五六号:

  民事诉讼执行规则第十条(参强制执行法第十二条)之裁断书,应否送达,条文虽未明定;但既许抗告,即应送达。

民国十一年(1922年)二月二十一日,大理院统字第一六八四号:

  一、债务人已将款项缴出后,复请求发给债权人具领者,此可认为对于执行方法有所声请。二、民事初级案件既由地方厅长裁断,其抗告应归高等厅受理。三、当事人既系对于批词声明不服,又经该厅长加具意见书,自与经过裁断无异,应受理抗告。

民国十八年(1929年)五月十日,院字第八六号:

  附设于高等分院之地方庭,既未特设长官,该庭对内对外各种事务均由分院院长兼管,则对于当事人就执行上有所声请或声明异议时,自应由兼管地方庭事务之分院院长裁断,提起抗告为维持裁判公平起见,应送由高等法院合议庭受理。

民国二十年(1931年)三月六日,院字第四五五号:

  县法院主任推事既有监督全院职权,则其自行办理之民事执行案件,当事人或利害关系人关于其强制执行之方法及于执行时应遵守之程序,有所声请或声明异议时,其裁断之权应属于其直接之上级法院。

民国二十二年(1933年)六月十四日,院字第九三一号:

  三、高等分院附设地方分庭之执行案件,依民事诉讼执行规则第三条,既应以该院院长名义行之,则当事人或利害关系人如依同规则第十条第三项,就执行处推事所发之强制命令声明抗告时,参照院字第八六号解释自应送由高等法院合议庭受理。四、不得径行抗告之执行事项依法应先由院长裁断,如当事人或利害关系人径行声明抗告者,除已表示不愿受院长裁判应送由抗告法院以裁定驳回外,其余为当事人便利计得视为用语错误,仍由执行法院院长依法裁断。(按本解释业已不适用,姑附之以供参考)

裁判例

大理院三年（1914年），声字第二六号：

对于执行命令有不服者，应以抗告向直接上级审判衙门声明。

大理院六年（1917年），抗字第一四二号：

命令给付之诉，一经判决确定，即发生执行之效力，除因声请回复上诉权或声请再审，经该管衙门认有必要情形外，不得率准停止执行。

大理院七年（1918年），抗字第二〇〇号：

执行方法系指查封不动产或动产时之追缴契据，揭示、封闭、启视及拍卖时之评价公告等项而言。若债权人与他债权人或债务人因关于执行物有无优先受偿之权而生争执者，则属私法上权利关系之讼事，而非关于执行方法之异议，应由该管审判衙门查明；如果可认为合法之起诉，即应传集当事人为言词辩论以判决之形式裁判，而不得由执行衙门长官为之裁断。

大理院十年（1921年），抗字第二八五号：

当事人提出保证，原为保护胜诉之一造而设，审判衙门对于此项保证金以善良方法妥为保存，为其职务上应尽之义务。如果保存方法未尽妥善，致有危害之处，亦仅得依民事诉讼执行规则第九条（参阅强制执行法第十二条规定）之规定，向该地方厅厅长及司法行政长官声明抗议，要无遽向上级审判厅声明抗告之余地。

大理院十四年（1925年），上字第六三四号：

拍定除有实体法上无效之原因外，虽拍卖程序或有欠缺，利害关系人亦仅得声明异议或提诉抗告，不得于执行终结后更以程序法上之欠缺为理由，以诉主张拍定之无效。

民国十六年（1927年），抗字第七号：

债务人不服强制执行之方法，及于执行时应遵守之程序，如未经过裁断程序或于发强制执行命令前，未经投案讯问者，自应依法声请或声明异议，以待法院长官之裁断，不得径向上级法院提起抗告。

民国十八年（1929年），声字第五一〇号：

执行法院若对于确定判决延不执行，当事人可径向该管监督长官请予督促依法办理。

民国十八年（1929年），非字第二三九号：

执行法院违反职务，故意将执行案件搁置不理者。利害关系人可向监督长官请予督饬依法办理。

民国十九年（1930年），声字第七二二号：

当事人向执行法院就执行方法有所声请时，应由该法院院长裁断，如不服裁断亦得向上级法院声明抗告，不能径向第三审法院声请转饬执行法院如何执行。

民国二十年（1931年），抗字第三四三号：

当事人因执行官吏违背职务上义务，或执行延滞及侵害其利益，提起抗议时，只应呈由该管院长及向上级司法行政长官声明不服，不能依通常上诉程序以求救济。

民国二十年（1931年），抗字第一六六号：

民事诉讼执行规则第九条（参阅强制执行法第十二条）所谓其他侵害利益，系指执行方法以外之其他侵害而言。

民国二十一年（1932年）十一月二十四日，抗字第一二二二号：

民事诉讼执行规则第九条第三项（强制执行法第十二条改为五日）所定声明不服裁断之七日期间，原系属于当事人或利害关系人不服裁断得向上级司法行政监督长官声明之特别规定，而同规则第十条第二项（强制执行法已无与此相类之规定），当事人或利害关系人不服裁断之抗告，于该条内既未有特别规定，则其抗告期间自应适用通常抗告之法定期间。

民国二十二年（1933年），声字第四十四号：

　　当事人对于执行之方法及执行时应遵守之程序，有所不服，只得向执行法院长官提出抗议，请求裁断。不服此项裁断，得向上级法院提起抗告。若因执行法院不照判执行，或为原确定判决内容相反之执行，或延不执行，当事人应径向该监督长官呈请督饬依法办理。

民国二十二年（1933年），三月三十日，抗字第三四二号：

　　民事诉讼执行规则第十条载，当事人或利害关系人关于强制执行之方法，有声明异议时，由厅长（即院长）裁断之。同条第二项载，不服前项裁断者，得向上级审判厅（即上级法院）声明抗告，对于此项裁断既许抗告，自系属于裁判之性质。为裁判之原法院院长，依民事诉讼法第四百五十八条第二项规定（现行民事诉讼法为第四八八条第二项），在抗告法院裁定前斟酌情形，予以停止执行，于法自非不合。

民国二十二年（1933年），六月二十六日，声字第五九〇号：

　　执行推事、书记官、执达员违背职务上义务，经当事人或利害关系人提起抗议，由执行法院院长裁断后，依法当事人或利害关系人固得于法定期内向上级司法行政监督长官，就其不服声明而为之处置，法律并无更许声明不服之规定。

部　　令

民国二十二年（1933年），十二月十五日，指字第一八八四号：

　　查上级司法行政监督长官，对于当事人或利害关系人依民事诉讼执行规则第九条第二项（参强制执行法第十二条）所为之声明，仍应依裁断方式办理。

债务人声明查封异议状

为不服查封程序依法声明异议事：

　　窃声明人前与　　　因债务发生纠葛一案，业奉　　　钧院判决

令声明人偿还　　债务法币　　元,并负担本案讼费;嗣以声明人无力筹还,又奉钧谕派员将声明人所有动产实施查封各在案,此固声明人自取其咎,自无置喙之余地。惟查强制执行法第五十三条第一项规定:"债务人及其家属,所必需之衣服、寝具、餐具及职业上或教育上所必需之器具物品,不得查封。"是凡在查封之时,此项物品皆不应在查封之列。查　　钧院所派执行人员,对声明人上述各物,均予一并查封,是实不得不认为违背执行时所应遵守之程序。声明人末能甘服,爰特依强制执行法第十二条之规定,向　　钧院声明异议,乞即迅予启封,将依法不应查封之一切物件,悉行取出,以符法纪,而保权利。谨状
　　地方法院

具状人　　押
诉讼代理人
中华民国　　年　　月　　日

对债务人声明查封异议裁定书

地方法院民事裁定书　　年度　　字第　　号

声明异议人:

上异议人与债权人　　因债务发生纠葛执行一案,声明查封异议,本院裁定如下:

主文:

本件原执行人员所为之查封准予启封,并准将依法不应查封之一切物件悉行发还。

理由:

按异议人对于本院所派执行人员所为之查封行为声明异议,核与强制执行法第十二条之规定并无不合。又查本院所派执行人员对于异议人及其家属所必需之衣服、寝具、餐具及职业上或教育上所必需之器具物

品等，于实施查封时并未全数予以除外，业经本院另派人员查复属实，是该异议人所声明之事实，确有根据。本院前派执行人员所为之查封行为显与强制执行法第五十三条第一项之规定殊有未合，应准将查封物启封，并将依法不应查封之一切物件悉行发还，爰为裁定如主文。

地方法院院长

中华民国　　年　月　日

债务人声请暂缓拍卖状

为卧病床褥无力筹款声请暂缓拍卖事：

　　窃声请人与　　因债务发生纠葛一案，奉　　钧院命令将声请人所有坐落　　路　　里第　　号房屋一所，实施查封在案，本应于期限内筹足欠款，如数缴纳，无奈日来忽卧病在床，无力出外筹措，即向亲友移挪，亦须俟病体稍痊后始能办到。伏念　　钧院所定期限，转瞬将届，焦急万状。为此，特行具状声请　　钧院赐予鉴核，准许展期　　日，俾得从容设法，如数缴足，以免实施拍卖而遭损失，实为德便。谨状

　　地方法院

具　状　人
诉讼代理人

中华民国　　年　月　日

对债务人声请暂缓拍卖裁定

　　地方法院民事裁定书　　年度　字第　号
　　声请人：
　　上声请人与债权人　　为债务发生纠葛执行一案，声请暂缓拍

卖，本院裁定如下：

主文：

本件声请驳回。

理由：

按声请人对于本院指定缴款抵偿期限声请延展，其理由略谓日来忽卧病在床，无力出外筹措，即向亲友移挪，亦须俟病体稍痊后，始能办到。据查该声请人，前此已经本院准予展限一次在案。此次忽又托病再行请求，似此迁延，殊与执行迅速了结之旨不合，声请意旨殊难认为有理由，爰为裁定如主文。

地方法院院长

中华民国　　年　　月　　日

债务人对于"声请暂缓拍卖裁定"抗告状

抗告人：

为不服　钧院裁定依法提起抗告事：

窃抗告人因与债权人　　为债务发生纠葛执行一案，声请暂缓拍卖，于　月　日奉到　　钧院裁定，内开：……据查该声请人前此已经本院准予展限一次在案，此次忽又托病再行请求，似此迁延，殊与执行迅速了结之旨不合等因，实难认为允当查前次声请展限，系因声请人家有丧事，无暇顾及筹款事宜，而债权人　亦同意展期履行。此次则为二竖所困，皆出意料之外，并非借故拖延，即债权人亦无不同意之处。为此依据强制执行法第十二条第三项提出抗告，伏乞钧院鉴核，将原裁定予以废弃，并准再予展缓拍卖，不胜感戴之至。谨状

地方法院

具状人　　押

中华民国　　年　　月　　日

对债务人抗告驳回之裁定

高等法院民事裁定　　年度　字第　　号

抗告人：

上抗告人因与债权人　　为债务发生纠葛执行一案，对于中华民国　年月　日地方法院所为之裁定，提起抗告。本院裁定如下：

主文：

抗告驳回；

抗告费用由抗告人负担。

理由：

按抗告人以卧病为理由声请暂缓拍卖，如果属实，自当照准。兹据债权人　　呈报抗告人所述卧病一节，全为拖延搪塞之计，证诸该抗告人尚亲自前往与该债权人疏通和解一事，即可明了。况抗告人前此已曾声请展期缴款一次，如果再予暂缓拍卖，则执行程序之结束势将长此拖延，殊违执行程序迅速进行之原则，原裁定驳回声请，并无不当，抗告殊无理由。

据上论结，本件抗告为无理由，依民事诉讼法第四百八十九条第一项、第九十五条、第七十八条裁定如主文。

高等法院民庭
推　事
中华民国　　年　月　　日

第十三条　执行法院对于前条之声请，声明异议或抗告，认为有理由时，应将原处分或程序撤销或更正之。

本条为关于前条声请声明异议或抗告之效力的规定

依前条规定所提起之声请，声明异议或因不服执行法院对于上述声请及声明异议所为之裁定而提起之抗告，虽均无停止执行之效力；但该执行法院苟认为具有理由时，则对于前此所为之原来处分或对于前此所开始之程序应加以撤销或予以更正。盖当事人或利害关系人所为之声请或声明异议，以及抗告或为要求执行机关为一定行为或为表示其不满于执行机关所为之原处分或原程序，苟执行法院认其主张为具有相当理由时，自应予以撤销或予以更正，以资救济。

第十四条 执行名义成立后，如有消灭或妨碍债权人请求之事由发生，债务人得于强制执行程序终结前提起异议之诉。如以裁判为执行名义，其为异议原因之事实发生在前诉讼言辞辩论终结后者，亦得主张之。

本条为关于债务人异议之诉之规定

异议之诉（即执行异议之诉）有由债务人提起者，有由利害关系之第三人提起者，前者曰债务人异议之诉，后者曰第三人异议之诉，又称曰执行参加之诉。学者间亦有径称第三人异议之诉为执行异议之诉者。按诸我国现行法，自非正确。

按异议之诉与本法第十二条所称之声明异议不可相混：

第一，异议之诉之提起的原因，须为基于实体法上之理由；声明异议之提起，则全为关于形式上理由。（指执行机关之行为而言）

第二，异议之诉须经审判程序以判决方法解决之；声明异议则否，其解决方法以裁定为之。

第三，异议之诉之提起，仅以债务人及有利害关系之第三人为限；声明异议，则除债务人及有利害关系之第三人外，债权人亦可提起之。

　　本条所称执行名义，自系包括一切（参阅本法第四条）。在其成立以后，苟有可以消灭或妨碍债权人该业已确定之请求权之事由发生，例如：债务已经履行；债权人允许免除；债权人允许展限清偿；消灭时效业已完成；标的物业已消失皆是。又如执行名义中所载之债务业已与债务人其他之债权相抵销，或如执行名义所载者为令债务人负担扶养义务，其后权利人已有资力维持生活，或债务人其后因经济状况之变迁而竟不能维持其一己之生活时等皆是。凡有上述各种事由发生，即认为具有可以消灭或妨碍债权人业已确定的请求权之原因，此时债务人即可提起异议之诉（诉状格式附后），以排除强制执行。惟异议诉讼须于该强制执行程序未行终结提起始为有效，盖若许其于程序终结后亦得为之，是不啻予债务人以任意拖延执行程序之机会也。

　　以上所述系就一般执行名义而言，即债务人所主张为异议诉讼之原因的事实，须系于执行名义成立以后所发生者始得提起，是为原则，例如：债权人与债务人业经审判上之和解成立，其后债权人又准许展限清偿，此时债权人如仍据该已成立之执行名义请求执行，则债务人即可向法院提起异议之诉，以谋救济。至于执行名义为裁判时，其为异议原因之事实如系在前诉讼言辞辩论终结后发生者；例如债权人向法院诉请判令债务人清偿债务，在言辞辩论终结以后未经法院宣示判决以前，债权人为维持与债务人彼此间之感情起见，当即许其免除一部份欠款，嗣后于判决确定以后，债权人如再依据该判决以为执行名义径向法院声请令债务人为全部欠款之执行，则债务人亦可出而主张，以诉之方式向法院提出异议。此项规定，实为维持裁判之确定力而设。

解释例

民国十四年（1925年），前大理院统字第一九五一号：

查执行异议之诉以系在原案之执行程序所发生，且其诉讼标的在否认债权人之强制执行请求权，故债权人虽为有领事裁判权国人民，仍得以之为被告，向中国执行审判厅提起。

民国二十五年（1936年），院字第一四九八号：

执行名义之请求权虽已罹时效而消灭，执行法院仍应依声请执行，惟债务人得提起异议之诉。

裁判例

大理院四年（1915年），抗字第五一号：

债权人得本于正当确定之债务名义声请强制执行，而债务人因有债务名义成立以后之原因，以致其债务名义不适于执行者，得对于债权人提起异议之诉，请求更为该债务名义不适于执行之判决，至此项异议诉讼之程序一依普通诉讼程序为准，有无理由，应由两造为言词辩论后以判决裁判之。

大理院四年（1915年），上字第一五四号：

债务人就因判决而确定之请求提起异议之诉，请求免除其执行者，必须判决后新发生有足以使该请求权消灭或延缓行使之原因（如清偿免除或延期之承诺等是）始得为之。

民国四年（1915年），前大理院抗字第四五八号：

判决之执行除原告允将债权抵销或自愿舍弃其胜诉之全部或一部债权毋庸执行外，执行衙门应依照原确定判决执行。若被告对于原告有债权可以主张抵销，在原案一二审诉讼进行中未经适法提出抗辩或虽已提出抗辩而审判衙门脱漏其全部或一部未予裁判者，则应分别另案诉追,或依法请求补充判决,要不得据为拒绝执行之理由。

民国二十二年(1933年),抗字第二四四号:

  债权人就债务人之数宗不动产声请查封拍卖后,复就其一部分撤回查封拍卖之声请,而仅以其中若干宗供拍卖,本非法所不许,自不容债务人提出异议。

债务人异议之诉状

为声明执行异议事:

  窃具呈人与债权人　　为负担赡养费发生纠葛一案,业经钧院判令具呈人应按月给付该债权人法币　　元,并负担讼费在案。兹因具呈人所业棉纱交易于本月　日因投机失败,连日报纸已有登载,前此财产名誉尽付东流,目前具呈人一己之生活,尚不足维持,安有巨款向债权人按月给付。为此依照强制执行法第十四条之规定应认为有阻止债权人请求之事由发生,理合具状　　钧院鉴核准予更为不适于执行之判决,以免除其执行,不胜感祷之至。谨状

  地方法院

具呈人　　押

中华民国　　年　　月　　日

第十五条　第三人就执行标的物有足以排除强制执行之权利者,得于强制执行程序终结前向执行法院对债权人提起异议之诉。如债务人亦否认其权利时,并得以债务人为被告。

本条为关于第三人异议之诉之规定

  强制执行名义之效力,仅及于债务人,故实施执行时,其执行之

标的物，仅以属于债务人者为限，且执行之实施以迅速为贵，但执行之标的物果为债务人所属之财产与否，执行机关无充分之调查者往往有之，设于实施执行时，债权人因故意或过失，遽将第三人之财产，竟指为债务人之财产而以之为执行之标的物，请求加以执行，是第三人之权利因此必遭侵害。法律为保护第三人之利益起见，不得不许该利害关系之第三人提起异议之诉（诉状格式附后），以谋救济，此本条之所由设也。

第三人提起异议之诉时，须具备下列各条件：

1. 第三人对于执行标的物须为享有足以排除强制执行之权利者。所谓享有足以排除强制执行之权利，即第三人对于标的物所享有之权利须为足以阻止对于该标的物之强制执行，例如：以某土地为执行标的物时，第三人为自己利益起见出而请求确认该土地为本人所有，是该第三人所主张之所有权即为足以排除强制执行之权利。

2. 须为于执行程序开始后终结前提出者。第三人异议之诉之提出，其时期须为于执行程序开始后终结前。其于执行程序开始前固无提起此诉之理由，至于在程序终结后提起者，以程序既经终结，自不容第三人再以异议之诉扰及已终结之执行程序，故本法特以明文予以规定。窃以目前法院民事执行案件，恒有经年累月不能结束者，考其原因，多由于债务人暗中勾串第三人出而提起异议之诉所致，而且此种异议之诉无正当理由者，十居七八。本条明定异议之诉于执行程序终结前均可为之，似乎失之于泛。如能改为第三人对于执行标的物（尤其是不动产）有足以排除强制执行之权利者，于知有执行之日起于二十日内，得向执行法院提起异议之诉，则于执行程序之迅速进行实较有莫大之补助也。

3. 须为向执行法院提起者。强制执行事件既属于有管辖权之法院（此时名曰执行法院）则第三人异议之诉自亦应向该执行法院提出，其向他法院提起者，自属于法不合。

4. 须为对债权人提起者。关于第三人异议之诉，其目的在于阻止执行的效力以争取执行标的物之实体上的权利，债权人在执行程序中乃系以执行名义向法院请求实行满足其私权，故在第三人异议诉讼中实与提起异议诉讼之第三人处于相反地位，自应以债权人为被告，然此系就债务人亦承认该第三人对执行标的物确享有足以排除强制执行之权利时而言，若债务人亦予以否认时，是其与债权人实具有同一之主张，此时该第三人之异议诉讼，即得以债务人并列为被告。以期达到排除其为强制执行之目的。

解释例

民国十三年（1924年），统字第一八八六号：

声请执行人取得债务人之地亩，其第三人之典权，仍归继续存在。

民国二十年（1931年）八月七日，院字第五二〇号：

甲将其所有地先典与乙，后卖与丙，丙向乙求赎涉讼，经判决准赎确定执行，因乙于事先已将地出卖与丁，故丁提起异议之诉，但丁之起诉若仅以乙一人为被告，其效力不能及于丙，只得作为确认卖地有效之诉，而不得谓之执行异议诉讼。至于就他人两造之诉讼物为自己有所请求而涉讼者，得向本诉讼之第一审法院行之，此在民事诉讼条例第三十一条已有规定。如果主参加人因本诉讼已系属于第二审，因而误向第二审提起主参加诉讼，第二审自应为驳回其诉之判决。

民国二十年（1931年）八月十八日，院字第五五九号：

第三人之财产不能为执行之标的，债务人之不动产于执行开始前，苟已合法移转于第三人，即属第三人之财产，该第三人于执行终结前，虽未提起异议之诉，而其所有权并不因此而丧失，自得以现占有人或侵害权利人（即对于该不动产声请执行人），为被告提起普通诉讼。至民事诉讼执行规则第五十四条乃关于异议之诉，应于何时提起之规定，于所有人之所有权无何影响。

民国二十年（1931年）九月二日，院字第五七八号：

强制执行中拍卖之不动产，为第三人所有者，其拍卖为无效，所有权人于执行终结后，亦得提起回复所有权之诉，请求返还。法院判令返还时，原发管业证书当然失其效力，法院自可命其缴销。

民国二十四年（1935年）一月二十九日，院字第一二一二号：

执行异议之诉系由该执行之本案相连而生，乃对于执行之标的，排除其强制执行为其保护之方法，故该债权人虽系有领事裁判权国之人亦得依法以之为被告提起诉讼。

民国二十四年（1935年），院字第一三七〇号：

拍定之不动产因执行异议之诉之结果，应归属于第三人，不问第三人曾否声请停止查封拍卖，亦不问法院就其声请曾否准许，当然失拍定之效力，拍定人若因之而受有损害，应由请求查封人负赔偿之责。

民国二十五年（1936年），院字第一五二一号：

乙对甲之房屋卖得金有优先受偿权，既得有确定判决，除丙对乙提起异议之诉，另有不得与丙对抗之确定判决外，纵令乙未登记，仍应依乙所得之确定判决执行。

裁判例

大理院四年（1915年），上字第八三一号：

执行异议之诉，无专以债务人为被告之理，盖欲主张权利妨止其执行，非对于债权人提起诉讼不能收其实益故也。

民国八年（1919年），抗字第三五五号：

第三人对于假扣押之标的物，如有所有权或其他足以阻止物之交付，或让与之权利，尽可由该第三人提起执行异议之诉，或另件诉讼，要非债务人所得借口抗拒。

大理院十一年（1922年），上字第一一八八号：

民事诉讼执行规则第五十四条所称第三人，乃指对于强制执行之不动产有权利而非原确定判决之当事人而言，并非谓与该案一造之所有财产有共同权义关系，即不得有该条所称第三人之资格。

大理院十四年（1925年），抗字第一四五号：

执行异议之诉虽亦得以债务人为共同被告，要不得不向执行债权人提起，故仅以债务人为被告，就执行标的物主张权利，即不得认为执行异议之诉，此就民事诉讼执行规则第五十四条第一项解释至为明显。

民国十七年（1928年），抗字第六〇号：

第三人就执行标的之不动产，主张有权利者，应对债权人提起异议之诉，以求救济。

民国十七年（1928年），抗字第二一三号：

第三人就强制执行之标的物主张共有权，或其他权利者，应照通常诉讼程序，向该管法院提起异议之诉。

民国十八年（1929年），抗字第一二〇号：

对于假扣押之标的物主张权利者，应由该第三人提起异议之诉，或另案诉讼不得对于假扣押决定声明不服。

民国二十年（1931年），抗字第五二五号：

第三人对于强制执行之标的物，除因所有权或其他足以阻止物之交付，或让与之权利者，得依法提起执行异议之诉，或另件诉讼外，不得依抗告程序径向上级法院声明不服。

民国二十年（1931年），上字第一九九〇号：

执行异议之诉讼于实施执行时始得提起，若未及执行仅因某项财产有被执行之虞预先诉讼，则是诉之目的仍为确认，而无所谓执行异议之诉。

民国二十一年（1932年），九月十七日，抗字第八七八号：

第三人主张对于强制执行之不动产有权利提起异议之诉在审判未确定以前，法院虽得依民事诉讼执行规则第五十四条酌量情形停止查封、拍卖、管理，或限制之；然应否停止，自应由受诉法院予以裁判，非谓第三人一有异议之诉即当然停止执行。

民国二十一年（1932年），七月六日，上字第一三二九号：

提起异议之诉依法只须在执行终结前为之，并无所为期间之限制。

民国二十二年（1933年），七月二十八日，抗字第九八号：

债权人本于确定判决声请强制执行，则执行法院自不能依判决之本旨，予以执行，如果第三人对于执行标的物，主张有权利，亦只得于执行终结前对于债务人提起执行异议之诉。

民国二十三年（1934年），抗字第二〇一五号：

对于执行事件有利害关系之第三人，在强制执行终结前提起异议之诉，法院固得酌量情形停止强制执行，倘执行业已终结自无请求停止余地。

民国二十三年（1934年），三月二十四日，上字第二七七五号：

第三人就执行标的提起异议之诉，必须就执行标的有足以排除强制执行之权利者，始得为之，若系对执行标的有抵押权，依法仅能主张就该不动产拍卖后或管理中其权利继续存在，或行使优先受偿之权利，究不得提起异议之诉以排除强制执行。

民国二十三年（1934年），上字第三九三五号：

第三人对于强制执行之不动产仅有抵押权者，不得提起执行异议之诉。所谓得据以提起执行异议之诉之权利，系指所有权或其他足以阻止物之交付或让与之权利而言，抵押权不包括在内。

民国二十四年（1935年），上字第五四二号：

不动产物权应行登记之事项，非经登记不得对抗第三人，故原告以有不动产物权为原因提起执行异议之诉时,如已无登记之不动产物权足以对抗为被告之债权人,则其提起之诉,自应认为无理由予以驳回。

民国二十四年(1935年),上字第二三一六号:

一、第三人就执行标的物有留置权者,得提起执行异议之诉,以排除强制执行。

第三人异议之诉状

为声明执行异议事:

窃具呈人于　　年　月　　日贷与某甲洋　　元,当时该某甲并立据书明以其所有坐落　　路　　里第　　号房屋一所为抵押,兹悉某甲因另欠被告(大东公司)货款,被该公司控经　　钧院判令将某甲上开房屋查封并布告拍卖在案。查某甲上开房屋早已由具呈人设定抵押权,具呈人就该房屋实享有优先受偿之权,依民法第八百七十三条之规定,并无疑义。今被告(大东公司)对某甲所有债权,为数甚巨,且仅属于普通债权。如果许其声请,实施拍卖,不特对拍卖所得尚不能如数抵偿,即于具呈人之权利殊属大有妨碍,为此依据强制执行法第十五条规定,具状向　　钧院提起异议之诉,伏乞迅予停止拍卖,以符法制而保债权,实为德便。谨状

　　地方法院

具呈人　　押

第十六条　债务人或第三人就强制执行事件得提起异议之诉时,执行处得指示其另行起诉,或谕知债权人经其同意后,即由执行法院撤销强制执行。

本条为关于前二条之补充的规定

债务人异议之诉（本法第十四条）或第三人异议之诉（本法第十五条）之目的，全为争执实体法上之权利，已如上述。故其诉讼程序均须依照普通诉讼程序。因此凡依法得为提起时，执行处即得指示其另行起诉。所谓另行起诉，即另案提起诉讼，以期向法院请求为撤销强制执行之判决。

异议之诉既须另案提起，则其经过普通诉讼程序之起诉。以至于获得法院之正式裁判，势必历经无数时日，殊不足以贯澈执行贵乎敏捷之初旨。本法有鉴及此，用特于本条后段规定："或谕知债权人经其同意后即由执行法院撤销强制执行。"良以债务人于执行名义成立后，既有消灭或妨碍债权人请求之事由发生，或第三人就执行标的物既享有足以排除强制执行之权利，则其在法律上已有提起异议诉讼之根据，即于将来显已有获得胜诉之可能。执行处此际与其指示该债务人或第三人另行起诉徒费时日，毋宁将一切情形谕知债权人并取得其同意后，即由执行法院以命令对该强制执行予以撤销之处分（撤销执行裁定书格式附后）。盖此时债权人既经表示同意，是债务人或第三人之排除强制执行的目的业已完全达到，当然无复有另案提起诉讼之必要矣。

解释例

民国十年（1921年）八月十六日，前大理院统字第一五八七号：

查确定判决既判定商业经理人之责任，即应依判执行，执行时不能再就事实调查，免以执行命令变更判决之内容，如果该经理已经解任，非无异议之诉可资救济。

民国二十二年（1933年），院字第九一八号：

原确定判决虽仅令合伙团体履行债务；但合伙财产不足清偿时，

自得对合伙人执行,合伙人如有争议应另行起诉。

民国二十三年(1934年),院字第一一二二号:

  执行异议之诉应由原第一审法院管辖。

民国二十四年(1935年),院字第一二一二号:

  执行异议之诉系由该执行之本案相连而生,乃对于执行之标的排除其强制执行为其权利保护之方法,故该债权人虽系有领事裁判权国之人,亦得依法以之为被告,提起诉讼。

裁 判 例

大理院七年(1918年),抗字第七〇号:

  异议之诉原属诉之一种,审判衙门应依通常诉讼程序审理判决。

部 令

民国二十二年(1933年),训字第三一四五号:

  依照民法第八百八十四条、第九百十一条,及第九百二十八条之规定,质权、典权及留置权均以占有其标的物为成立及存续之要素,所以许质权人、典权人及留置权人提起执行异议之诉者,用意原在使其占有不受侵害,借以维持其权利,故必因强制执行致侵害该权利人等之占有者,始得提起此诉排除强制执行(即请求以判决宣示不许执行)。如执行时并不夺其物之占有,且承认其权利依然存在(保留其权利而付执行),或优先受偿(以执行所得款项尽先清偿该第三人之债权)时,自不容该第三人提起此项异议之诉。又第三人于占有被侵害时,本可提起此诉而不提起,仅以诉主张其权利依然存在或应优先受偿者。法院亦自应仅就其此项声明而为判决,不得指示其为提起执行异议之诉。倘执行中执行债权人已承认其权利,而该第三人亦愿将其占有之物交出执行,则执行处更无指示其起诉之余地,此际执行处并得劝谕第三人将物交出执行。

撤销强制执行裁定书

地方法院民事执行裁定　　年度　字第　　号

裁定

债权人：

债务人：

上债权人与债务人因民国　　年度　字第　　号求偿欠款执行一案，本院裁定如下：

主文：

本院强制执行民国　　年度　字第　　号债权人　　与债务人　　求偿欠款一案之程序应予撤销。

理由：

查本件前由本院开始强制执行程序，即已将债务人某甲所有坐落　　路　　里第　　号房屋一所查封并布告拍卖在案。兹据利害关系之第三人　　提出异议之诉，略谓该第三人　　就债务人某甲上开房屋已设有抵押权且享有优先受偿权利，而某甲积欠被告大东公司货款数额甚大，即将该房屋拍卖亦不敷分配之用，并由该第三人提出抵押权之书证以为立证方法，核与强制执行法第十五条之规定并无不合，应认为有理由，复经本院依同法第十六条末段规定谕知债权人（即被告大东公司），业经其表示同意，自应将强制执行予以撤销，爰为裁定如主文。

地方法院民事执行处

推事

中华民国　　年　月　日

第十七条 执行处如发①见债权人查报之财产，确非债务人所有者，应命债权人另行查报。于强制执行开始后始发见者，应由执行法院撤销其执行处分。

本条为关于发见债权人查报之财产并非债务人所有时之处置的规定

债权人与债务人间本有权利义务关系之存在，彼此相知有素，故在强制执行前，对于债务人财产之多寡，执行处自应令债权人负调查报告之义务。然债权人为达到满足其私人权利起见，每有将第三人所有之财产故意查报指为债权人所有者；亦有因一时之过失而指其为债权人所有者。此时执行处如不详予判别，不独损害第三人权利，即或将因该第三人所提起异议之诉而影响及于执行程序之进行，为害之大非言可喻，本条之设，立法意旨即在排除此种弊病。故执行处在执行程序开始以前发现债权人所查报之财产确非属于债务人所有时，应即命令该债权人另行调查报告。至于在强制执行程序开始以后始行发见时，执行法院对于所为之执行处分，自应加以撤销，务使第三人之财产不至因此受到侵害。

裁 判 例

民国四年（1915年），前大理院上字第五三五号：

判决之效力不能及于案外之第三人，故第三人所有之财产不能为该判决强制执行之标的。

第十八条 有回复原状之声请，或提起再审或异议之诉，或对于第四

---

① 见，通"现"。

条第五款之裁定提起抗告时，不停止强制执行；但法院因必要情形或命当事人提出相当确实担保，而为停止强制执行之裁定者，不在此限。

当事人对于前项裁定，不得抗告。

本条为关于停止强制执行之情形的规定

强制执行程序之开始，或基于债权人之声请，或本于执行法院之职权，已见上述，执行程序一经开始，以不停止为原则，盖若许其停止不加限制，则债务人必将假借利用，以遂其拖延执行之私图；但执行事件，关系复杂，如有特殊情形时，苟不许其停止执行，殊不足以保护当事人或利害关系人之利益，故本条更明定于一定条件之下，法院得以裁定方式，停止执行程序之进行，兹分述本条意旨于下：

一　原则上不许停止强制执行　有回复原状之声请或提起再审之诉，或提起异议之诉，或对于第四条第五款之裁定提起抗告时，在原则均不许停止强制执行，特再分析于下：

　　A　回复原状之声请　此之所谓回复原状之声请，乃指因迟误上诉期间而声请回复原状而言。盖上诉期间为不变期间，当事人如有迟误，则判决确定，不能提起上诉，惟因天灾或其他不应归责于己之事由而迟误此不变期间者，则于一定期限内（即于原因消灭后十日内）仍许其声请回复原状。关于此项程序，又曰迟误不变期间者追复上诉之程序（参民诉法第一六四至一六五条）。凡为此种回复原状之声请时，执行名义虽已确定，而且其程序业经开始，然并不因之而停止。

　　B　再审之诉之提起　对于确定之终局判决以废弃或变更为目的而请求再予审判者，曰再审。凡欲提起再审之诉者，在原则上须具有民事诉讼法第四百九十二条列举各款情事之一，始得为之（参民诉法第四九二至四九四条)。再审之诉既系对于确定之终局判决提起,则该终局判决于确定之时业已发生执行效力,法院在原则上自不应遽予为停止执行之裁判。

C 异议之诉之提起　此处所称异议之诉,自系包括第三人所提起者与债务人所提起者在内(参阅第十四条、第十五条释义)。按债权人之债权,若依确定判决或其他执行名义应受清偿者,债权人即得请求执行法院强制执行,纵使债务人或利害关系第三人业已依法提起异议之诉以求宣告不许执行之判决,然业已开始之执行程序原则上仍不应因而停止。

D 对于第四条第五款之裁定提起抗告时　按第四条第五款为抵押权人依民法第八七三条之规定为拍卖抵押物之声请,经法院为许可强制执行之裁定者。此项裁定亦为执行名义之一种(参第四条释义),债务人对于为许可强制执行之裁定如有不服,自可提起抗告,惟提起抗告时,强制执行之程序亦不因而停止。观民事诉讼法第四百八十八条第一项之规定,益为明显。

二　例外规定许其停止强制执行者　在上述A、B、C及D等四种情形,强制执行既以不停止为原则,但例外则规定为法院如另为强制执行之裁定时,强制执行必须停止;惟应注意者,即法院所为停止强制执行之裁定,应有下列两种条件之一时,始为有效:

A 认为有停止之必要者　所谓有停止之必要,例如执行标的物业已定期实施拍卖,如不以裁定使其停止执行,则将来必有难予回复原状之虞是。

B 命当事人提出相当确实之担保　担保即保证,如命当事人延请该管区域内殷实之人或商铺出具保证书,或命当事人提供一定之保证物如有价证券等是,或命当事人提供一定之金钱(即保证金)均可。此外在宣告假执行之案件如命债务人将该请求标的物提存于法院,亦无不可。

以上所述关于法院所为许可停止强制执行之裁定，或为基于必要之情形，或为已有相当确实之担保，是于当事人之利益并无妨碍，故本条第二项规定不许更对之提起抗告以免拖延进行。

解释例

民国二十年（1931年），院字第六四六号：

准许拍卖抵押物之决定虽属违法，亦不得由原法院任意撤销，自应进行拍卖程序。惟此项决定之效力不影响于当事人间实体上之法律关系，所有权人得提起确定拍卖无效之诉，如拍卖程序尚未终结，并得于该诉讼终结前停此其程序。

民国二十五年（1936年），院字第一四四五号：

一、确定判决既令承租人将建盖房屋搬让，债务人如以权租未退有所异议，除另行起诉得有受诉法院停止或限制执行之裁判外，应依判执行。

裁判例

民国六年（1917年），前大理院抗字第一四二号：

命令给付之诉一经判决确定，即发生执行之效力。除因声请回复上诉权或声请再审，经该管衙门认为必要情形外，不得率准停止执行。

民国六年（1917年），抗字第一五〇号：

凡第三人对于强制执行之不动产提起执行异议之诉，而审判未确定时，执行衙门得酌量情形停止或限制执行。所谓酌量情形者，系指异议之诉提起后，业经查明其主张于法律上不无理由，其所称事实大概属实并无虚冒，或与债务人通同作弊之情形者而言。并非谓强制执行案件一经第三人提起执行异议之诉，执行衙门即可任意停止或限制执行。（原不动产执行规则第六条）

大理院八年（1919年），抗字第一八三号：

　　第三人对于强制执行之标的物主张有所有权或其他足以阻止物之交付或让与之权利提起执行异议之诉，或另件诉讼者，除受诉审判衙门认其主张之事实有法律上之正当理由，命其停止，执行衙门原毋庸停止执行。

大理院九年（1920年），抗字第二七号：

　　债权人之债权若依确定判决或其他执行名义应受清偿者，债权人即得请求执行衙门强制执行，纵令该债权实际上已不存在，或已无须清偿，亦应由债务人提起异议之诉，以求宣告不许执行之判决，而业已开始之执行，原则上仍不为之停止。

大理院九年（1920年），抗字第二〇〇号：

　　民事执行案件得由和解停止或终结者，应以该和解系在执行衙门或其他该管审判衙门成立者为限。

大理院十年（1921年），抗字第二八五号：

　　停止强制执行时，对于未经执行部分固应停止进行，即于业经执行终了部分亦未始不可斟酌情形予以撤销。

民国十八年（1929年），抗字第八五号：

　　再审以不停止强制执行为原则，非有特别必要情形，法院不得为停止执行之裁判。

民国十八年（1929年），抗字第二一八号：

　　判决一经确定，即发生执行之效力，除有其他正当原因（如声请再审经该管法院认有必要情形之类）外，不得率准停止执行。

民国二十一年（1932年），九月五日抗字第八九六号：

　　当事人对于确定判决之执行，若以该案业经声请再审为理由请求停止者，除经再审法院认为有必要情形命当事人提出确实相当保证另以裁判准许外，执行法院毋庸遽予停止执行。

民国二十二年（1933年）八月二十八日，抗字第三六〇号：

第三人提起执行异议之诉，受诉法院固得酌量情形命停止执行；然受诉法院未有此裁定以前，执行法院自不得停止执行。

民国二十二年（1933年）九月八日，抗字第三〇三号：

执行异议之诉审判未确定前，应否对于执行之不动产停止查封拍卖管理，其权属诸受诉法院不属于执行法院。

民国二十二年（1933年）十一月十四日，抗字第八九七号：

民事诉讼执行规则所谓法院于第三人提起异议之诉未确定前，得酌量情形停止查封拍卖管理或限制者，系指异议之诉起诉后业经查明其主张，于法律不无理由，其所称事实殊无虚冒或由债务人通向作弊等情形而言。

民国二十三年（1934年），抗字第一三〇七号：

关于不动产之执行，在异议之诉审判未确定前，受诉法院原有斟酌情形以裁定停止或限制执行之职权。

民国二十三年（1934年），抗字第二〇八八号：

判决一经确定即发生执行之效力，除上诉审法院或再审法院有停止原判执行之裁定外，不得停止强制执行。

民国二十三年（1934年）六月二十八日，抗字第二八五四号：

民事诉讼执行规则第五十四条第二项规定酌量情形停止或限制执行，无非在豫防第三人之异议之诉胜诉时难于回复执行前之原状，故异议之诉有无胜诉之望必须予以斟酌。

民国二十四年（1935年），抗字第八号：

当事人如以业经声请再审为理由，对于确定判决请求停止执行者，以再审法院认为有必要情形时为限，始得命当事人提出相当确实保证，而为停止强制执行之裁判。

民国二十四年（1935年），院字第一一九〇号：

兼理司法之县政府，审判地方管辖之刑事案件未经声明上诉者，依法既应覆[①]判，则在覆判未终结以前，关于附带民事部分之执行，自可参照民事诉讼执行规则第五条但书办理。

第十九条 强制执行事件，有调查之必要时，除命债权人查报外，执行推事得自行或命书记官调查之。

本条规定关于执行事件之调查

本法第八条及第九条亦为规定关于执行案件之调查方法，惟本条之规定则专注重于债务人之财产方面，务使执行时不至侵害及第三人之利益。关于调查方法计有下述二种：

一　命令债权人调查报告　按债权人为执行当事人之一，对于执行事件关系最切，债务人财产之所在，数额之多寡，必为彼所关心，故本法为使执行事件进行顺利计，特定明使债权人查报，债权人于奉命后，即应详予调查，调查后，即应具书报告。（报告书状格式附后）

二　同时得由执行推事自行调查或命书记官从事调查　关于债权人之查报难保必无虚伪情事，且有时债权人或因限于情势无法从事调查，故同时自可由执行推事自己亲往调查或命令书记官调查之（调查训令格式附后）。盖执行推事在强制执行法上所占地位最为重要，由彼自行调查，成效必多至于书记官一方秉承执行推事命令，一方则督饬执达员办理执行事宜，承上启下，责任亦属不小，执行推事自无不可命其担负调查责任之理。

---

① 覆，通"复"。

在此亟应注意者：即除命令债权人查报外，执行推事之自行调查或命令书记官从事调查，必须该项强制执行事件确有调查之必要，否则徒劳无益。所谓必要，例如债务人对于执行标的物未行发见或有隐匿或有否认情事，此时非予实地调查不可是。

解释例

民国九年（1920年）一月十九日，大理院统字第一二〇二号：

判决主文错误，如理由中别无释明，自以当事人于当时所争之范围为限，执行衙门应予查明办理。

民国十八年（1929年）五月二十二日，院字第九六号：

债权人死亡，应查明其遗产请求执行，不得管收其妻。

债权人报明债务人财产状

为报告债务人　　财产状况请迅予执行以保债权事：

窃债权人诉追　　不理债款一案，已于　月　日确定判决在案。　应偿还债权人洋　元正，乃　仍不履行，业由债权人请求执行在案。当　　蒙钧谕应先调查　有无财产可供执行，兹经多方探查，　确有房屋一所坐落　　区　街第　号，约值市价洋　元。如予执行，足敷抵偿债务。为此状请　　钧院鉴核，迅将　所有上开房屋予以执行，以保债权，实为德便。谨状

　地方法院

具呈人

代理人

中华民国　年　月　日

令书记官调查债务人财产之训令

地方法院训令　　第　　号

令本院书记官

为令知事：

　　查　　年度　字第　　号　　与　　为求偿欠款执行事件，前经令派执达员依法执行在案。兹据该员呈报称债务人　　逃匿无踪，无法执行等语；合行令仰该员迅往实地调查该债务有无财产可供执行据实呈复，幸勿延误，此令。

中华民国　　年　月　日

地方法院民事执行处

第二十条　已发见之债务人财产不足抵偿声请强制执行之债权时，执行处得因债权人之声请，命债务人报告其财产状况。

本条为关于命令债务人报告其财产状况之规定

　　所谓已发见之债务人财产，其发见方法不问系由于债权人之调查报告，或系由于执行推事自行调查，或系基于书记官之调查，均在其内。对于此项已发见之债务人财产，如其数额过少，不敷供抵偿声请强制执行之债权数额之用，此时如仅就该已发见之财产为强制执行，不特无以满足债权人之希望，即与强制执行之目的亦未能完全贯澈。故如债权人提起声请时，执行处为发挥其职权起见，得酌量当时情形以决定其是否命令债务人向执行处报告其财产状况，如认为有令其报告财产状况之必要时，即应以命令为之，此际债务人即负有报告之义务。

第二十一条 债务人受合法传唤，无正当理由而不到场者，执行法院得拘提之。

本条规定债务人违反到场义务时之拘提

实施强制执行时，如有必要，债务人应有到场义务，例如本法第九条传讯债务人时，第二十条命债务人报告其财产状况而必需其到场报告时，又如依本法第二十七条命债务人写立书据而必需其到场亲笔书写时等皆是。盖债务人为执行当事人之一，如能依法令彼到场时，则于执行程序之进行，便利殊多。

债务人之是否负有到场义务，应以法院是否有合法之传唤与该债务人之有无具有正当理由为断。所谓合法传唤乃指须有依照法定手续通知债务人使其于一定日期亲赴一定场所而言。此项法定手续，即须用传票，而传票又须具备一定方式（管收民事被告人规则第一条一款、第二条），且应于先期送达方为有效。债务人一经合法传唤，即有到场义务；但该债务人，如确有正当理由，例如疾病或其他天灾人祸（如洪水、地震、兵变、匪乱）之障碍不能到场时，则为例外。

债务人既经合法传唤，同时又无正当理由并不到场，是其蔑视法院情节显然。此时该执行法院为维持其尊严及贯澈其强制执行之目的起见，便可以强制方法拘提之；但是否立即予以拘提，自宜斟酌当时情形定之，观本案末段："执行法院得拘提之。""得"字即可明了。至拘提之应用拘票（格式附后），更不待言。此项拘票必须盖有法院或县司法机关之印章，并记明下列事项：

一　被告人姓名，年龄，住址及其他足资辨别之特征；
二　拘提之理由；
三　应到之日时及处所；
四　发票之年月日。

此外是项拘票并应由推事或审判员并书记官签名盖章。（管收民事被告人规则第二条）

拘票（附报告书）

地方法院拘票	执行拘票处所	执行 月 日 时	月 日 午 时	发给拘票理由	执达员	限销时期	年 月 日
	为拘提事因民国　　年（　）字第　　号为　　一案应行讯问火速拘提到院听候审讯勿延此令 　　　　姓名 　　　　住址 被告　职业 　　　　年龄 　　　　特征 中华民国　　年　　月　　日 　　　　　　　　　　　　　　　　　　发票官							

此票将人拘到后缴销　附卷

注意：

— 执行拘提应以拘票示被告

— 遇有必要情形得径入认为被告人潜匿之宅第、建造物、矿坑、船舶及其他处所实施搜索

— 应注意被拘人之身体及名誉

— 被告抗拒拘提或脱逃者得用强制力拘提但不得逾必要之程度

— 被告解到后得请求即时讯问

　　　　　　　　　　　报告书　　　拘票第　　　　号

为报告事现为拘票

　　　　监核

　　中华民国　　年　月　日　　　　执达员　　谨呈

拘票报告书　附卷

第二十二条 债务人有下列情形之一者，执行法院应命其提出担保，无相当担保者，得拘提管收之：

一　显有履行义务之可能故不履行者；

二　显有逃匿之虞者；

三　就应供强制执行之财产有隐匿或处分之情事者；

四　于调查执行标的物时，对于推事或书记官拒绝陈述者。

债务人违反第二十条之规定不为报告，或为虚伪之报告者，执行法院得拘提管收之。

本条为关于拘提管收债务人之规定

凡以强制方法于一定时期内拘束被告之自由使其到案就讯者，谓之拘提。拘提应用拘票，前已言及。至于管收，则指拘押民事被告人或债务人于一定之场所而言。实施管收时应用管收票，管收票亦有法定方式。（附后，并参阅管收民事被告人规则第五条、第六条）

债务人如有下述情形之一时，对于强制执行殊有重大妨碍，执行法院为行使国家权力以保护私人利益起见，第一步即应命令该债务人提出担保。此项担保为人的担保或物的担保（指提供有价证券以为担保言），或提供金钱以为担保，均无不可，自应由执行法院酌量债务人当时之环境加以决定。万一债务人不能提出上述各种担保之一，或能提出而执行法院认为不"相当"者，此际即得实施第二步办法，即所谓拘提管收是也。兹分述得为拘提管收之各种情形于后：

一　显有履行义务之可能故不履行者　显有履行义务之可能，谓在事实上均表示其有履行债务之能力也。是否具有此项履行债务之能力，执行处应审酌债务人之财产状况、生活情形、身分能力以及债权之数额或请求之性质等等以为决定之标准。既有履行义务之可能，而并非出于故意不为履行者，亦与本款之规定不合，换言之：即须基于故意不为履行，始得予以拘提管收也。

二　显有逃匿之虞者　逃亡与潜匿，谓之逃匿。债务人如有逃亡与潜匿之虞，则其意图避免执行或避免调查，情节显然。故在事实上足以表示债务人确有逃匿之虞时，即得拘提管收之。

三　就应供强制执行之财产有隐匿或处分之情事者　所谓隐匿，乃指使人不能发见或使其难于发见之行为而言。处分则为对于现存财产予以让与变更或消灭之行为。债务人对于依执行名义应受强制执行之财产苟有隐匿或处分情事发生，是其避免强制执行之意思，显然可见。故执行法院亦得予以拘提管收。

四　于调查执行标的物时，对于推事或书记官拒绝陈述者　执行法院在未开始实施强制执行以前，关于执行标的物，如债权人业已指明外，自毋庸传讯当事人，否则仍以从事调查为必要。调查时除命债权人查报外，执行推事或自行为之或命书记官为之（参阅第十九条释义），均无不可。债务人对于推事或书记官为此项调查时如拒绝陈述者，则其意图避免强制执行，亦属明显，执行法院此时自亦可即拘提管收之。

执行处对于已行发见之债务人财产，不足抵偿声请强制执行之债权时，得据债权人之声请，命令债务人报告其财产状况。此时该债务人即负有据实报告之义务，如不为报告时或即为报告而其报告并不确实者，本条第二项特明文规定执行法院亦得拘提管收之。

部　令

民国二十五年（1936年）五月二十六日，指字第一二三九号：
管收被告之代理人究属不合。

管收票（附回证）

地方法院管收票	姓名	性别	住址	管收理由	特征状貌	备考
	此送 看守所长查照办理		管所收到日期			
第号	中华民国　年　月　日　午　时　分 发票人推事　　　　（盖章） 持票人执达员　　　（姓名）					

此票交看守所保存

地方法院管收票回证	姓名	性别	住址	管收	特征状貌	备考
	谨呈 地方法院	管所收到日期	月　日　午　时　分		看守所长收人后回证名章	章
第号	中华民国　年　月　日　午　时　分 发票人推事　　　　（签名盖章） 持票人执达员　　　（姓名）					

交人后管收回证带回附卷

第二十三条　担保人故纵债务人逃亡者，执行法院得拘提管收之，如于担保书状载明债务人逃亡或不履行，由其负清偿责任者，执行法院得因债权人之声请径向担保人为强制执行。

本条规定对担保人之拘提管收及强制执行

债务人如具有前条第一项各款情事之一时,执行法院第一步办法即应命令该债务人提出担保(参阅前条释义)。担保人此后对于债务人之行踪与其应履行之义务,负有重大责任。如反有故意纵任该债务人逃亡者,是其不特无以贯澈强制执行之目的,而且反有助纣为虐之嫌。此时执行法院对该担保人即得拘提管收之。

在人的担保(即人保)必须由担保人具立担保书状。如载明债务人有逃亡情事或不履行其债务时,应由其负担清偿责任者。(此处所谓逃亡,与第一项所称之逃亡情形不同;第一项所称之逃亡,须系出于担保人之故纵,此处则指债务人自动的逃亡而言。)是担保人于为担保书(格式附后)时,业已明示其应负之责任。故遇债务人逃亡或不为履行时,执行法院自得因债权人之声请径向担保人实施强制执行。所谓"得",自非强制规定。如执行法院另有其他方法可向债务人为执行时,自得径采其他方法,并非必须应依债权人之声请而径向担保人实施强制执行也。

解释例

民国十年(1921年),前大理院统字第一六三一号:

执行案件由债务人请保人到庭担保供明债务人如不履行,保人承认担任清偿。此种在执行衙门之担保既无争执余地,为便利计,得径向保人执行。

民国十三年(1924年)一月二十九日,前大理院统字第一八五九号:

执行时债务人之保人,既声明如有不到情事,惟保人是问。则债权人因此受有损害,自应负相当之责任,惟债权人向保人主张,应另以诉为之不能于执行债务人案内径向保人执行。

裁判例

民国二十一年（1932年）九月二十三日，抗字第九一四号：

第三人在执行法院所具保状载明：保债务人随传随到，倘不到案，归保人负完全责任等语，其所谓负本案完全责任云者，核其意义原指损害赔偿之责任而言，诚以债务人如果于保释之后，因而匿不到案，并显无资力，债权人受有此等损失，于法自得向该保人求偿，但在该债权人未经另案对之起诉得有执行名义以前，要不能仅以保状载有负责之字样，即认其已为债务之承认，而径对之为强制执行。

担保书

立担保书人　　兹因民国　　年度　　字第　　号　　与债务人　　为求偿债款执行一案，愿担保债务人　　到案受讯。如有逃亡或不履行，并愿负担该债务人之清偿责任，特立此书为证。

中华民国　　年　　月　　日
立担保书人　　押

债权人声请向担保人为强制执行书状

声请人：

为声请事：

窃声请人前因民国　　年度　　字第　　号与债务人　　为求偿债款执行一案，经钧院依法将债务人拘提管收。嗣由　　出具担保书请求免予拘提管收，业蒙批准各在案。查该担保书曾载明债务人如有逃亡或不履行债务时该担保人愿负担清偿责任。为此，合行依强制执行法

第二十三条末段规定，具状声请

  钧院鉴核，准予径向该担保人为强制执行，以符法制而保债权。
谨状
  地方法院

第二十四条 管收期限不得逾三个月。

  有管收新原因发生时，对于债务人，仍得再行管收，但以一次为限。

本条规定管收期限及再管收之情形

  管收乃以拘束债务人或担保人身体之自由为目的，非依法定原因，不得擅为。即使合乎法定原因时所为之管收，亦须于期间上定一限制，此本条第一项："管收期限不得逾三个月"之所以设也。不得逾三个月云者，即最多以三个月为限之意，盖如无期管收，于债权人并无实益也。

  对于债务人之管收在三个月之管收期限届满后，对于执行仍无若何结果，应即将该债务人释放，再行调查其财产以凭执行，惟此时若有管收新原因发生者，对该债务人仍得再行管收，所谓新原因，在民国二十二年（1933年）十二月二十三日司法行政部指字第一九三五八号部令："管收期满将债务人释放后，执行处认其确有能力履行债务，而对于一定之标的物为执行时，债务人竟聚众抵抗，自可认为有管收之新原因。"已示其例。按再行管收只以一次为限，换言之：即于为再管收一次之后不得再行管收也。此项规定全为保护债务人而设。至于再管收之期限，自亦应解仍为三个月。

部　　令

民国十八年（1929年）五月十三日，指字第三七八三号：

  查管收民事被告人规则第九条，管收期限至多不得逾三个月等语，一经期满，无论被押人能否觅得相当保证人或提出相当保证金，不得继续管收，应依照前北京司法部修正民事诉讼执行规则第七条第一项规定办理。

第二十五条 债务人履行债务之义务，不因管收而免除。

本条为关于管收并无免除债务人清偿义务之规定

管收仅为对于债务人或担保人有非法行为时所施用之一种间接的制裁，并非予债务人因不履行债务时之处罚。故施行管收以后不能因之而即免除该债务人对于债务之履行义务。换言之债务人受管收，期满释放后，对于履行债务之义务并不因而免除。盖非如此殊不足杜绝流弊也。

第二十六条 管收条例另定之。

本条规定另行订定管收条例

关于管收之法规，前此于民国十七年（1928年）十月二日曾有由司法部公布之管收民事被告人规则一种，共十三条。内容为关于管收之条件、方法、期限及其他有关系之规定。与本法所规定之管收情形颇有重复或冲突处，故有另行订定管收条例之必要。本条特以明文昭示之。

第二十七条 债务人无财产可供强制执行，或虽有财产经强制执行后所得之数额仍不足清偿债务者，经债权人同意，得命债务人写立书据，载明俟有资力之日偿还。
　　前项情形，如债权人不同意时，应于二个月内续行调查，经查明确无财产，或命债权人查报而到期故意不为报告，执行法院应发给凭证，交债权人收执，载明俟发现有财产时，再予强制执行。

本条规定强制执行后之处置方法

强制执行程序开始之后，如发现债务人确无财产可供强制执行时，是执行之目的并未达到；或该债务人虽有可供强制执行之财产，然于强制执行之后，忽发现该项数额不敷供清偿债务之用时，是执行之目的亦未完全达到，此时究应如何办理乎？按本法第二十五条尚且有债务人履行债务之义务并不因管收而免除之规定，是债务人无财产可供强制执行，或虽有财产经强制执行后，其所得之数额仍不足清偿债务者，自不应予以免除。且欠债还钱，事理之常。本法为兼顾债务人之困难与债权人之利益起见，特于本条揭示下列三种办法以为处理之标准：

一　得令债务人写立书据　债务人所写立之书据，即俗所称兴隆票（格式附后）是也。内容即载明俟异日有资力可供偿还时再行偿还。惟此处应注意者，即命令债务人书立此项书据时，须预先经债权人之同意，否则应依下列所举办法处理。

二　由执行法院或命债权人续行调查　债权人如不同意由债务人写立书据以待将来有资力时再行补行清偿之办法，则执行法院应即依据本法第十九条之规定，以二个月为限继续施行调查（令债权人从事调查之命令格式附后）。如发见债务人确有其他财产可供执行，自应分别情形依声请或依职权再为执行。若查明确无可供执行之其他财产或依法限期命令债权人据实查报，而到期该债权人故意不肯到案报告者，此时即应依下列办法处理。

三　发给执行凭证　执行法院既继续查明债务人确无其他财产可供执行，是强制执行显属不可能。又在依法限期命令债权人据实将调查情形呈报，而该债权人于期满故意不肯到案报告者，是该债权人并未施行调查或虽已行调查而并未有所获。本法为防止强制执行程序之拖延不决起见，特于本条第二项末段定明应由执行法院发给凭证（格式附后），交债务人收执，记明此后如发见有财产时仍得再予强制执行之旨，务使他日债权人仍有满足其债权之机会。

关于本条规定，学者每有指其待遇债务人未免过苛，主张应加删改者。实则就目前社会状况论，债务许拖不许赖之名言，早已成为牢不可破之原则，在整个社会组织未能改变以前，高谈改革殊不可能。至于债务人既无财产可供执行而且亏欠过甚，自可依照破产法之规定声请破产。

解释例

民国五年（1916年），统字第五〇一号：

债务人家庭净绝，债权人仍须索取余欠，应令其俟债务人有资财时再行追索。

民国九年（1920年），统字第一二七三号：

判决应照数偿还之债务人，如果确系家产净绝，其子年稚无履行能力，应缓予执行。

部　令

民国二十三年（1934年）二月二十八日，指字第二七一三号：

因应执行之财产在匪区内不能进行者，虽事实上不得不停止执行；但不得遽依民事诉讼执行规则第七条（按即强制执行法第二十七条）办理。

民国二十三年（1934年）三月一日，训字第七三二号：

一　依修正民事诉讼执行规则第七条第一项（按即强制执行法第二十七条第一项、第二项），债权人不同意债务人写立书据时，限于三个月内一面由执行处续行调查债务人之财产，一面责令债权人调查报告，如查明债务人尚有财产，应予执行固无待言，倘债务人有补订民事执行办法第三十三条（按此与强制执行法第二十二条所定者相似）所规定之情形时，亦应依管收之方法以为执行。若查明债务人实无可执行之财产，或债权人逾期故意不来案报告，可由法院发给凭证，俟发见有财产时，再予执行。发给此项凭证，得准用民事诉讼法之规定送达之。其无法律上理由拒绝收领者，得为留置送达，或将凭证附卷作为结束。（参照补订民事执行办法二，民事诉讼法一三九条）

二 依民事诉讼执行规则第七条第二项（按即强制执行法第二十七条）写立书据或发给凭证以后，债权人须查出债务人尚有财产时，始得请求更为执行。如不指明债务人之财产而请求更为执行者，应予批驳，将该声请书附入原执行卷宗，不得作为新收案件。（参照民刑案件编号计数规程一二）

兴隆票式

立兴隆票人　　曾于　　年　月　日向　　君借到款项计　元正，业经　　地方法院民事执行处依法执行在案。惟因立票人平日经营乏术，无力清偿，而又无产可供执行，荷蒙　　君慨予体恤，目前暂不追索，日后如能兴隆发迹，定当全数一次归还，不敢稍存图赖，欲后有凭，立此兴隆票存照。

中华民国　　年　　月　　日
立兴隆票人　　押

令债权人调查债务人财产之命令

地方法院命令　第　　号
为令知事：

查　　年度　字第　号与　　为求偿欠款执行事件，前经令派执达员依照确定判决执行在案。兹据呈报称该债务人　　逃避无踪，无从执行；又据查报该债务人并无财产可供执行。用特令知该债权人限于二个月内续行调查，如系确无财产，或逾期延不前来报告，即依强制执行法第二十七条规定办理，幸勿自误，切切此令。

　　上令债权人　　知悉

　　　　　　　　　　　　中华民国　　年　月　日

　　　　　　　　　　　　　地方法院民事执行处

执行凭证

地方法院
为发给凭证事查本院执行　　与　　为求偿借款事件债务人　　应偿还债权人　　借款　　元及利息　　元正经调查后债务人　实无财产可供执行合依强制执行法第二十七条发给凭证交债权人　　收执　俟以后发见债务人确有财产时再行声请执行　此证 　　　　　　　　　　　　上给债权人　　收执 中华民国　　年　月　日

此联附卷

···年度执字第　　号···

地方法院
为发给凭证事查本院执行　　与　　为求偿借款事件债务人　　应偿还债权人　　借款　　元及利息　　元正经调查后债务人　实无财产可供执行合依强制执行法第二十七条发给凭证交债权人　　收执　俟以后发见债务人确有财产时再行声请执行　此证 　　　　　　　　　　　　上给债权人　　收执 中华民国　　年　月　日 　　　　　　　　　　　　推事（签名）　印 　　　　　　　　　　　　书记官（签名）　印

此联交债权人收执

第二十八条　强制执行之费用以必要部分为限，由债务人负担，并应与强制执行之债权同时收取。

前项费用,执行法院得命债权人代为预纳。

本条规定强制执行之费用

执行费用者,谓关于执行行为之准备及实施时所必需之费用也。如向执行法院声请执行时之费用(详见附表),调查执行标的物所需之费用,为查封之通知时所需之费用等皆是。此外如印纸费、鉴定费、拍卖费、搬运费及管理费等,皆属之。

执行费用以必要部分为限,何者为必要?何者为非必要?自应依具体之事实而定,既属必要之部分,则应归债务人负担。盖强制执行为债务人不任意履行债务而发生,故所需之必要部分的费用,自应由债务人负担之。至于因债权人之行为所发生之费用,则不能认为必要,应归债权人负担。

依法应由债务人负担之执行费用,其收取方法如何,亦一问题。依本条第一项末段规定,并应与强制执行之债权同时收取。所谓同时收取,即不必另行起诉以取得独立的债务名义之意;但使有本案之债务名义,即可与之同时请求。

强制执行虽为债务人不任意履行债务而发生;但在债权人方面则为满足其私权。于程序开始后,债务人是否有可供执行之财产,即有可供执行之财产,而所得之数额是否足敷清偿债务之用,均在不可知之数。惟债权人则多处于经济强者之地位,而且其希望执行程序之早趋结束以达其满足私权之目的,自与债务人不同。故对于应由债务人负担之必要部分的执行费用,执行法院自得命债权人预先代为缴纳。惟本项条文乃属任意规定,苟执行法院酌量情形能使债务人预先缴纳者,自应由该债务人预纳之,否则便可令债权人代为预先缴纳矣。

关于征收执行费所应用之文件格式计有下列各种:(均附后)

一 执行费贴用司法印纸证明书式;

二 购贴司法印纸用纸式;

三 令债权人预纳查封鉴定费通知书;

四　收领证式；

五　鉴定等费暂领证。

解释例

民国九年（1920年），前大理院统字第一二一三号：

裁判文所称讼费，自不包括执行费用在内。如经呈准援用京师地审厅不动产执行规则者，自可查照办理。

民国十一年（1922年）四月十八日，前大理院统字第一七一三号：

查诉讼费用之种类，诉讼费用征收规则第一条定有明文，执行费用当然与诉讼费用等，同为应归责之败诉人负担本无疑义。至民事诉讼执行规则第八条（按即强制执行法第二十八条第一项），系明定执行费用以必要部分为限，归债务人负担。如因债权人之行为所发生之费用不能认为必要，即应归债权人负担。又诉讼费用征收规则第九条，乃定征收执行费用之程序，不过由执行员出具应征收数目证书，连同执行费用交由收费员黏[①]贴印纸抹销后，执行员再出收费证书交胜诉人收领，亦不得解为必由胜诉人支出。

部　令

民国二十三年（1934年），司法行政部指字第二七一三号：

查执行费用应由执行所得金额中扣除，不得命债权人预纳。其因为执行行为所需之特别费用，得命债权人预纳者，亦以补订民事执行办法第三十四条所列举，或有类似之性质者为限。不预纳者，仅得不为执行，不得视为撤回强制执行之声请。又对于无资力预纳者，并应准予救助。

民国二十四年（1935年），一月二十八日，指字第一二三九号：

查诉讼费用规则第九条第二项执行标的不经拍卖一语，非专指执

[①] 黏，通"粘"。

行标的无拍卖之可能性而言,凡不经拍卖程序者概依该规则第九条第二项之规定缴费。惟其后遇必须拍卖时,仍应依执行标的之拍卖金额按同条第一项等差缴费。

民国二十四年(1935年)十月十六日,指字第一九五四六号:

嘱托执行罚金不征收执行费。假扣押、假处分、假执行准照通常执行程序征费。

执行费表

执行标的金额	原征数	加征数	共征数
二十五元未满	三角	一角五分	四角五分
二十五元以上五十元未满	五角	二角五分	七角五分
五十元以上一百元未满	一元	五角	一元五角
一百元以上二百五十元未满	一元八角	九角	二元七角
二百五十元以上五百元未满	二元五角	一元二角五分	三元七角五分
五百元以上一千元以下	三元五角	一元七角五分	五元二角五分
逾千元者每千元 (不满千元者亦按千元计算)	加收一元五角	七角五分	二元二角五分
附注:执行标的不经拍卖者,依其金额或价额,按照前表所定征收十分之五。			

执行费贴用司法印纸证明书式

```
                核算贴用司法印纸额数证书              存根第   号
                今有     与     欠款执行一案核其执行标的之金额系     元经核征
地      执行费计 原征 银币   元   角   分共合银币   元   角   分除填
方              加
法      具证书交纳费人    购贴印纸呈递外合注明  存根备查
院              附
                记  收文号数    民国   年收字第    号
        中华民国   年   月   日    地方法院
```

执字第……号

地方法院	核算贴用司法印纸额数证明书　　　　　　　　　第　号
	今有　　　与　　　欠款执行一案核其执行标的之金额系　　元应依修正诉讼费用规则第九条第一项第七款之规定并按照呈准加征五成原案征收执行费兹经核算明晰计原加征银币　　元　角　分共合银币　　元角　分应由该纳费人　　自向司法印纸发售处如数购贴印纸　俟抹销讫迅行呈递勿延
	中华民国　　年　月　　日　　　地方法院

购贴司法印纸用纸式

购贴司法印纸用纸		
民国　　年（执）字第　号　与　　欠款案件执行费购贴人姓名		
黏贴印纸处		
中华民国　年　月　日计贴印纸　元　角　分		

令债权人预纳查封鉴定费通知书

地方法院通知书　第　号

为通知事：

　　查民国　年度　字第　号　与　　为求偿欠款执行一案，前据债权人状请将债务人　所有坐落　路　里第　号房屋一所实施查封，业经本院批示照准在案。兹因执行在即，该债权人应将查封鉴定等费　元先行预纳，限于　日内前来缴案，慎勿延误，特此通知。

　　上通知债务人　知照

中华民国　　年　　月　　日

地方法院民事执行处

收款证式

地方法院		收款证		
民国　　年执字第　　号		与　　欠款执行一案		
交款人姓名			住址	
费别	鉴定费	货币类别		交纳数额	元

上款已如数收讫登入交款簿第　　号 特此证明
　　　　　　　　　　　　　经收文书记官（签名盖章）
中华民国　　年　　月　　日

此联存会计科备查

·············· 收字第······号 ··············

地方法院		收款证		
民国　　年执字第　　号		与　　欠款执行一案		
交款人姓名			住址	
费别	鉴定费	货币类别		交纳数额	

上款已如数收讫登入交款簿第　　号特制发回证给交款人收执作凭
　　　　　　　　　　　　　经收书记官（签名盖章）
中华民国　　年　　月　　日

此联交交款人收执为凭

·············· 收字第······号 ··············

地方法院		收款证		
民国　　年执字第　　号		与　　欠款执行一案		
交款人姓名			住址	
费别	鉴定费	货币类别		交纳数额	

上款已如数收讫登入交款簿第　　号
　　　　　　　　　　　　　经收书记官（签名盖章）
中华民国　　年　　月　　日

此联送民事执行处附卷

鉴定等费暂领证

鉴定等费暂领证	今因　　年（执）字第　　号　　与　　　　欠款执行一案　于 年　月　日所缴鉴定费银　　元即须领取应用烦为 查照支付俟实支完毕即行另制计算书分送 贵科存查　此致 本院会计科 中华民国　　　年　　月　　日　　领取人　　　　（签名盖章）

第二十九条 债权人因强制执行而支出之费用，得求偿于债务人者，得准用民事诉讼法第九十一条之规定，向执行法院声请确定其数额。

前项费用及取得执行名义之费用得求偿于债务人者，得就强制执行之财产先受清偿。

本条规定债权人对执行费用等之求偿权

依上条所定，执行法院既可令债权人代为预先缴纳执行费用，是固应使债权人有求偿之权，方得为平。至于虽非代为预缴而系由债权人支出之执行费用，依法得求偿于债务人者，其应使债权人有行使求偿权之机会，更不待言。然当事人对于费用额之多寡难免发生争执，此时即得准用民事诉讼法第九十一条之规定，由债权人依声请向法院以裁定确定之（声请书附后）；但在声请法院确定数额时：第一，应提出费用计算书于法院；第二，应提出计算书缮本以凭送达于他造，第三，应释明费用额之证书。法院对于声请以后即应以裁定（裁定书附后）加以确定。

上述关于债权人因强制执行而支出之费用，依法得求偿于债务人时，既经依法确定其数额，且依本法第二十八条之规定又系与强制执行之债权同时收取，而且该项费用又系因债务人不任意履行债务而发生，则其对于强制执行之财产实应享有受优先清偿之权利。此种办法，于法于理，均无不当，故本条第二项特设此项规定。至于是否愿受优先清偿，则仍依债权人自由定之。

关于债权人取得执行名义之费用；例如诉讼费用制作公证书之费用等皆是，依同项之规定，亦得同时就强制执行之财产受优先之清偿。

声请确定执行费用数额书

为声请确定执行费数额事：

窃声请人因民国　　年度执字第　　号与债务人　　为损害赔偿执行事件，曾由声请人支出执行费用共计　　元　角。查债权人因强制执行而支出之费用，如得求偿于债务人时，得准用民事诉讼法第九十一条之规定，向执行法院确定其数额，此为强制执行法第二十九条所明定。为此，理合开列清单并单据共十纸请求钧院准予确定数额，并责令债务人如数偿还，以符法制而保私权。谨状

地方法院

声请人
代理人
中华民国　　年　　月　　日

对于声请确定执行费用数额之裁定

地方法院民事裁定　　年度声字第　　号

裁定

声请人即债权人　　　　住

相对人即债务人　　　　　住

上声请人因民国　　年度执字第　　号与债务人为损害赔偿执行事件声请确定执行费用本院裁定如下：

主文

应偿还声请人支出之执行费用洋　　元　　角。声请诉讼费用　　元　　角，由债务人负担。

理由

查声请人（即债权人）因强制执行而支出之费用得求偿于债务人者，得准用民事诉讼法第九十一条之规定，向执行法院声请确定其数额，此于强制执行法第二十九条设有明文。本件声请人与债务人等为损害赔偿事件于判决确定后业已执行终结。兹据声请人以支出费用共计　　元　　角　分开列清单并单据共十纸，声请确定数额前来，经审核相符。依照前开说明自应责令债务人如数偿还，合依强制执行法第二十九条，民事诉讼法第九十五条、第七十八条裁定如主文。

地方法院民事执行处

推事

中华民国　　年　　月　　日

第三十条　依判决为强制执行，其判决经变更或废弃时，受诉法院因债务人之声请，应于其判决内命债权人偿还强制执行之费用。

前项规定，于判决以外之执行名义经撤销时，准用之。

本条为关于债权人偿还执行费用之情形的规定

变更，谓撤销原判决而自为判决。废弃，则指对原判决予以撤销而发回原审法院或发交其他同级法院使其更为裁判而言。按判决确定后强制执行即依法得以开始，然确定判决之因再审而变更或废弃者，亦属不少。即假执行之判决亦每多有因提起上诉而受变更或废弃者，此外亦有因声请回复原状或异议之诉而使原判决废弃或变更者，此时关于强制执行费用，前此虽已支付，在债权人方面实为不当利得，债务人原可依法另行起诉；但本法为避免缠讼起见，特于本条第一项规定受诉法院因债务人之声请，应于其判决内命该债权人如数偿还。至此处所称受诉法院，自系指受理再审之诉及受理上诉等之法院而言。

除上述之判决外，其他之执行名义如假扣押、假处分、假执行之裁判及其他依民事诉讼法得为强制执行之裁判（如负担诉讼费用之裁定，以及关于罚锾之裁定等），依民事诉讼法成立之和解或调解，依公证法作成之公证书（略有限制，参第四条释义），抵押权人依民法第八七三条之规定为拍卖抵押物之声请，经法院为许可强制执行之裁定者，以及其他依法律之规定得为强制执行名义（如刑诉法上关于罚金等之执行，及依破产程序所确定之权利之执行）等等，于撤销时亦准用上项所述之规定。换言之：即上举各项执行名义于撤销时，有关系之法院，因债务人之声请，亦应于裁判等内命债权人将强制执行之费用偿还于债务人。盖亦为节省另行求偿之劳也。

第三十一条 因强制执行所得之金额，如有多数债权人参与分配时，执行处应作成分配表，并指定分配期日，于分配期日前三日，以缮本交付债务人及各债权人，或并置于法院书记室，任听阅览。

本条规定分配表之作成交付与公开阅览

对于二人以上分别比例或平均支配其数额，谓之分配。以分配为目的而制成之分类排列书表，称曰分配表。对于强制执行所得之金额在债权者仅为一人时，自不发生分配问题。若声请执行之债权者有二人以上时，或声请执行之债权人仅有一人而参加分配之债权者则有多人时，则于分配方面如数额及顺序等难免发生争执，故本条特设明文加以规定。即因强制执行所得之金额，如有多数债权人参与分配时，执行处应作成分配表（分配表式附后），并预先指定分配期日，分别向各债权人通知，同时并须于所指定之分配期日前三日，以缮本交付于债务人及各债权人，务使彼等有表示异议与否之机会（参阅第三十九条释义）。至于是项缮本于交付债务人及各债权人之后，如恐或有遗漏，则执行处同时亦可将该缮本并置于执行处书记室，任听阅览。

动产卖得金分配表

地方法院民事执行分配表　　　年度第　　号

债　权　人　　某甲

债　权　人　　某乙

诉讼代理人

债　务　人　　某戊

上债权人某甲及某乙与债务人某戊因民国　　年度　字第　　号求偿欠款执行一案，前经本院将债务人某戊所有存放坐落　　路　　里第　　号房屋内一切动产实施查封鉴定价格布告拍卖在案。兹据以　　元最高价额拍买，除将该项拍买动产依法移转拍买人接收外，所有存案卖得金，除依强制执行法第七十四条前段规定扣除执行费用等费外，合依同法第三十一条前段之规定制成下列分配表，并指定　　月　　日为分配期日。

卖得金共一千二百元除扣除执行费用等二百元外尚余一千元正依右列分配	号数	债权人姓名	债权额	分配额
	一	某甲	二千元	六六六元六角
	二	某乙	一千元	三三三元三角

　　当事人对于上开分配表有不同意者，应于分配期日以前，以书状叙述理由，向本院声明异议，逾期如无人声明，届时即照表列分别发给各债权人具领，合并声明。

地方法院民事执行处

推事

中华民国　　年　　月　　日

第三十二条　他债权人参与分配者，应于强制执行程序终结前，以书状声明之，如执行标的物不经拍卖而在声明参与分配前，已交付债权人，或经执行处收受，视为已由债务人向债权人清偿者，他债权人不得参与分配。

本条规定他债权人为参与分配之声明与声明之限制

　　参与分配者，谓有执行名义或无执行名义者，依法向法院声明参与比例或平均支配强制执行标的物也。

　　声请执行之债权人以外之其他债权人，本条称之曰他债权人。他债权人声明参与分配者，应以书状（格式附后）为之。至于书状之提出亦有时间上之限制，即须于强制执行程序终结以前为之，始为有效。所谓执行程序终结，例如债权人因强制执行已获得清偿，又如执行处分因遭受诉法院之裁判而撤销等皆是。盖执行程序如已终结，他债权人虽欲参与分配，不特为事实所不许，即就法律方面而言，该债权人应自负迟延责任，法律上毋庸更予保护，故执行程序已经终结，自更不能就他人因执行所得之物请求交出。在此应行注意者，即以上所述系指普通债权而言，至于享有优先债权如抵押权人之获得参与分配，自应不受上述期限之限制，盖如对享有优先权者亦使其受同一之限制，则优先受偿之制度直将等于虚设矣。

关于强制执行之实施，通常多为就经过拍卖后所获得之卖得金为之，至于在执行程序进行期间中并不经过拍卖程序，而径由债务人将执行标的物交付于债权人或经执行人员收受者，亦属不少。如遇此种情形，对于他债权人之参与分配，依本条之规定，应在禁止之列，兹分析于下：

一　如执行标的物不经拍卖，而由债务人在他债权人声明参与分配前将其交付执行债权人（指提出声请执行之原债权人）收受者，是该项标的物业已为执行债权人所独有，此际如亦许他债权人请求参与分配，则权利状态永无确定之日，殊非所以维持社会交易安全之道，故本条特禁止他债权人请求参与分配。

二　在他债权人声明参与分配前，其业已由债务人向执行处交付之执行标的物（通常以款项居多）经该执行处人员收受时而视为债务人已向执行债权人实施清偿者，是该项标的物之既得权系执行债权人所独有，其他债权人此时自亦不得请求参与分配。

解释例

民国二十四年（1935年），五月三日，院字第一二六八号：

一　他债权人参与分配，应于第一次拍卖期日终结前以书状声状声明之。在补订民事执行办法第二十五条第一项既有明文限制，则于此项期日终竣以后始行声明者，自属不合。

裁判例

民国二十二年（1933年），抗字第四四二号：

债权人之财产原为总债权人之共同担保，故未得有执行名义之债权人如能证明其债权属实，而债务人又别无其他财产可供清偿，自得向执行法院声请参加卖得金之分配。惟执行法院如未予准许,该债权人亦不为异议之声明,则嗣后纵得有执行名义,即无对于原债权人已受分配之卖得金,或已依权利移转书据取得所有权之不动产,更请重分之余地。

声明参与分配状

声　明　人

诉讼代理人

为声明参与分配事:

　　查债务人　　所有坐落　　路　　里第　　号房屋一所,业经　　钧院因执行民国　　年度　　字第　　号债权人　　诉追欠款一案,查封拍卖在案。惟该债务人　　亦曾拖欠声明人借款　　元,迄未清偿,存有借据一纸可资证明。且该债务人　　除该已拍卖之不动产外,并无其他财产可供清偿声明人债权之用,为此,理合依强制执行法第三十二条及第三十四条之规定具状声请　　钧院,将该债务人　　拖欠声明人之款加入执行案内,准予就上开不动产卖得金参与分配,实为德便。谨状

　　地方法院民事执行处

　　　计附呈借据一纸

　　　　　　　　　　　　具　呈　人

　　　　　　　　　　　　诉讼代理人

　　　　　　　　　　　　中华民国　　年　　月　　日

第三十三条　对于已开始实施强制执行之债务人财产,他债权人不得再声请强制执行,有再声请强制执行者,视为参与分配之声明。

本条为关于视为参与分配之声明的情形之规定

债务人之财产于开始实施强制执行时,即成为强制执行之标的物,他债权人如亦欲达到满足其私权之目的,自可依照本法所定之参与分配办法,向法院提出声明,不得为强制执行之再声请。盖该债务人之财产既经开始实施强制执行,为节省无谓之手续起见,如有其他债权人向同一标的物请求为强制之执行,自应不予许可;但关于开始实施强制执行之事实,其他债权人容有未知,即他债权人之未尽谙悉执行程序者,亦属常见,故本条末段特定,其有再声请强制执行者,则视为参与分配之声明,换言之:即他债权人如有再声请强制执行者,应依照参与分配之规定办理。

第三十四条 有执行名义之债权人声明参与分配时,应提出该执行名义之证明文件。

无执行名义之债权人声明参与分配时,应提出其债权之证明,并释明债务人无他财产足供清偿。

执行处接受前项声明后,应通知各债权人及债务人,命于三日内为是否承认声明人参与之回答。

本条规定声明参与分配之要件

债务人所有财产为一切债权之担保,故本法设有关于他债权人参与分配之规定。至于欲声明参与分配之他债权人已否取得执行名义,均非所问。惟为防止虚伪滥冒之流弊起见,如无执行名义之债权人其债权果非虚构,自亦可以声明参与分配,惟仍须具备一定条件耳。兹将本条规定分析于下:

一 声明参与分配者为有执行名义之债权人时 执行名义原为强制执

行之唯一根据，此于本法第四条业已详为规定，故凡欲参与分配之债权人如有执行名义，则其名义之是否存在，自须有确实之证明，始为有效。本条第一项特定为应提出该执行名义之证明文件，此项文件例如判决书、假扣押、假处分裁定书，和解笔录，及调解程序笔录等皆是。

二　声明参与分配者为无执行名义之债权人时　所谓无执行名义者，系指未曾得有执行名义者而言。按此项无执行名义者，如欲声明参与分配，须有债权之存在为其前提。至其债权之是否存在，仍须由该无执行名义者于声明参与分配时负担举证的责任，故本条第二项特定，无执行名义之债权人声明参与分配时应提出其债权之证明。关于证明方法自应解为应依民事诉讼法内关于证据之规定办理。此外于提出上项证明外，并应释明在债务人方面确无其他财产足供清偿。换言之：即须释明该债务人，确无他项财产可供执行，或有他项财产可供执行而确不足以供清偿其全部债务时之用，始得声明参与分配，否则仍不得为之，盖为保护执行债权人而设也。

按参与分配，与各债权人及债务人均有利害关系，故执行处收到无执行名义之债权人的声明以后，应即向各债权人及债务人分别予以通知（通知书格式附后），使其对于无执行名义的债权人之参与分配是否正当，有考虑及辨别之机会；但仍须于自通知书送达时起三日内，责令其答复是否承认声明人之参与其分配。如该各债权人及债务人于期限内答复表示不同意时，应依第三十六条之规定办理。反之，如并无若何异议或并不表示时，则应依第三十五条之规定办理。

解释例

民国十九年（1930年）十二月二十四日，院字第三七八号：

　　按债务人之财产原为总债权人之共同担保，故未得有执行名义之债权人如能证明其债权属实,该债务人又别无其他财产足以供清偿者,自可于执行时要求参加卖得金之分配。至未得有执行名义之债权人如欲主张分配,应向执行法院正式声请。

裁判例

大理院四年(1915年),上字第三六〇号:

债务人所有财产为总债权人之共同担保,故虽未得有执行力之判决正本,而在民法上得要求分配之债权人亦得于执行时要求卖得金之分配。惟应以债务人财产于得有确定判决之债权人请求执行时确无他项可以扣押,或有他财产可以扣押而确不足以清偿其债务为限。否则该债权人之债权不虑其不能清偿,无庸遽许有要求分配之权。至此时之证明责任,应由要求分配之债权人负担。

民国二十二年(1933年)九月二十九日,抗字第四四二号:

债务人之财产原为总债权人之共同担保,故未得有执行名义之债权人如能证明其债权属实,而债务人又别无其他财产可供清偿,自得向执行法院声请参加卖得金之分配。惟执行法院如未予准许,该债权人亦不为异议之声明,则嗣后纵得有执行名义,即无对于原债权人已受分配之卖得金,或已依权利移转书据取得所有权之不动产,更请重分之余地。

向执行当事人通知参与分配事通知书

地方法院通知书　第　　号

为通知事:

查该债权人与该债务人因民国　　年度　字第　　号求偿欠款一案,曾经本院将该债务人所有坐落　　路　　里第　　号房屋一所依法查封拍卖在案;兹据　　(第三人)具状声明以该债务人亦曾拖欠

该声请人借款　　元，并提出借据一纸为证，且经释明该债务人并无他项财产足供清偿。合行依据强制执行法第三十四条第二项之规定，通知该债权人及债务人，各限三日内为是否承认该声请人参与分配之回答。否则应依同法第三十五条之规定，以无异议论，而为许可参与分配之裁定，慎勿自误，特此通知。

　　上通知债权人　　（分别缮达）
　　知照

　　　　　　　　　　　　债务人
　　　　　　　　　　　　中华民国　　年　　月　　日
　　　　　　　　　　　　地方法院民事执行处
　　　　　　　　　　　　推事

第三十五条　债权人及债务人对于参与分配无异议时，执行处应以声明参与分配之债权加入分配表。

债权人或债务人不于前条第三项之期间内回答，或不于分配期日到场者，以无异议论。

本条规定债权人及债务人对于参与分配者之无异议时的情形

　　无执行名义的他债权人对执行处依上条第二项之规定，提出参与分配之声明时，而执行处又依上条第三项之规定向各债权人及债务人通知并命其于一定期限内作答后。债务人如对参与分配之举并无如何异议，是其并无任何不同意之处，显而可见，此时执行处即应以声明参与分配之债权数额加入分配表（参第三十一条释义）内（格式附后），使其与各债权人有同受分配之机会。至于关于指定分配期日，于分配期日前三日以缮本交付债务人及各债权人，或并置于法院书记室任听阅览，俾各当事人均得明了分配额数，均为于增入分配表以后应行办理之事。

上述系指对于参与分配并无异议时者而言。若债权人或债务人并不于前条第三项所规定之三日期间内作关于是否承认声明人参与之回答，为使法律关系趋于确定状态起见，本条第二项特定为以无异议论。

此外，他债权人依法提出参与分配之声明时，执行处除依第三十四条之规定向各债权人及债务人命于三日内为是否承认之答复外，亦可于所指定之分配期日，命令其到场，以便向其征询是否承认声明人参与分配，如并不于该期日到场时，本条第二项亦认该各债权人及债务人已无异议。

动产卖得金分配表（他债权人声明参与分配后所用者）

地方法院民事执行分配表　　　年度第　　号
　　债　权　人：某甲
　　　　　　　　某乙
　　诉讼代理人：
　　债　权　人：某丙
　　　　　　　　某丁
　　诉讼代理人：
　　债　务　人：某戊

上债权人某甲等与债务人某戊因民国　　年度　字第　　号求偿欠款执行一案，前经本院将债务人某戊所有存放坐落　　路　　里第　　号房屋内一切动产实施查封鉴定价格布告拍卖，并据债权人某丙某丁等具状声明参与分配各在案。债权人某甲等及债务人某戊亦均无异议提出。兹据　　　以　　　元最高价额拍买，除将该项拍买动产依法

第一章　总则　123

移转拍买人接收外，所有存案卖得金应依强制执行法第七十四条前段之规定，扣除执行费用，并依同法第三十五条第一项及第三十一条之规定，重行制成下列分配表，并指定　月　日为分配期日。

	号　数	债权人姓名	债权额	分配额
卖得金共一千二百元除扣除执行费用等二百元外尚余一千元正更依右列分配	一	某甲	二千元	五百元
	二	某乙	一千元	二百五十元
	三	某丙	五百元	一百二十五元
	四	某丁	五百元	一百二十五元

当事人对于上开分配表有不同意者，应于分配期日以前以书状叙述理由向本院声明异议，逾期如无人声明者，届时即照表列分别发给各债权人具领，合并说明。

地方法院民事执行处
推事
中华民国　年　月　日

第三十六条　债权人或债务人对于参与分配如有异议，执行处应即通知声明人。声明人如仍欲参与分配，应于十日内对异议人另行起诉，并应向执行处为起诉之证明，经证明后，其债权所应受分配之金额应行提存。

本条规定债权人或债务人对于参与分配者之有异议时的情形

前条为关于债权人或债务人对于参与分配者之无异议时之情形的

规定，本条则为关于有异议时之情形的规定。债权人或债务人对于参与分配如不同意，自可声明异议（以书面或言辞均可），此时对于声明参与分配之他债权人实有使其知悉之必要，执行处应即向其通知（通知书格式附后），务使该债权人有决定是否仍欲主张其参与分配之机会。如彼仍主张参与分配，则应自收到通知之日起，在十日内正式向同院民事庭对该异议人（即债权人或债务人）另行起诉。同时对于执行处即应向其提出已经另行起诉之证明。此项证明方法，本法未予规定，自应解为凡足以表示业已另案起诉之文件，例如起诉状之收据或起诉状之副本，以及缴纳审判费之收条等皆可。经过此种证明后，执行处即应将其债权所应受分配之金额，如数提存，换言之：执行处于收到另行起诉之证明后，对该债权所应受分配之部分，应依提存法实行提存而停止其分配，以便于诉讼终结后再实行分配。至于执行处如未收到另行起诉之证明，则应不顾及该债权而径行分配。

向声明参与分配人通知书

地方法院通知书　　　　第　　号

为通知事：

　　查本院执行民国　　年度　　字第　　号　与　　为求偿欠款一案，业经派员将该债务人　　所有坐落　　路　　里第　　号房屋一所查封拍卖，嗣据该声明人依法具状声明与债务人　　亦有债权关系，请求准予对该债务人上开不动产拍卖卖得金参与分配，复经本院依法向债权人　　债务人　　通知，限期为是否承认声明人参与分配之回答各在案。兹据债务人　　具状声明异议，合行依据强制执行法第三十六条之规定如该声明人仍欲参与分配，应于十日内对该提出异议之债务人另行起诉，并应向本院执行处为起诉之证明，以便依法办理；否则当依法对债务人所提出之异议予以维持，慎勿自误，特此通知。

上通知声明人　　知照

中华民国　　年　　月　　日

地方法院民事执行处

推事

第三十七条　实行分配时应由书记官作成分配笔录。

本条规定分配笔录之制作

执行法院在强制执行程序中实施分配时所作成关于记载分配情形之文书，谓之分配笔录（格式附后）。此项文书于分配之是否遵守法定条件，有完全的证据力，例如：实施分配时应在指定期日为之，且应依照原定之分配表实行分配，至于分配时当事人是否到场，亦属重要（参阅第三十五条释义），均应详予记明，以免引起无谓之争执。关于制作之权依一般通例均属于书记官，作成后之应由书记官签名，更不待言。至于禁止挖补涂改以及如有增加或删除时，除于增删处记明其字数并盖章外，并应留存其字迹以资辨认等等，皆与言辞辩论笔录之制作相同。

分配笔录

债权人　甲　　乙　　丙　　丁

上债权人等与债务人　　因民国　　年度　　字第　　号求偿债款执行一案，前经本院将债务人所有存放于坐落　　路　　里第　　号房屋内一切动产查封拍卖在案。拍卖所得价金计　　元，扣除执行费用等费　　元外，尚净剩　　元，业已依另纸分配表分配，由上列各债权人具领，均无异议。

本笔录于本法院会计科内作成，当经下列各到场人之承诺署名签押

债权人 甲 乙 丙 丁

中华民国　　年　月　　日

地方法院民事执行处

书记官

执达员

第三十八条 参与分配之债权人，除有优先权者外，应按其债权额数平均分配。

本条规定分配之比率

按债务人所有财产实为一切债权之担保，故对于债务人财产实施强制执行时，凡参与分配之债权人，除对该项财产有优先受偿权利者外，应按照各该债权额数平均分配。盖参与分配之债权人，其债权之性质有同与不同之区分，有时同为普通债权，有时同为优先债权，有时则有若干为普通债权，而若干则为优先债权，如其性质完全相同时，自可依法平均分配。反之，则须使享有优先债权者先行受偿，然后将余剩之数额由普通债权人平均分配之。（参阅本书绪论）

解释例

民国七年（1918年）十二月三日，前大理院统字第九〇四号：

查丙丁对乙之债权如果并非虚构，则就乙之财产既无典质抵押等可受优先清偿之权利，即应受平等之分配，不能因其案结在先，遽谓应优先受偿。

裁判例

民国六年（1917年），前大理院六年执字第九〇号：

确定判决之执行若因同一物上有数宗担保权（除重典，应认在后之典权无效外），各债权人就权利之分配，互有争执者，该管衙门应就次序在后之权利人，审究其成立当时，是否善意及有无过失，以定应否按照债权额平等受偿。若此项应行调查之点，各债权人间已互为承认，仅就应否平等分配之点有所争执，或各债权人所得确定判决已各明认其为善意并无过失者，该管衙门得径照平均分配法，予以执行。否则该项争执除认为另作诉讼予以判决外，别无解决办法。至优先权成立在先之债权人，并得请就其假定平均应得之部分先予以执行。

民国十八年（1919年），上字第一九九一号：

普通债权人对于债务人之财产，固应与其他普通债权人享受平等均一之权利，不得主张优先利益。但就债务人财产为强制执行时，除债务人已受破产之宣告另有执行办法外，普通债权人尽可于执行未终结前，请求分配。若执行已经终结，自不能就他人因执行所得之物请求交出。

民国十八年（1919年），抗字第二八四号：

债务人所有财产为一切债权之担保，故债务人财产之卖得金，除对该财产有优先受偿权利者外，应许各债权人请求平均分配。

民国二十二年（1933年），一月二十一日，上字第二五二号：

二、抵押权人就抵押物之卖得金有优先受偿之权利，此系基于抵押权为担保物权之当然结果，自不得以法文上无优先受偿之字样而谓优先受偿为不当。

民国二十二年（1933年），七月二十四日，抗字第六二号：

各债权人对于债务人之财产，分别请求执行，除有优先受偿之权利者外，自应受比例平均之分配。

民国二十二年（1933年），四月十日，上字第一五八四号：

不动产之出租人依民法债编第四四五条规定而有之留置权，依民法物权编第三三九条之规定，除另有规定外，始准用该编留置权之规定。按物权编留置权章所定之留置权，其得留置之物，乃以属于债务人之动产而为债权人占有者为限。债编第四四五条所定之留置权，其留置之物则为承租人之物，而置于该不动产者原不必为出租人占有，故其权利之消灭，于该编第四四六条另有规定，自不适用物权编留置权章第九三八条之规定。又按法定留置权之实行，若无另有规定，依物权编留置权章第九三九条之规定，债权人得依该章第九三六条之规定，就其留置物而为取偿。上述之出租人，法定留置权之实行债编未另有规定，出租人原得就其留置物而为取偿。倘因其判决确定而执行，或因他债权人确定判决之执行而处分该留置物，出租人自得就因处分该留置物所得之利益，本其留置权而请求取偿。

民国二十二年（1933年），十月二日，抗字第四六二号：

同一债务人负有各个金钱债务，均经判决确定而不履行者，虽各债权人分别请求执行，而执行法院自得就债务人之财产合并执行。其各债权人除对于执行之标的物有担保物权外，不得以所受判决及声请执行在先，主张优先受偿之权利。

民国二十三年度（1934年），抗字第一四四二号：

同一债务人负有各个金钱债务，均经判决确定，各债权人虽分别声请执行，执行法院仍得就债务人之财产合并执行，其已予合并执行者，债权人即勿庸声明参与分配。（按本项裁判例，亦可供本法第三十二条之参考）

第三十九条 债权人对于分配表，有不同意者，应于分配期日前向执行法院提出书状，声明异议。

本条规定债权人对分配表之异议

按本法第三十一条规定:"因强制执行所得之金额如有多数债权人参与分配时,应由执行处作成分配表,并指定分配期日,于分配期日前三日以缮本交付债务人及各债权人,或并置于法院书记室任听阅览。"是分配表固系由执行处所制作者也,然于制作时关于数额核计之错误或颠倒难保其必无,例如:将债权人之额数减少或增多,或将优先权人之权利误认,等等皆是。此时债权人之权利必受侵害,法律为保障其权利起见,特许其将不同意之点向执行法院提出,声明异议,惟作此异议之声明时,必须具备下列二要件:

一 应以书状(格式附后)为之,如以言词应为无效。

二 应于分配期日以前为之,否则亦不发生效力。

法院于收到异议书后,即应就其主张有无理由,加以裁定。(裁定书格式附后)

解释例

民国二十年(1931年),院字第五〇三号:

所谓声明异议,系指已经参与分配之债权人对于分配表不同意者而言,若分配后一部未执行而另外债权人拟请分配此保留部分,自当另案起诉平均求偿。

裁判例

大理院十一年(1922年),抗字第二五二号:

债权人对于分配表声明异议,如执行衙门不认其异议为正当,予以更正,即应另案以判决裁判。(按此项裁判例,亦可供本法第四十一条之参考)

对分配表声明异议书状

声明异议人

为声明异议事：

　　窃声明异议人与债务人　　因民国　年度　字第　号求偿欠款执行一案，前经　　钧院将该债务人所有存放坐落　路　里第　号房屋内一切动产实施查封拍卖，并据他债权人某丙某丁等状请参与分配，嗣经　　钧院依法将所有存案卖得金制成分配表，并指定分配期日各在案。声明异议人奉阅之下，不胜骇异。查该分配表所载，对声明异议人之分配额与债权额均有错误，况声明异议人对该存案卖得金依法原享有优先权利，断不能容许该声明参与分配之他债权人平均分配。为此，理合具状声明异议，伏乞　　钧院迅予更正，并请准予依法享有优先受偿之权，实为德便。谨状

　　地方法院民事执行处

具状人　　押

中华民国　　年　　月　　日

对分配表声明异议无理由裁定书

地方法院裁定　　年度　字第　号

裁定

声明异议人

　　上异议人因民国　年度　字第　号与　　为求偿欠款执行一案，对于由本院基于他债权人　　声明参与分配，所制成之分配表声明异议，本院裁定如下：

　　主文

本件异议驳回。

理由

查异议人所提理由,仅以错误为借口,同时复以享有优先受偿权利为根据,惟并未具体指出错误之点,对于优先权之享有,亦未提出证据方法,徒凭空言争执,按照诉讼原则殊难认为有理由,爰为裁定如主文。

地方法院民事执行处
推事
中华民国　年　月　日

第四十条　执行法院对于前条之异议,认为正当,而到场之他债权人不为反对之陈述者,应即更正分配表而为分配。

异议未依前项规定终结者,应就无异议之部分先为分配。

本条规定声明异议后之更正与分配

前条所述之债权人对于分配表不同意时所提出之异议如确合乎法定条件,执行法院对之又认为确有正当理由,而同时在指定之分配期日中到场之其他债权人对于上述之异议复无反对之陈述者,是分配表显有不实不尽之处,此际该执行法院应即根据异议人之意见予以更正,而为分配。此项分配与依原定分配表而为之分配,均称曰全部分配。

债权人有时仅对于分配表之某一部分声明异议,而该项异议又非一时依照本条第一项之规定所能终结者,为使分配程序迅速进行起见,本条第二项特责令执行法院使其应就未经提出异议之部分,先为分配,是为一部分配。

第四十一条 异议未终结者，声明异议人非自分配期日起十日内，对于他债权人起诉，并向执行处为起诉之证明，执行处得依原定分配表实行分配。

本条为关于异议诉讼之规定

凡在分配日期不能依照前条第一项所规定之方法使异议终结者，（即异议经执行法院认为不当，而到场之他债权人复为反对之陈述。）则声明异议人应自该分配日期算起，于十日以内为下列二种行为：

一　对于其他债权人正式向同院民庭提起诉讼。（即异议之诉）

二　并向执行处提出已经向民庭正式起诉之证明。（证明方法，参阅第三十六条释义）

此时执行处对该异议之部分自应停止其分配，一俟诉讼终结以后始再行依照是项判决更为分配。反之，若声明异议人逾越上述十日期间并不为上述二种行为时，则不问异议之如何，执行处仍得依照原定分配表实行分配。

解释例

民国二十年（1931年）四月二十一日，院字第五〇三号：

丁欠甲乙丙三人之款，甲乙丙各自对丁诉追，甲案尚在审理中，乙丙两案已判决确定，执行处将丁之产业拍卖，以其卖得金按甲乙丙债权额平均分配，先将乙丙部分发给，又因甲案尚未确定，故将余款保留。此际另有丁之债权人戊己对丁另案诉追，要求平均分配卖得金。查戊己起诉之时，其关于分配乙丙之款已执行完毕，财产权已经移转于乙丙，并非仍在执行中之债务人财产，则在戊己自不得率请分配其关于拟以分配于甲尚在保留中而未实交与甲之部分，则戊己自得以丁及甲为共同被告，而主张与甲按债权额平均受偿。至于民事诉讼执行规则，第五十一条所称声明异议，系指已经参与分配之债权人对于分配表不同意者而言，与本问题无干。

民国二十一年（1932年）四月五日，院字第七一七号：

未得有执行名义之债权人声请参加卖得金之分配，如其声请合于院字第三七八号解释所示趣旨，固应停止执行。但该债权人若未于声请后就其债权另行诉请确认属实，得有分配卖得金之确实判决，要不得对于原债权人已受分配之卖得金径向执行法院更请重分。（参照民事诉讼执行规则第四十六条至第五十一条）

第四十二条 强制执行事件应于开始强制执行后三个月内完结；但遇有特别情形，得报明院长酌予展限，每次展限不得逾三个月。

强制执行事件依其性质应分期执行者，不适用前项之规定。

本条为关于执行期限之规定

强制执行事件依其终结期限为标准，可分为分期执行者与不分期执行者两种，兹说明于下：

一　不分期执行之事件　不分期执行之事件，谓强制执行事件，依其性质并不分为数个时期结束也。本条第一项特设明文分为普通情形者与特殊情形者二种：

A　普通情形　在普通情形之下，强制执行事件，应于开始强制执行后三个月内办理完结。

B　特殊情形　遇有特殊情形时，则在三个月之期限内不能完结，执行处得报明院长，酌予展限，惟每次展限亦有一定限制，即不得逾越三个月耳。至于何者为特殊情形？何者为非特殊情形？则为事实问题，自当依照当时客观事实决定之。

二　分期执行之事件　强制执行事件依其性质应分为数个时期，

始能办理完结者，谓之分期执行之事件。本条第二项规定分期执行之事件不适用本条第一项之规定，详言之：即分期执行事件并无普通情形与特殊情形之区分，其执行期限并不受前述期间之限制。即于所指定之分期期间内不能完结时之展限，亦毋庸报明院长，只由执行处推事自由定之可矣。

第四十三条 依外国法院确定判决声请强制执行者，以该判决无民事诉讼法第四百零一条各款情形之一，并经中国法院以判决宣示许可其执行者为限，得为强制执行。

本条规定对外国法院所为确定判决之强制执行

法律不逾越国家领土，是为原则，盖如认外国法院之判决与内国法院之判决为具有同一之效力，是与国家独立主权相违反，故除依国际条约之规定予以承认外，外国法院之判决于内国不生效力。然若绝对不认其效力，不但当事人感其不便，而于今日国际交易频繁时代，在某种范围内实有予以承认之必要。即就强制执行方面而言，凡依外国法院确定判决向内国法院声请为强制执行者，亦须具备一定要件，此项要件依本条之规定可分为下列二方面说明之：

一　该外国法院之确定判决，须为无民事诉讼法第四百零一条各款情形之一者。如该项确定判决有下列各款情形之一时，不得向内国法院声请为强制执行：

A　依中华民国之法律该外国法院无管辖权者　为判决之该外国法院依我国法律之规定如无管辖权时，则其所为诉讼程序即为无效。故对其所为之判决，自不便予以承认，苟以其判决向我国法院为强制执行之声请，自亦不在许可之列。

B　败诉之一造为中华民国人而未应诉者　中华民国人，因未到场应诉而遽受外国法院之败诉的判决者，法律为保护本国人民之利益起见，虽该外国法院判决业已确定，亦不应承认其有效，如有为强制执行之声请者，应驳回之。但开始诉讼所需之传唤或命令业已在该国送达于本人或已依照中华民国法律上之协助，经已送达而仍不到场应诉致受败诉之判决者，实出于本人自己之迟误，自无再予保护之必要，苟有以其判决向我国法院为强制执行之声请者，即应予以许可。

C　外国法院之判决有背公共秩序或善良风俗者　所谓公共秩序，自系包括国际公安与国家公安在内，均以一般国家或一般国民所要求之安宁为标准。所谓善良风俗，乃指一般国家或一般国民之现实道德思想而言。法律行为苟有背乎公共秩序或善良风俗，皆为无效，故外国法院之判决如与公共秩序或善良风俗相违反时，自亦应认为无效。若竟仍以该判决向我国法院声请为强制执行，当然不应予以许可。

D　无国际相互之承认者　相互承认，谓该外国承认我国法院之判决为有效时，而我国法院始承认该国法院之判决为有效也。其相互承认之范围如何，或依国家之法令，或依国际间之条约，或依国际之惯例以为规定之标准均无不可。

二　该外国法院之确定判决须为已经中国法院以判决宣示许可其执行者　外国法院所为之确定判决是否为内国法律所承认而予以强制执行，除必须无上述四种情形之一者外，尚须经过诉讼之形式予以执行之判决而后可，此项执行之判决仅为形式上之裁判，对于该外国法院之确定判决不必依照外国法律判断其实体法上之权利，亦不必审查其程序法上措施之当否，故学者多谓执行判决之宣示，仅为执行条件，而执行名义则固仍为该外国法院所为之确定判决也。是以内国人民如将该项外国法院之确定判决向内国法院声请为强制执行时，虽仍应依诉之形式经过普通诉讼程序，然在实质上仅为以判决宣示许可其有在内国实现其执行之目的而已。

解释例

民国九年（1920年），统字第一三一〇号：

外国审判衙门之裁判，在本国非当然有执行力，自不受其拘束。

第四十四条 强制执行程序除本法有规定外，准用民事诉讼法之规定。

本条为关于准用民事诉讼法之规定

关于强制执行之本质，学者间计有二说：其一以之为诉讼事件，其一则以之为非诉事件。在德日两国之民事诉讼法皆采前说，主张诉讼于判决后必有执行，始能达到保护私权之目的，故将强制执行之程序规定于民事诉讼法之后。奥大利①之立法例则采后说，谓强制执行仅系诉讼判决后之行为，且亦有判决后不须经过执行程序者，故于民事诉讼法外另行制定强制执行法。我国旧草案及民事诉讼执行规则并本法均仿效之。惟强制执行法与民事诉讼法虽各自独立存在，然其程序之共同者，颇属不少，况民事诉讼法之条文既伙，规定自较严密，故本条特定关于强制执行程序除有规定者外，准用民事诉讼法之规定。换言之：即凡为本法所未规定之执行程序，均准用民事诉讼法之规定。例如文件之送达，当事人能力之规定，期日及期间之规定，以及对于执行标的物鉴定时鉴定人之选任等皆是。

---

① 今译奥地利。

第二章　对于动产之执行

（第 45—74 条）

通常所称之动产，乃指在性质上不须破坏变更而全然可以移动其位置之物而言，在我国民法第六十七条内则规定凡为不动产（指土地及其定着物）以外之物皆称动产。就日本强制执行法规内所称之动产而言，其范围较我国民法所规定者为广。所谓动产，乃指其强制执行之目的物系除船舶及不动产外之债务人之财产，不仅专指有体动产，而债权及其他财产权亦在其内，即与该国民法上所称之动产亦有区别。至其与本法所称之动产，更有不同，盖本法第四章仍有对于其他财产权之执行的另行规定，故本法所称之动产，其系专指有体物之动产而言，自无疑义。本章计条文三十条，自第四十五条起至第七十四条止，全为关于对动产之执行的规定。

第四十五条　动产之强制执行以查封、拍卖或变卖之方法行之。

本条规定动产强制执行之方法

动产之强制执行方法有三：

1. 查封　查封为执行程序中第一步方法，即执行法院以保全债权为目的就执行标的物使债务人丧失其处分权之执行行为也。日本法律称之曰扣押。

2. 拍卖　拍卖为查封后所实施之执行方法，一称竞卖，即将查封之动产以公然竞争出价方法，以定其价金而行出卖也。因其系由执行机关以强制力所为之拍卖，故又称曰强制拍卖。拍卖之后即将其拍卖所得价金充为清偿债权之用。

3. 变卖 变卖亦为查封后所实施之执行方法，即将查封之动产依其性质毋需经拍卖程序而依任意方式或依照市价出卖之谓。变卖后亦系以其变卖所得价金充为清偿债权之用。

裁判例

民国四年（1915年）抗字第五号：

执行衙门依债权人声请就债务人所有财产实施执行时，按照时价折算将其所有权移转于债权人以代清偿（强制买卖之一种），实为向来惯例所认许。即按诸各级审判厅试办章程第四十一条第一款，查封欠债人物产勒限完案之规定，亦应解为在准许之列。至于此种执行时关于价值之鉴定，现行律既别无明文，自应准用该章程第七十五条至第七十七条关于通常诉讼之鉴定程序行之。（原试办章程第五条，原县诉章程第四五条）

第四十六条 查封动产由执行推事命书记官督同执达员为之，于必要时，得请自治团体商会或同业公会协助。

本法规定实施及协助实施查封任务之机关

1. 实施查封任务之机关 执行处为办理执行事件之机关，此于本法第一条已有规定。至执行处之组织人员在本法第二条亦有明文。在第三条则更规定："强制执行事件，由推事书记官督同执达员办理之"是实际上负担办理任务者为执达员，而推事及书记官则处于指挥监督的地位，然执达员之办理执行事件，并非独立之执行机关，故非有推事或书记官督同行之不可。至于何者应由推事督同为之？何者应由书记官督同为之？则本法均分别设有明文，本条前段则对于查封动产之任务规定应由书记官督同执达员为之，至于推事则仅发号施令而已。

2. 协助实施查封任务之机关　书记官督同执达员实施查封动产时如遇有必要情形，例如对于动产之所在地，动产之数额等，发生疑问时，则仅有询诸该所在地之自治团体或商会或同业公会始能明了者，此时得请上述机关出而协助。所谓自治团体，即依法享有自治权之团体。所谓商会，即以图谋工商业及对外贸易之发展增进工商业公共之福利为宗旨，而由公会会员（即工商同业公会为单位之会员）及商店会员（商业法人或商店为单位之会员）所组织而成之社团法人。所谓工商同业公会，则指以维持增进同业之公共利益及矫正营业之弊害为目的，而由工商界所共同组织而成之社团法人而言。

向商会请予协助查封公函

地方法院公函　　第　　号

径启者：

　　本院执行民国　　年度　字第　　号　与债务人　　为求偿债款一案，业经债权人报明存放于　　路　　里第　　号房屋内一切动产确为该债务人所有。兹因该债务人为　　贵商会常务委员，为慎重起见，除由本院派书记官　　督同执达员于本月　　日上午　　时前往实施查封处分外，相应函请　　贵会届时派员携函前往协助，至级公谊。此致

　　商会执行委员会

中华民国　　年　　月　　日
地方法院民事执行处启

第四十七条 查封动产由执行人员依下列方法行之：

一　标封。

二　烙印或火漆印。

前项方法于必要时得并用之。

本条为关于查封方法之规定

查封动产，依上条之规定应由执行人员行之（即书记官督同执达吏为之），则查封之方法如何，亦须以明文予以规定，然后始可防止执行人员之专横，并可借此以避免债务人利益之横被侵害，故本条第一项特列举其方法于下：

1. 标封　以标示封印加于动产之上以达到保全其物件为目的之手段，称曰标封。换言之；即对于欲查封之动产于封闭之后，揭标示，盖封印，标明年月日封字样，于其上之谓也。

2. 烙印或火漆印　烙印乃以铁器铸印，灼热加印于物上之谓，火漆印则指以胶质所制成之火漆（俗称封腊）熔化于欲查封物品之上，然后以铁印加盖其上而言。前者恒施于不能启闭之物品，后者则为防止启视其物品而用之者居多。

实施查封时，或采用标封方法，或采用烙印方法，或采用火漆印方法，应视被查封物品之性质及当时之情形而定。遇有必要时，例如恐被查封物品为人盗换或损污，则得同时并用上述数种方法，俾能达到保全所欲查封之目的为止。

关于实施查封时所用之文件此处计有下列各种，余附见他条：

（1）声请实施查封书状；

（2）令书记官查封动产之训令；

（3）实施查封向债权人通知书；

（4）封条格式；

（5）封标纸式。

声请实施查封书状

为声请查封事：

窃声请人声请执行　　欠款一案，已蒙　　　钧院传唤　到案，限令　于　日内将判决书所载应偿还声请人之欠款　元连同利息讼费如数清偿，迄今又已逾期多日，并未给付分文，显见有心图赖，实与声请人之权利大有妨碍。查　　并非无力偿付，实为玩视法令，如非声请强制执行，殊难望其依法履行。为此，理合状请

　　钧院，依法将该债务人所有存放　　住宅（坐落　　）内之一切动产实施查封，以备拍卖抵偿，借保债权。谨状

　　地方法院

　　　　　　　　　　　　　　　　　声请人

　　　　　　　　　　　　　　　　　代理人

　　　　　　　　　　　　中华民国　年　月　日

令书记官查封动产之训令

地方法院训令　第　号

令本院书记官

为令知事：

　　查：　年度　字第　号　与　　为求偿欠款执行事件，业经执达员查明报称：　　有存放　路第　号内之动产可供执行在案。合行令仰该员督同执达员　通知债权人同往将该债务人上开动产依法实施查封，点交地甲具结看管，取具保管书结等件呈复，幸勿迟延，此令。

计发布告一纸，封条五纸，封标纸三十张。

中华民国　　年　　月　　日
地方法院民事执行处
推事

实施查封向债权人通知书

地方法院通知书　第　　号
为通知事：

查本院执行　　与　　求偿欠款一案，兹定于　月　　日上午　时前往将存放　房屋内一切动产实施查封，仰该债权人于　月　日上午　时以前来院指封，切勿迟延自误。

上通知债权人　　知照

中华民国　　年　　月　　日
地方法院民事执行处
推事

封条格式

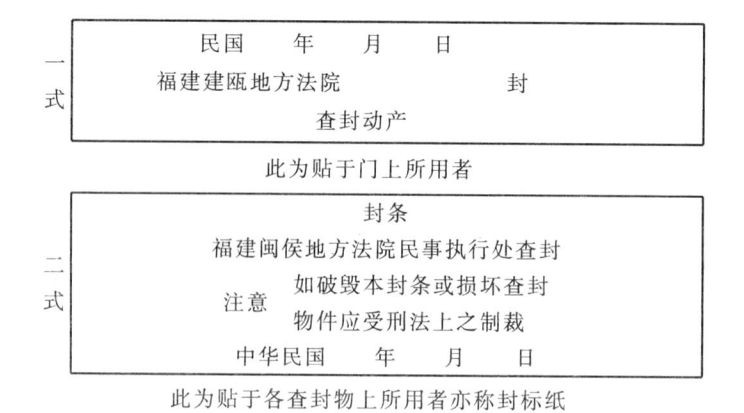

一式	民国　年　月　日 福建建瓯地方法院　　　　封 查封动产

此为贴于门上所用者

二式	封条 福建闽侯地方法院民事执行处查封 注意　如破毁本封条或损坏查封 物件应受刑法上之制裁 中华民国　　年　　月　　日

此为贴于各查封物上所用者亦称封标纸

封标纸式

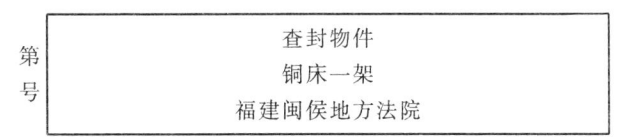

| 第号 | 查封物件
铜床一架
福建闽侯地方法院 |

此亦为贴于各查封物上所用者

第四十八条 查封时，得检查、启视债务人居住所、事务所、仓库、箱柜及其他藏置物品之处所。

查封时如债务人不在场，应命其家属或邻右之有辨别事理能力者到场，于必要时得请警察到场。

本条为关于实施查封时之措施的规定

动产在性质上既系为不须破坏变更而全然可以移动其位置之物，是债务人自不免有将其藏匿以图避免查封之情事发生。法律为贯澈强制执行之目的起见，对于实施查封时，特许执行人员有检查及启视债务人居所、住所、事务所、仓库、箱柜及其他藏置物品之处所等之权，务使债务人无藏匿其财产之任何机会。

实施查封时在原则上自应使债务人到场，一方使查封时可以顺利进行，一方则可防止种种流弊；但在查封时债务人恒多避匿不见，或因其他事故不能到场，此时若仅使执行人员在场执行职务，最易发生弊端，故本条第二项特以明文规定，应命其家属或邻居之有辨别事理能力者到场。至到场人数之多寡，并无限制，惟邻居之到场者非有辨别事理能力者不可耳，所谓有辨别事理能力者，并非限定成年人，即未成年人如其对于一般事物具有判别是非之能力，即可令其到场。在此有一问题，即聋者、哑者、盲者、是否可称为有辨别事理能力乎？按聋者哑者对于执行人员之执行查封任务，应解为具有辨别能力，独盲者因不能亲与目睹查封中各种实施方法之进行。自应解为无辨别事理能力者。此外心神丧失人、精神病人当然系无辨别事理能力者，自不应使其到场。

执行查封时虽有债务人之家属到场或虽有债务人之邻居到场，然遇必要时仍得请求警察一同到场，至于是否必要，应观察当时情形，由执行人员自由定之。

第四十九条 查封时遇有抗拒，得请警察协助。

本条规定查封时警察之协助

前条第二项所称之警察，与本条所规定之警察乃包含警察官员及警士在内；但前条第二项之规定系基于其他事实上之需要始请其到场，本条则全然为镇压债务人等之反抗始得请其到场协助，使强制执行程序不因债务人之抗拒而中止。是故苟无反抗情事发生，执行人员即不得依本条之规定贸然请派警察到场协助。又在抗拒情事发生时，如执行人员能善自劝导，亦毋需请派警察协助，故本条系任意的规定。

关于警察到场协助，是否可以携带武器，此当就当时情势加以决定，且使用武器时亦当依照警察法规之所定，并非不受任何限制也。

解释例

民国二十五年（1936年），院字第一四四五号：
二　债务人反抗强制执行，经执行法院嘱托公安机关协助无效，不能再由债权人自为执行，至应用何种强制力应由执行法院斟酌情形定之。

第五十条 查封动产以其价格足清偿强制执行之债权额及债务人应负担之费用者为限。

本条为关于查封动产数额上之限制的规定

查封动产原系在于满足债权人之请求,并非对债务人因其不履行债务时所加予之惩罚处分,是故对所欲查封之物品应即预先将其卖价略加计算,如其价额足供抵偿强制执行之债权额及该债务人依法应行负担之费用(例如执行费用及债权人取得执行名义之费用等是),则不得任意扩充查封之范围。此项规定实为顾全债务人方面之利益而设。又本法第七十二条及第七十四条虽亦有与此同一命意之规定;然本条之设,则在防范于未然。盖债务人之财产经查封后,即丧失其处分权,如任意使执行人员得以实施查封,不加限制,则虽有第七十二条及第七十四条之规定,债务人仍将因此受到意外损失,且于债权人方面亦无何种实益。本条之设,立法意指,即在乎此。

裁判例

民国二十一年(1931年),抗字第九〇九号:

民事案件于判决确定后,其实施强制执行时虽得对于债务人之一切财产,予以查封拍卖;但执行之范围,以该确定判决之内容为准,除其财产有不可分之情形外,应以债务人之财产足以抵偿有执行名义之债权为范围。如债务人财产之一部已足抵偿,自无查封、拍卖全部财产之必要。

民国二十二年(1933年),九月十八日,上字第五八六号:

动产质权人于债务人不依期履行债务时,原有就质物卖得金受清偿之权。至卖得金是否足以清偿债务全部或以拍卖所得之实数为准,固不容债务人预拟一定价额强令质权人承受抵偿。

第五十一条 查封之效力及于查封物之孳息。

本条规定查封效力及于孳息

所谓孳息，一名果实，乃指由原物所产生之收益物而言，有天然孳息与法定孳息之别。前者谓动物之产物及其他依物之用法所收获之出产物。后者则指利息、租金及其他因法律关系所获得之利益而言。与孳息相对称者，谓之原本，或曰原物。凡对于原物或原本实施查封者，则该原物或原本之所有人（即债务人）立即丧失其处分权，此时对于该被查封物之孳息的处分权，亦当然随之而丧失，盖享有收取孳息之权利人恒依当时其人与原物之法律关系而定。此本条所以规定查封效力之及于孳息也。

第五十二条 查封时应酌留债务人及其家属二个月间生活所必需之物。前项期间，执行推事审核债务人家庭状况，得伸缩之；但不得短于一个月或超过三个月。

本条规定查封之限制的情形之一

以永久共同生活为目的而同居之亲属团体谓之家，同家之人，则曰家属，其居首长之位者，称曰家长，家属与家长互负有扶养之义务。此为我国民法第一一一四条第四款所明定。故债务人之财产被查封时亦应酌留该债务人及其家属二个月间生活所必需之物品，盖法律绝不因保护某一人之私权而致其他人之私权亦受侵害也。

又所谓生活所必需之物，则每因人而异，并无一定标准，故应依当时情势加以决定。只须能维持生活二个月之久不至于冻馁，则与本条所规定者不相违反。姑举一例以证明之：即某债务人甲业农，计有家人六口，如查封其财产时，则应将其仓中余谷酌留若干；但须足供维持其家属六口在生活上所必需者至二个月之久始可。自不得以所查封之财产不足抵偿债务为借口而遽对全部财产加以查封也。

上项所述虽以二个月之期间为限。然并非无可伸缩之地者，苟该债务人之家庭状况颇佳；例如其财产虽被查封，但在一个月之左右，必有其他收入可资接济，则执行推事得将其期间加以缩短，即酌留其一个月间生活所需之物品为已足。设其家庭状况恶劣，即酌留以二个月之生活必需物品，尚不足以资维持，此时执行推事非将其应行酌留之期间伸长不可，故须酌留三个月间生活所必需之物品。但应注意者：即伸缩之期间仍不得短于一个月，或超过三个月，盖若短于一个月，则恐债务人及其家属依然得不到若何保障，若超过三个月，则虽对债务人有利，然在债权人方面之利益，诚恐有不易达到满足之虞，立法意旨纯在双方兼顾。

关于审核债务人家庭状况以定其期间之伸缩之权，本条第二项定明以之属诸执行推事。按实施查封任务者系由书记官秉承推事之命令督同执达吏为之，故以审核之权畀诸执行推事，自系当然应有之规定。

第五十三条 债务人及其家属所必需之衣服、寝具、餐具，及职业上或教育上所必需之器具物品，不得查封。

遗像、牌位、墓碑及其他祭祀礼拜所用之物，不得查封。

本条为关于禁封物之规定

查封财产时或因保护债务人之私益或基于顾全公益上之理由，对于某种物品不许予以查封之处分，此项物品谓之禁封物。日本法律称曰禁押物，其范围颇广。本条虽亦设有同一规定。惟范围较狭耳。兹析述之于下：

1. 债务人及其家属所必需之衣服、寝具餐具 衣服乃包含帽、袜、鞋、手套等在内，举凡身之所被者均是。寝具谓寝卧时所用之物，如床、帐、被、枕、席、毡毯等皆属之。餐具则指饮食时之用具，如碗、碟、杯、盘、箸、匙等皆是。即厨房所用之物具亦应包括在内。以上所举各物，重在必需两字，设非必需，则受查封，于债务人方面并无若何妨碍，例如过于奢侈之衣服、寝具以及餐具等，于债务人日常生活并非需要，自无不可予以查封之理。至于是否需要，当由执行人员酌量定之。又上述禁封物并不以债务人所有者为限，即属于债务人之家属所有者亦在其内。

2. 债务人及其家属在职业上或教育上所必需之器具物品。职业上所必需之器具物品，如匠人所用之刀锯、规尺、木料等皆是。教育上所必需之器具物品，如书籍、文具、仪器等皆是。但亦仍以必需者为限，否则仍得予以查封。

3. 遗像、牌位、墓碑。遗像谓既死者之照片，牌位乃纪念既死者或供奉既死者而设之灵位，墓碑则为标示既死者埋葬处所之用。以上均为悼念已死者之物品，在经济上并无若何重大价值，即或有之，亦不宜以之为执行标的物，盖为人后者若因不能履行债务而竟致其悼念先人（或其家人）之用物，亦强使割离，实与我国固有家族本位之观念相违反，故本条亦以明文禁止其查封。

4. 其他祭祀礼拜所用之物。祭神享祀曰祭祀，又敬祀祖宗亦在其内。祭祀所用之物，如祭服、祭冠、祭品以及其他祭典之用具，如乐器及盛盘等皆属之。礼拜，谓一切宗教所行之仪礼，礼拜所用之物，如教师说教所用之礼服、礼堂所用之椅桌及宗教之经书等皆是。以上各种用物之被禁止为查封标的物，全在于尊崇信仰自由之大原则，故实以顾全公共之利益为目的，苟许其因债务人之无法履行义务而影响及于公共之利益，自非善策，故本条特设明文加以禁止。

裁 判 例

民国四年（1915年），前大理院上字第一五二号：

债务人不履行债务时，除依执行法例不许扣押之财产外，债权人得就债务人一切财产，请求执行。

民国二十一年（1932年），抗字第一〇八七号：

债权人就其未到期之请求，亦得为假扣押之声请，至民事诉讼执行规则第二十条乃为关于强制执行之规定，于假扣押之执行时始准用之，而其所谓职业所必要之器具物品不得查封者，系以必要者为限，非谓关于职业上之一切器具物品概不得查封。

部 令

民国二十三年（1934年），十一月十三日，指字第一五四二八号：

查普通债权本以债务人一切财产为担保，债务人不能履行时，除依例不许扣押之财产外，债权人得就债务人一切财产请求执行。本部本年驯字第七三二号令，系指出其他财产而言，与补订民事执行办法第十六条第三、第四两项并无出入。来呈谓已经三次减价不许再行指出其他财产等语，自属误会。

第五十四条 查封时，书记官应作成查封笔录及查封物品清单。

查封笔录应载明下列事项：

一 为查封原因之权利。

二 动产之所在地、种类、数量、质量及其他应记明之事项。

三 债权人及债务人。

四 查封年月日。

五 查封之动产保管人。

六　保管方法。

查封人员应于前项笔录签名，如有保管人及依第四十八条第二项规定之人员到场者，亦应签名。

本条规定查封笔录及查封物品清单之作成

对于财产实施查封处分时，由执行处书记官所作成关于查封详细情形之笔录，称曰查封笔录（格式附后）。其关于所查封财产之物品名称、数额及价额等之书面记载，则曰查封物品清单（格式附后）。查封物品清单之方式与内容，均由书记官自由制作，法律不加规定。惟查封笔录则须记明一定事项。本条第一项就此设有明文，兹析述于下：

1. 为查封原因之权利　所谓查封原因之权利，乃指构成查封处分之事由，例如某债务人因拖欠某债权人银钱若干，不能清偿，则该项债权即为查封原因之权利是。

2. 动产之所在地、种类、数量、品质及其他应记明之事项　查封之标的物在何处？种类之名称为何？数量之多寡若干？品质之为优为劣？或与查封时之处分有关，或与查封后准备拍卖有关，故均应详加记明。至于其他应记明之事项，例如所查封之动产有无第三人起而争执，实施查封时有无其他意外事发生等皆是。

3. 债权人及债务人　即有执行名义之债权人姓名与动产所有人（即债务人）之姓名。盖所以明权利义务主体之所属也。至关于是否到场，亦应一并记载，债权人如系到场指封时并须填具指封结文。（格式附后）

4. 查封年月日　即实施查封处分在于何年何月何日之记载，此与计算强制执行之期限颇有关系。

5. 查封之动产保管人　依本法第五十九条之规定，查封之动产在原则上应移置于该管法院所指定之贮藏所，其不便于搬运或不适于贮藏所保管者，执行处得委托妥适之保管人保管之。其认为适当时，亦得以债权人为保管人。又除查封物为贵重物品及有价证券外，如经债权人之同意，亦得使债务人保管之。是以在实施查封以后，究以谁为保管人，自有记明之必要。

6. 保管方法　即是否交由该管法院所指定之贮藏所以为保管，或另行委托他人代为保管，抑或交由债权人或债务人代为保管，自亦须详予记载。

除上述六款事项之记载外，查封笔录仍须由查封人员如书记官、执达员等之签名。若执行处所采用之保管方法系指定债权人或债务人或其他妥适之人担任保管人时，则该保管人亦须签名于其上。又查封时如债务人逃匿或因其他事故不在场者，依本法第四十八条第二项之规定，应命其家属或邻右之有辨别事理能力者到场，于必要时并得请派警察到场。此时亦须令该到场人员在笔录上一并签名，以资证明。

此外查封完毕后，通常并应揭示布告书（格式附后），俾众周知。

指封结文

具指封结人　　今奉

钧院派员实施查封债务人　　所有存放坐落　　县　　路　　里第　　号房屋内一切动产，由民当场指封。如有错误，愿负完全责任，所具指封结是实。

具指封结人（债权人姓名）
中华民国　　年　　月　　日

注：上为查封债务人之财产时由债权人指引后所具之结文式。

查封动产笔录式

查封动产笔录

债权人

债务人

债权金额

前记金额依民国　　年　字第　　号确定判决,应由债务人向债权人清偿,该债务人迄未履行。兹据债权人声请,将另纸所开债务人动产查封备抵,其查封程序于本月　日　午　时开始　月　日　午　时告竣,所有已封之动产另列清单。

本笔录及查封清单于查封所在地当时经到场人得其承诺署名签押如下:

债权人（签名画押）

债务人（签名画押）

巡　长（签名画押）

地　甲（签名画押）

中华民国　　年　　月　　日

地方法院民事执行处

书记官

执达员

查封物品清单

查封物品清单

号数	物件类别	件数长度重量	估价	查封方法	备考

查封动产布告

地方法院布告　第　　号

为布告事：

　　查　　年度　字第　　号　与　　为求偿欠款执行事件，业经将债务人所有存放　　路第　　号内之动产实施查封在案。嗣后该债务人对于该项动产，如有与第三人为买卖及其他一切处分行为者，一律认为无效，恐未周知，特此布告。

中华民国　　年　　月　　日
地方法院民事执行处
推事

第五十五条　星期日或其他休息日及日出前日没后，不得实施关于查封之行为；但有急迫情形经执行推事许可者，不在此限。

日没前已开始为查封行为者，得继续至日没后。

第一项许可之命令，应于查封时提示债务人。

本条为关于查封之时间上的限制之规定

　　星期日或其他休息日通常均为例假日。日出前日没后乃一般人休养安息时间。为保护人民居息之安宁起见，关于查封行为之实施，在原则上应予禁止；但有例外规定，即遇有急迫情形，例如不迅即实施查封时，债务人行将其财产迁移或藏匿是，惟此时仍须经执行推事之许可，书记官始得督同执达员从事于查封之行为，否则虽有急迫情形，仍不得遽予实施，盖非如是诚恐不足以杜书记官及执达员之专横也。

　　本条第一项明定在急迫情形时经执行推事之许可，亦得在日出以前日没以后实施查封行为；但在日出以前开始为查封行为者，如因手续关系未能于日没时完结，则是否可以继续至日没以后？似亦应有规定，俾资遵守，故本条第二项特设明文，许其得继续至日没以后。

执行推事为本条第一项关于实施查封行为之许可命令，对于债务人居息之安宁极有影响，书记官督同执达员于实施查封时，应即以之提示于债务人，此系一种义务。一方既以明示查封行为之合法，他方复足减免种种之流弊。

第五十六条 书记官、执达员于查封时，发见债务人之动产，业经因案受查封者，应速将其查封原因报告执行推事。

本条规定书记官、执达员向执行推事之报告

按查封之效力，自债权人方面观察之，有二种相反之主义，第一，即第一查封债权人就其查封之物，取得质权，有排除第二以下查封债权人之效力。此为德国学者所主张。依此主义，查封之债权人，对于查封之物有物上担保之优先权利。第二，第一查封债权人虽先于其他债权人为查封，然不因此对于其他债权人享有优先受偿之权，此为法国学者所主张。依此主义，第一查封债权人与要求分配之他债权人就查封物之卖得金，应受同等之分配。此为本法所采取，观第三十三条之规定，即可明了。本条即为补充此种规定而设。盖依该条规定，对于同一财产既不许为二重之强制执行，故如遇有发见债务人之动产业因他案受有查封之情事时，实施查封行为之书记官、执达员，即须将其查封原因向执行推事提出报告，以便核办。

书记官向推事报告债务人动产因另案已受查封书

为具呈报告事：

案奉钧座训令以民国　　年度　　字第　　号　　与　　为求偿欠

款执行一案，饬即督同执达员前往将该债务人　　住宅（在　　路　　里第　　号）内一切动产实施查封具复等因，奉此，遵即带同执达员　　前往而　　商会执行委员会届时亦派委员　　到场协助，不料该屋所有一切动产业因该债务人与其他债权人　　为欠租纠葛一案由本院实施查封在案。职旋即搜寻屋内其他各房，均无他物可供查封，理合依法具呈报告钧座核夺，俾有所循。谨呈

本处执行推事
书记官
中华民国　　年　　月　　日

第五十七条　查封后执行推事应速定拍卖期日。

查封日至拍卖期日，至少应留七日之期间；但经债权人及债务人之同意，或因查封物之性质须迅速拍卖者，不在此限。

本条规定拍卖期日及其与查封日之距离

实施拍卖程序之时期，称曰拍卖期日，由执行推事于查封行为完毕之后迅予指定。即于查封后即时加以规定亦无不可。

拍卖期日之应速行指定，无非欲使执行程序迅速进行，但仍须酌留其与查封日之距离期间。本条第二项就此设有明文，即至少须酌留七日之期间，此为强制规定，不许任意缩短，盖第一，债务人于其动产被查封后仍可设法清偿其债务或提出现款请求撤销查封，否则执行法院即可进行拍卖程序，故在查封日至拍卖期日实有应留相当期间之必要，务使债务人有充分筹划之机会。第二，是项距离期间之留置，一方可使欲参加执行之债权人有主张权利之机会，一方更可使债务人或有利害关系之第三人亦有提出异议之诉之机会。第三，留置是项距离期间可使执行处从容准备以便实施拍卖程序，或依债权人及债务人

之声请变卖查封物之全部或一部以省略拍卖之程序。

上项所述至少应留七日之距离期间，并非不变，故如遇有下列情形之一时，即可加以缩短以便提前实施拍卖程序：

（1）经过债权人及债务人双方同意者　强制执行之当事人双方对于拍卖期日之提前，并无相反之意见时，是于双方均无何种不利，故本条特许执行推事得将查封日与拍卖期日之距离缩短至七日以内。

（2）因查封物之性质须迅速拍卖者　例如查封物品易于腐败不能为较长时间之保存，或如市上之金银行情发生变动，非迅予拍卖则当事人必遭遇意外损失等皆是。此时亦可将上述距离期间缩短而将拍卖程序提前举行。

第五十八条　查封后债务人得于拍卖期日前提出现款，声请撤销查封。

本条规定声请撤销查封之要件

查封为强制执行之初步处分，在实施之后，苟债务人能有其他方法履行债务，则执行之目的已达，于债权人及债务人双方均可省去诸多手续，故本条特以明文许债务人向执行法院为撤销查封之声请（声请书格式附后）；但应具备下列两种要件，始得为之：

一　须于拍卖期日前提出　按前条规定，查封日与拍卖期日之距离期间，至少须留七日。是在此项距离期间之内，债务人如欲声请撤销查封，即应立时为之，如已到达拍卖期日，则其声请自非本法所许可。又在前条所定之得为缩短距离期间之情形，若债务人之声请。只须尚在拍卖期日以前提出，仍与本条规定相符。

二　须提出现款　现款谓现在即有之款项。按对于动产之强制执行，其目的乃在于取得拍卖之卖得金，若债务人于查封后拍卖期日前提出现款，是债权人所要求之执行目的已达，故对其声请撤销查封，应容许之。至其所提出现款之数目，自应与所要求之债务相当，否则应不在许可之列,此为当然之解释也。

法院于收到声请撤销查封状而实施撤销处分后,应即揭示布告(格式附后)俾众周知。

裁判例

民国六年(1917年),前大理院上字第一九七号:

债务人经判令偿债而欲保全铺产或其他产业,尽可另行筹款,按照所判时限,如数清偿,以免执行财产。

大理院八年(1919年),抗字第一一号:

依民事诉讼执行规则第六十条第一项债务人得于查封后七日内向审判厅提出现款声请撤销。又第六十一条第一项已查封之不动产债务人未依第六十条声请撤销时,审判厅得据债权人声请或以职权命为拍卖,是在已经拍定之后债务人不能更行主张提出现款撤销拍卖。若有此项主张,除得有拍定人同意外,于法不应予以许可。

声请撤销查封动产状

为声请撤销查封事:

窃声请人与　　因债务纠葛一案,因声请人一时手头拮据,未能遵命如期清偿,以致所有存放坐落　　路　　坊第　　号房屋内一切动产于　　月　　日由　　钧院派员查封在案。兹已四出筹措,将欠款如数缴案。理合具状钧院鉴核,准予转知执行处迅予撤封,以符法制而保私权。谨状

　　地方法院

声　请　人
诉讼代理人

中华民国　　年　　月　　日

因债务人之声请而撤销查封动产之布告

地方法院布告　第　　号

为布告事：

　　查本院执行民国　　年度　　字第　　号为求偿欠款一案。前经派员将债务人所有存放坐落　　路　　坊第　　号房屋内一切动产依法实施查封在案。兹据债务人已将欠款本利如数缴案，并经状请撤销查封到院，核与强制执行法第五十八条规定相符，除批示照准外，特此布告。仰各周知。

地方法院民事执行处

推　事

中华民国　　年　　月　　日

第五十九条　查封之动产，应移置于该管法院所指定之贮藏所，其不便于搬运，或不适于贮藏所保管者，执行处得委托妥适之保管人保管之，认为适当时，亦得以债权人为保管人。

　　查封物除贵重物品及有价证券外，经债权人之同意，得使债务人保管之，债务人为保管人时，应谕知刑法所定损坏、除去或污秽查封标示，或为违背其效力之行为之处罚。

　　查封物交保管人时，应命保管人出具收据。

本条规定查封物之保管方法

　　动产经执行法院查封后，须即予以保管，所谓保管，乃指对于某物以防止其灭失或毁损为目的而将其置于某人持有之下而言，兹将本条所定之保管方法析述于下：

　　1. **由指定之贮藏所保管**　贮藏所乃法院所设以为贮存收藏查封

物之场所，或于院内设置之，或于院外设置之，均依各该法院之环境而定。如法院未曾设置时，执行处亦可将查封物移置于该管法院所指定之其他相当官署所附设之贮藏所内，以保管之。又如院内设置之贮藏所范围狭小不能容纳，亦可移置于该管法院所指定之其他贮藏所。

2. 由执行处委托妥适之保管人保管　查封物之保管，在原则上应移置于该管法院所指定之贮藏所，依法加以保管；但遇有下述情形之一时，则得变更办法由执行处委托妥适之保管人保管之：

A　查封物不便于搬运时　查封物如因体积过大，不便搬运，或因品质关系搬运时容易损坏，或因与指定之贮藏所距离过远，于搬运时不甚方便，此时可以不予移置而得由执行处委托妥适之保管人为之保管。

B　查封物不适于贮藏所保管时　所谓查封物不适于保管，乃指性质上不适合于贮藏所之保管方法而言。例如查封物系属于容易腐烂之物品，贮藏所内并无冷气设备，若将该查封物移置于贮藏所，则查封物必将不保，此时即不适于该贮藏所之保管而得由执行处委托妥适之保管人（例如冷气公司是）以保管之矣。

委托妥适之保管人代为保管，是否必须予以相当报酬，此为办事上问题，可由执行处任意酌量决定之，本条不加规定。至于保管人是否妥适亦应由执行处临时予以考虑。

3. 由债权人保管　债权人系为要求满足其私权而请求执行，乃执行当事人之一，执行处对于查封物之保管不能依上述第一种方法为之者，如认为适当时，亦得以该债权人为保管人。至于是否适当，则全由执行推事酌量情形定之。

4. 由债务人保管　查封行为原系施之于债务人之财产，执行处如不能采用上述第一种方法而欲将查封物责令债务人保管者，如于债务之清偿并无危险之虞，即为本法所容许；但仍须具备下列各要件：

A　查封物须为非贵重物品及有价证券　贵重物品，谓价值高大之物品。有价证券，乃指证券券面所表示之权利与其券有不可分离之关系，而其让与或行使之时须占有其券始能生效者而言。又可分为完全有价证券与不完全有价证券二种，前者如汇票、本票、支票是，后者如记名股票、公债票、仓单、船票等是。此项贵重物品及有价证券变卖较易，如贸然责令债务人保管，每易引起债务人之觊觎，危险孰甚，故欲责令债务人保管查封物时，如系属于上述两种范围者，应予除外。

B 须经债权人之同意 法院实施查封债务人之动产，原以使债权人获得在执行名义所载之权利为目的。在查封后查封物即与债务人脱离占有关系，如仍欲将原物责令该债务人保管，除该查封物并非为贵重物品及有价证券外，并须经过债权人之同意。盖查封物与债权人关系最切，非预先获得其同意。执行处即不得遽予交令债务人保管。

C 应谕知债务人以刑法上所定之处罚 执行处依照上述A、B二项条件而责令债务人负担保管查封物时，为防止其侵害查封物起见，应谕知该债务人以刑法上所定关于损坏、除去或污秽查封标示或为违背其效力之行为之处罚。此为刑法第一百三十九条所规定者，其处罚为一年以下有期徒刑，拘役或三百元以下罚金。所以必须为上述之谕知者，以其能使该债务人有所畏惮而不至于违反其保管义务也。

执行处依照上述各种方法之一而将查封物交付保管人时，查封物之保管责任，已由执行处移转于保管人身上，故于物件交付时应命保管人出具收条（惟通常多用结文代之），务使日后责任分明，免生无谓之争执，此本条第三项之所由设也。

看管结文式

具看管结人　　　今奉

钧院派员查封　　与　　债务案内债务人所有坐落　　动产交民看管后，倘有情事愿负完全责任，所具看管结是实。

具看管结人

中华民国　　年　　月　　日

住址

注：按查封后多由地保负看管之责。上为看管结文式

保管结文

具保管结人　　　今奉

钧院派员查封　　与　　债务案内债务人所有坐落　　动产交民看管后，倘有情事，愿负完全责任，所具保管结是实。

具保管结人

中华民国　　年　　月　　日

住址

注：按查封财产后流动之物均须交保管人保管之。上为保管结文式。

第六十条　在拍卖期日前，执行处因债权人及债务人之声请，得不经拍卖程序，将查封物之全部或一部变卖之。

查封物易腐坏者，执行处亦得不经拍卖程序，依职权变卖之。

本条规定查封物之变卖

变卖谓将查封物得以不经拍卖程序而依任意方式或依照市面行情（即市价）出卖于人也。此亦为对于动产强制执行方法之一种。又可分为依声请而为之变卖与依职权而为之变卖二种，兹分述于下：

1. 依声请而为之变卖　按在拍卖期日前，查封物之变卖不论为全部的或一部的均为本法所许可，惟须基于债权人及债务人之声请（声请书格式附后）耳。盖债权人及债务人双方对所查封之动产既愿省却拍卖程序而使执行收迅速之效，则执行处自可允许该当事人之声请，以变卖之。（令书记官实施变卖训令格式附后）

2. 依职权而为之变卖　此即不待执行当事人之声请而由执行处依其职务及权力所为之变卖也。查封物之品质如不便为较长时间之保

管而容易腐烂者（例如水果及其他菜蔬肉类是），此时即无须经过债权人及债务人之声请，执行处即得不依拍卖程序而依其职务及权力径行加以变卖。盖非如此即债务人必将遭受意外之损失，而债权人亦势将无以达到其满足私权之目的矣。

部　令

民国二十二年（1933年）司法行政部指字第一七六三〇号：

　　查补订民事执行办法第十四条二三两项所称之任意卖却，系指不经拍卖程序而言，自得随时随地行之，其卖价并不受原估价格之限制；（拍卖动产除高价物外，原无庸估价，参照民事诉讼执行规则第三十二条。）惟于市面有行情之物，应照行情卖却，无行情者，如执行处认承买人所出之价格为相当时，即可卖却之。（民事诉讼执行规则第三十五条，补订民事执行办法第十九条二项。）倘无人出此价格承买，而执行处认为在他时他地亦无卖出之望时，自得按行情或以相当之价格，交债权人收受。

声请变卖动产状

为声请依法变卖以备抵偿债务事：

　　窃声请人前以　　不理欠款曾经　　钧院判决并予将该债务人所有存放在　　路第　　号之房屋内一切动产实施查封在案。乃自查封以来为时已久，仍未履行清偿。兹因急用款项，业商得债务人之同意，将上开动产实施变卖，为此依据强制执行法第六十条之规定，状请　　钧院鉴核，迅予变卖，以备抵偿而保债权。谨状
　　　　地方法院

　　　　　　　　　　　　　　　　　　　具状人　　押
　　　　　　　　　　　　　　　　　中华民国　　年　　月　　日

令书记官实施变卖训令

地方法院训令　　第　　号

令本院书记官

为令知事：

　　查民国　　年度　字第　　号　与　　为求偿欠款执行一案，前经派员将债务人　　所有存放于　　路第　　号之房屋内一切动产实施查封，并布告变卖在案。兹据债权人及债务人之声请，合行令仰该员迅即督同承办执达员　　依法实施变卖，并将办理情形呈复，勿得延误，此令。

地方法院民事执行处

推事

中华民国　　年　　月　　日

第六十一条　拍卖动产由执行推事命书记官督同执达员于执行法院或动产所在地行之；但执行处认为适当时，得委托拍卖行拍卖之。委托拍卖行拍卖时，执行处应派员监督之。

本条规定动产拍卖之执行人员与拍卖场所

　　1. 动产拍卖的执行人员，依本条之规定在原则上为书记官与执达员；但书记官督同执达员为之时，仍须秉承执行推事的命令，自不得独立行使其拍卖行为之职务。至于例外，则经执行处认为适当时得委托拍卖行拍卖之。此时执行拍卖的人员则变为受委托之拍卖行之主持人员，惟为防止发生流弊起见，执行处应即派员前往监督，此项人员或由书记官充任，或由执达员充任，自应依照当时情形临时加以决定。

2. 动产拍卖的场所，依本条条文在原则上定为该执行法院内或该动产所在地内；但执行处认为适当而另行委托拍卖行拍卖时则拍卖场所或在执行法院内或在该动产所在地，均视事实上之便利而定。即借用该拍卖行所设之拍卖场内为拍卖场所，亦应解为在准许之列，盖执行处依法已另派有人员前往监视，事实上甚鲜有发生弊端之可能也。

第六十二条 查封物为贵重物品而其价格不易确定者，执行处应命鉴定人鉴定之。

本条规定贵重物品之鉴定

通常之查封物多由书记官或执达员为相当价格之估定；但价值高大之物品，或因执行人员缺乏对于该物之认识与经验，或因市场上各处价目并不一致而且相差太远，此时该项物品之价格即属不易确定，如贸然许其加以估定，诚恐无以顾及当事人之利益，故本法特以明文责令执行处应即命鉴定人实施鉴定。鉴定后应提出鉴定书结（格式附后），向法院报告。此之所谓鉴定人，乃指居于参与地位依其特别技能或固有学识经验，对于一种事实之真伪情状加以鉴定，并发表陈述其判断意见之第三人而言，关于其选任、委任及其人之权利义务概准用民事诉讼法第三二四条至第三四〇条之规定。（参阅本法第四十四条）

鉴定人鉴定动产鉴定书

为鉴定事：

　　今因民国　　年度　　字第　　号　与　　为求偿债款执行一案，蒙命为鉴定人鉴定债务人所有动产事实，谨将鉴定意见列下：

　一　鉴定物（详见查封物品清单）

　二　鉴定价值

三　鉴定地点
四　鉴定情状

鉴定人（签名盖章）
中华民国　　年　　月　　日

鉴定人具结书

结文

今蒙选为民国　　年度　　字第　　号　　与　　为求偿债款执行一案鉴定人，谨当本其所知为公正之鉴定，此结。

鉴定人　印

注意

刑法第一百六十八条于执行审判职务之公署审判时，鉴定人于案情有重要关系之事项，供前或供后具结而为虚伪陈述者，处七年以下有期徒刑。

中华民国　　年　　月　　日

令书记官另选鉴定人训令

地方法院训令（第　　号）
令本院书记官
为令知事：

查民国　　年度　　字第　　号　　与　　为求偿债款执行一案，前曾派该员依法将债务人　　在　　路第　　号内全部动产实施查封，并遴选鉴定人核实估价业据呈复在案。兹据债务人　　称该鉴定人所估价格仅得原价五分之一,请求重估以免损失等语,合令仰该员督同执达员　另选鉴定人通知两造到场,将查封财产着该鉴定人按照市价核实估计后,制具鉴定书结等件呈复,以凭核办,勿得延误,此令。

地方法院民事执行处
推事
中华民国　　年　　月　　日

第六十三条　执行处应通知债权人及债务人于拍卖期日到场,无法通知,或届期不到场者,拍卖不因而停止。

本条为关于通知债权人及债务人
于拍卖期日到场之规定

　　拍卖既系就债务人业已受查封之财产付诸公卖然后依其所获得之卖得金充为清偿债权人债权之用,是对双方当事人之利益均有莫大关系,依本法第五十七条第一项之规定,拍卖期日系于查封后由执行推事指定之,是此项拍卖期日自有通知债权人及债务人之必要,务使双方均能届期到场。倘不为此项通知,执行处即为违背执行时应遵守之程序,当事人即得依本法第十二条之规定声明异议。

　　至于通知之方法,本法并无明文,惟通常皆以文书(格式附后)为之,通知书之送达,则仍准用民事诉讼法关于送达之规定,自不待言。如通知书无法送达或不能用其他方法以为通知者,例如债务人因恐被管收而逃亡或因其他事故所在不明时皆是,此时执行处对于所指定之拍卖期日,并不因之而更改,拍卖亦不应因之而停止。又债权人或债务人双方于接到通知之后而于拍卖期日并不到场者,不问其不到之原因如何,拍卖行为亦不因而停止,所以然者,无非使强制执行得收迅速之效也。

实施拍卖向债权人（或债务人）通知书

地方法院通知书　第　　号
为通知事：

　　查民国　　年度　　字第　　号　与　　为求偿债款执行一案，前经本院派员将债务人　　所有存放于　　路第　　号之房屋内一切动产依法查封，经鉴定人鉴定最低价额共　　元在案。兹指定　　月　　日上午　　时起为拍卖时期，除布告并派员届时前往依法实施拍卖外，合亟通知该债权人（或债务人）知照。

　　上通知债权人（或债务人）　　知照

中华民国　　年　　月　　日
地方法院民事执行处
推事　印

第六十四条 拍卖动产应由执行法院先期公告。

前项公告应载明下列事项：

一　拍卖物之种类、数量、品质及其他应记明之事项；
二　拍卖之原因日时及场所；
三　阅览拍卖物及查封笔录之处所及日时；
四　定有拍卖价金之交付限期者其期限。

本条规定拍卖动产之公告及公告之方式

　　拍卖公告，谓执行法院在实施拍卖以前向公众为关于拍卖物之种类，拍卖原因，拍卖日时及拍卖处所以及其他必要事项之通告时所作成之文书（格式附后）。按实施拍卖以前不论为动产或为不动产之拍卖均须预先公告。关于拍卖不动产之公告，另在本法第八十一条规定。本条所设者，乃指对拍卖动产之公告而言。在本条第二项内对于公告之方式，更复设有详细规定，即此种公告应载明下列各种事项：

1. 拍卖物之种类、数量、品质及其他应记明之事项　拍卖物之种类，乃指其物之名称类别。数量谓其物之多寡。品质则指其物之优劣。至其他应记明之事项，例如拍卖物有何特征，拍卖物之功用如何等，举凡执行机关认为应行记明之事皆属之。

2. 拍卖之原因、日时及场所。拍卖之原因，乃指构成拍卖处分之事由，例如实施拍卖以清偿某债权人之债权是，或直称"执行债权人某与债务人某因某某事涉讼一案业将债务人所有某某动产查封鉴价在案"等语，皆可为表示拍卖之原因，至于拍卖日时乃指实施拍卖之期日，例如定于某月某日上午或下午某时是。拍卖场所乃指实施拍卖之地点及处所。此项场所，应依本法第六十一条之所定。以上在拍卖公告内均应一并记明，俾欲拍买之人均能届期前往参加。

3. 阅览拍卖物及查封笔录之处所及日时。在未实施拍卖以前，为使欲拍买之人对于拍卖物有预先察看的机会起见，除在公告内应将该物之种类、数量、品质等记明外，尚须指定先期阅览拍卖物之日时（如在某月某日上午或下午某某时是）及阅览该拍卖物之场所。此项场所或为该物之所在地，或为日后实施拍卖之处所均可。至于查封笔录，依本法第五十四条之规定亦须具备一定方式，且此项笔录为关于实施查封行为时之唯一证明文书，而拍卖之实施复系以查封时所为之笔录为根据。故凡欲拍买之人对于查封手续是否合法，查封时有无发生纠纷，查封时日与夫查封物之保管方法等等，皆可在查封笔录内一一觅得。为便利凡欲拍买人预先知悉查封物之查封情形起见，执行处实有将查封笔录公开之必要，故对于阅览该项笔录之场所及日时，亦应于拍卖公告内详予载明。

4. 定有拍卖价金之交付期限者，其期限。拍卖动产时，其价金在原则上应于拍定当日交付，但亦有另行指定期限者。又依本法第六十八条之规定，拍卖物之交付应与价金之交付同时行之。按拍卖程序当以一方交付拍卖物，一方交付价金始为结束，故价金如未全数交付，则拍卖人可拒绝交付拍卖物，是拍卖程序仍未全然完了。又在一般情形每有分期交付价金之举，此于本法其他条文并无限制规定，自应解为得为许可。再就本条之规定观之，更属明显，盖拍卖价金之得为分期交付，不特于拍买人方面有许多便利，即在贵重拍卖物之付诸拍卖，亦每因而较易获得买主；但于定有此项分期交付之期限或不分期而于一次交付之期限者，在拍卖公告内均应详予记明。

拍卖动产布告

地方法院布告第　　号
为布告拍卖事：

　　查本院执行债权人　　与债务人　　因　　涉讼一案，业将债务人所有后开财物查封鉴价在案。兹定于　月　日　午　时为拍卖日期，由本院派书记官指挥执达员实施拍卖。凡欲买是项财物者，仰即前来本院执达员办公室报明，以便领赴所在地阅看后遵期承买。如承买者有二人以上时，则以出价最高者为承买人，当场交足价银，即将拍卖之财物给予具领。仰即周知，特此布告。

　　　　　　计开
一　拍卖之标的物
二　物之所在地
三　最低价额
四　阅看笔录之处所　　　　本院执达员办公室
五　执行书记官　　　　　　　　　　执达员

　　　　　　　　中华民国　　年　　月　　日实贴　揭示处
　　　　　　　　　　　　　　　　　　　　　　　所在地
　　　　　　　　　　　　　　　　　　　　　　院长

第六十五条　拍卖公告应揭示于执行法院及拍卖场所。如认为必要，或因债权人或债务人之声请，并得登载于公报或新闻纸。如当地有其他习惯者，并得依其习惯方法公告之。

本条规定拍卖动产之公告方法

拍卖动产之公告，方法甚多，采用其一或兼采二种以上，均由执行法院酌量情形定之，本法不予限制；惟对揭示法则应绝对采用。兹将本条所列举之方法析述于下：

1. 揭示法　所谓揭示，乃指将公告事项揭示于大庭广众间，或于一定地方为之，务使各方人民均能便于阅览而言。本条规定应在执行法院及拍卖场所揭示之。按一般法院在院门前每有揭示处之设，故揭示自应在揭示处为之。至于拍卖场所则于场所之门首或其他适当处所揭示之，均无不可。

2. 登报法　即将公告书全文登载于政府或其他团体之公报上或新闻报纸之广告栏内是也。本条明定除用揭示方法外，如执行法院认为必要时，或依债权人之声请时，或依债务人之声请时，并得同时于政府机关或其他团体之公报上或新闻报纸上登载之。

3. 依当地其他习惯之方法　所谓习惯之方法，乃指一般人通常所采用之方法而言；但须以当地通行者为限。如系当地以外之一般人通常所采用者，则与本条所定者不合。关于此项习惯方法，例如于各处遍贴公告，或分散印刷品，或遣人携带揭示牌遍游各处示众皆是。故本条规定，拍卖公告以揭示法为主，如当地有其他习惯者，并得依其习惯方法为之。以期引起公众之注意。

请报馆登载拍卖布告函

径启者：

本院执行民国　　年度　　字第　　号　　与　　为求偿欠款一

案，业将债务人所有存放坐落　　路　　号房屋内一切动产实施查封指定拍卖期日在案。兹依强制执行法第六十五条规定应将拍卖布告登载报纸，用特检送拍卖布告一纸，希即登入贵报公告栏内，俾众周知，为荷。此致

　　报馆

地方法院民事执行处启
年　　月　　日

第六十六条　拍卖于公告五日后行之；但因物之性质须迅速拍卖者不在此限。

本条规定拍卖之实施期限

本法第五十七条之规定为关于拍卖期日与查封日之距离期限，本条则为对于拍卖实施期日与拍卖公告后之距离期限。按拍卖公告乃以引起公众对于拍卖之注意并招徕拍买人为目的，故于公告之后应留五日之期间始得实施拍卖。盖在此五日之内不但可使一般人能知悉有拍卖之事实而从事于拍买之准备，即使债务人亦可于此时提出现款声请撤销查封。此外，留此期间亦可多使其他债权人有参加主张权利之机会或使债务人或有利害关系之第三人亦有提出异议之充分时机。又此项距离期间亦为强制规定，除下述之例外以外，不容任意缩短，违者即为不遵守关于强制执行应行遵守之程序，当事人即得对之依本法第十二条之规定而为异议之声明。

按上述之距离期间仅为一种原则，故凡因拍卖物之性质非迅速予以拍卖不可时，例如金银市价易于变动或某种物品容易腐烂等，如不迅予拍卖，则于当事人有损，故不使其受上述距离期间之限制，执行法院即得加以缩短，此本条但书之所以设也。

第六十七条 金银物品及有市价之物品,得不经拍卖程序径依市价变卖之。

本条规定金银物品及有市价物品等之变卖

物品之为金银所制就者,均有一定市价,可资依据,非如其他之可任意抑低或提高之也。是以本条特许其得以不经拍卖程序而径行依照市价加以变卖。盖经拍卖程序所得之价金,多较市价为低,债务人每因备受意外损失,故金银物品既有市上行情可资依据,执行法院即可径依市价予以变卖。此不特于债务人一方有利,即债权人亦可因而受有迅速受偿之机会。至于执行法院方面,既无须实施拍卖即可使执行程序迅趋于完结,精神时间,均可节省,是于彼亦不无有利也。

以上所述乃指金银物品而言,至有市价之物品例如有价证券之流行市面,均有一定行情,其他如米、麦、杂粮、棉纱、煤炭等物在市面上亦有一定标准之流行价格,依本条规定均得不经拍卖程序径依市价变卖之。

裁判例

民国二十二年(1933年),抗字第七七六号:

依暂准援用之民事诉讼执行规则第七十三条之规定,自拍卖日起,经三次减低拍卖价格而仍无合格声明拍卖价格者,法院固得依最低价格以职权发给权利移转之书据交债权人收受。惟该条文既仅曰得依,则法院苟因债权人之不愿收受,遂斟酌情形不依此项办法而再行减价,或别经鉴定人最近之评估,另定拍卖最低价及拍卖日期以公告拍卖,自非法所不许。至于依同规则有三十五条规定任意卖却,其价格固必须在拍卖日之行情以上之价格,惟其所谓拍卖日行情,自系指最后之拍卖日行情,而非指开始第一次拍卖日之行情。故执行法院如果依任意卖却之办法而并无人愿以最后拍卖日行情以上之价格承买时,法院自得再经鉴定人就最近之行情评价后另定拍卖日以为拍卖。

第六十八条 拍卖物之交付,应与价金之交付同时行之。

本条规定拍卖物与拍卖价金之交付时间

拍卖程序以一方交付拍卖物,一方交付拍卖价金而终结,如任何一方并不以所应交付者向对方同时互为履行,则其手续未清而拍卖程序之终结亦必因之而发生问题。故本条特定明双方应同时互为交付之履行。盖拍卖为公卖性质,且并无如买卖之出卖人负有瑕疵担保之义务,而且对于拍买人亦无买回之权,又为防止如一般买卖所常引起之欠款纠葛起见,故特责令双方同时对相对方互为交付,以免发生纠纷。

裁判例

民国二十二年(1933年),抗字第四六二号:

执行拍卖物品之交付,应与收纳价金同时行之。

第六十九条 拍卖物买受人就物之瑕疵无担保请求权。

本条规定拍卖物买受人对物之瑕疵无担保请求权

所谓物之瑕疵,乃指物品之有缺点不健全者而言。在一般之买卖,依民法之规定出卖人将标的物交付买受人时止,对于其物之价值,或其过常效用与约定效用有灭失或减少之瑕疵时,应负担保责任;但在拍卖则否,盖拍卖物多属旧货,其有瑕疵自不待言。且拍卖时系以公然竞争出价而定价金之方法,对于拍卖物之有无瑕疵拍买人自己应负其责任,若反使其就该物之瑕疵有担保请求权,不特与拍卖之根本性质相反，即于拍卖人方面亦将不胜其繁，此本条之所以设也。

第七十条 执行处因债权人或债务人之声请或认为必要时，应依职权于拍卖前预定拍卖物之底价。

执行处定底价时，应询问债权人及债务人之意见；但无法通知或届期不到场者，不在此限。

拍定应就应买人所出之最高价高呼三次后为之。

应买人所出之最高价，如低于底价或虽未定底价，而债权人或债务人对于应买人所出之最高价，认为不足而为反对之表示时，执行拍卖人应不为拍定，由执行处定期再行拍卖。

拍卖物依前项规定再行拍卖时，应拍归出价最高之应买人。

本条为关于拍卖物之底价及新拍卖之规定

债务人财产于拍卖时如能获得高价，则于债权人及债务人双方均有利益，否则不特债务人遭蒙损失即债权人因有时未能满足其要求，亦必受到不利。为顾全双方当事人之利益起见，执行处如有下列情形之一时，应于实施拍卖以前就拍卖物定一底价惟此项底价并不公开宣布耳。

1. 因债权人或债务人之声请时　债权人或债务人对于拍卖物所得之价金如不能达到所预料之目的时，双方俱将遭受损失，故此时实有请求预定拍卖物底价之必要。为此项声请（格式附后）时，任何一方均可单独向执行处提出，一经提出后，执行处即应于拍卖以前为之预定。

2. 认为必要时　所谓必要，自应依照当时之情形加以决定。例如执行处对于拍卖未举行以前已预知该拍卖物不能获得高价或侦知若干欲拍买之人已有串同提出最低买价之事，是此时实有依职权预定该拍卖物之底价之必要，否则不特对执行当事人双方不利，即执行处亦将因债权人之未满足其要求以致将行就债务人其他财产请求查封拍卖，则执行处又须再就该项财产重行实施执行程序，是时间劳力二者皆不经济也。

执行处依照上述情形之一而预定底价时，在原则上仍应询问债权人及债务人之意见，盖非如此执行处诚恐不免有专横之嫌，而债务人及债权人之利益仍将不保。惟在此有一问题亟待研究，即执行处所预定之底价与债权人及债务人之意见绝对相反时究应如何调剂方得其平？本法虽无明文，惟依文字上之解释，则执行处似乎应尊重执行当事人之意见；但如因尊重当事人之意见而致所预定之底价数目过高，终使该拍卖物不能卖出者，则此时自应依照本法第七十一条之规定办理矣。

上述为在原则上应询问债权人及债务人之意见；但执行处于依法为以上之询问而不能到达于该当事人时，例如债务人逃匿时或任何一方当事人因其他事故致所在地不明时，此际则欲征得其意见亦不可得，执行处即可酌量情形自由加以预定，自无再事迁延之必要。又如当事人之任何一方业已接到询问之通知后而届期并不到场者，此时不问其不到原因为何，执行处亦可自行预定其拍卖物之底价，而无须再行征询其意见矣。

拍卖时系由各欲拍买人竞出高价，然后由拍卖人对愿出最高价者予以拍定。此之所谓拍定，乃指拍卖人对于应买人之应买表示所为之卖定（即承诺）表示而言。依我国民法之规定，应以拍板或其他惯用方法为之。本条第三项更进而定为拍定时应就应买人所出之最高价高呼三次后为之，盖实施拍卖时执行当事人无不希望取得最高卖价金。故凡遇有拍买人提出最高价时，执行拍卖人仍须高唱该最高价三次，使能引起众人之注意而令凡欲竞买者有提起较此更高买价金之机会，且同时并可借此避免错误。若于高呼三次之后，并无其他较此更高之买价金时，则执行拍卖人便可依法拍定。但于此有一事亟应注意，即所谓最高价须以能使执行当事人满足时为准，否则执行拍卖人仍不得加以拍定。所谓能使执行当事人满足者，可就下列情形之一而观察之：

1. 定有底价者应买人所出之最高价如低于该底价时。底价之预先决定，依本条第二项之规定，执行处在原则上应询问债权人及债务人之意见，是底价之预定大都基于该执行当事人之意思。故遇应买人所出之最高价如低于底价时，其不能使该执行当事人满足，已属显然。此际执行拍卖人即应不为拍定。

2. 未定底价者债权人或债务人对于应买人所出之最高价认为不足而为反对之表示时。依本条第一项前段之规定，凡未有债权人或债务人之声请时或执行处未认为必要时，在拍卖前便可不必预定拍卖物之底价。故凡未定有底价者，债权人或债务人对于应买人所提出之最高价如认为不足而有为反对之意思表示时，此项情形当然即为不能使执行当事人满足之明证，执行拍卖人即应不为拍定。

凡因上述二种情形而不为拍定者，对于拍卖物自不便使其依照本法第七十一条之规定作价交债权人收受，或撤销查封而将该拍卖物返还于债务人。盖以前此之拍卖系因未得满足之价额未行卖出，并非无应买之人故也。依本条之规定应即由执行处指定期日再行拍卖。学者称此曰新拍卖。此与民法上所称之再拍卖有异，盖再拍卖乃指为拍卖之买受人因不按时支付价金时由拍卖人解除其契约而将其物再行拍卖而言。因其系已实施拍卖了结后再为之拍卖，故与新拍卖不同。关于新拍卖之程序自应适用关于拍卖程序之规定。

拍卖物于为新拍卖时，只以一次为限，不许再为拍卖。故遇有出价最高之应买人，不论该项最高价是否低于底价，或虽未定底价，债权人或债务人对于该项最高价有无为反对之表示，执行拍卖人均应依法为之拍定。盖非如此则拍卖程序必将无法迅速结束也。

裁判例

民国七年（1918年），大理院抗字第一五五号：

对于请求执行之债权人，并无不许其为拍买人之规定。

民国八年（1919年），大理院抗字第五九五号：

届执行之时，债务人所觅之买主，能依法以最高价额拍买，自无不许其拍定之理。

民国十四年（1925年），大理院上字第六三四号：

拍定除有实体法上无效之原因外，虽拍卖程序或有欠缺，利害关系人亦仅得声明异议或提起抗告，不得于执行终结后，更以程序法上之欠缺为理由，以诉主张拍定之无效。

债务人声请预定拍卖物底价书状

声请人

为呈请依法预定拍卖物最底价以保权利事：

窃声请人因民国　　年度　字第　　号与　　为　　欠款发生纠葛一案，业经　　钧院派员将声请人所有存放坐落　　路　　里第　　号房屋内一切动产查封在案。查该查封物种类繁多，而价值高下不等，诚恐于拍卖时不能获得相当卖价，殊与声请人权利有关，为此理合具状呈请　　钧院鉴核，准予依法选任鉴定人预定底价，借保权利。谨状

地方法院民事执行处

具呈人　　押

中华民国　　年　　月　　日

第七十一条　拍卖物无人应买时，执行处应作价交债权人收受，债权人不收受时，应由执行法院撤销查封，将拍卖物返还债务人。

本条规定拍卖物无人应买时之处置

拍卖之动产如实无卖出之希望时，则债权人之私权不能满足，苟任其一再迁延，显与执行之目的相违，故本条特定执行处应将该动产作为价金交债权人收受，以为抵偿其一部或全部债权之用。此时若债权人不愿以金钱之请求而邃代以动产作价以为抵偿而拒绝收受时，执行法院应另定执行方法，而将该动产之查封以裁定方式（格式附后）即予撤销，全部返还于债务人。以资结束。

执行法院撤销查封之裁定

地方法院民事裁定书　　年度　字第　　号
裁定
　　债权人
　　债务人
　　上债权人与债务人因民国　　年度　字第　　号求偿欠款执行一案，本院裁定如下：
　　主文
　　本院　　年度　字第　　号决定查封之裁定应予撤销。
　　查封物应予启封返还债务人。
　　理由
　　查本件前经将查封物二次实施拍卖无人应买，旋经本院依法作价交债权人收受，而债权人亦复拒绝收受，是无再行拍卖之必要，合依强制执行法第七十一条裁定如主文。

地方法院民事执行处
推事
中华民国　　年　月　日

第七十二条 拍卖于卖得价金足以清偿强制执行之债权额,及债务人应负担之费用时,应即停止。

本条规定拍卖动产之限制

执行拍卖,原以将拍卖后所获得卖得金供清偿债权之用为目的,如于实施拍卖后所得卖得金已足敷清偿该债务人所负欠之债额,是拍卖之目的已达。若再继续拍卖,则已失却强制执行之本旨,自非法之所许。又实施强制执行时所需用之费用亦应由债务人负担,并应与执行之债权同时收取(参阅第二十八条释义)。是此项费用亦应于拍卖之卖得金内一并计算,故本条更规定拍卖时于卖得价金足以清偿强制执行之债权额外,尚须足以抵还债务人应行负担之执行费用。如卖得金已足抵偿以上二项额数时,即应停止拍卖,盖若许其继续执行,不特置此后所拍卖之卖得金于无用,即对债务人之利益,亦有妨害,殊非所以尊重债务人之权利。至于执行费用之由债权人代为预纳者,自亦应一并计算在内,而许其由卖得金额内扣除以为抵偿,自不待言。但若为债务人所缴纳者,则不得由该卖得金数额内扣除之。此事理之当然者也。又卖得金于扣除执行费用及清偿债权之外尚有余额时,则应依本法第七十四条之规定办理。

第七十三条 拍卖终结后,书记官应作成拍卖笔录,载明下列事项:
 一 拍卖物之种类、数量、品质及其他应记明之事项;
 二 债权人及债务人;
 三 拍卖之买受人姓名、住址及其应买之最高价额;
 四 拍卖不成立或停止时,其原因;
 五 拍卖之日时及场所;
 六 作成查封笔录之处所及年、月、日。
 前项笔录应由执行拍卖人签名。

本条规定拍卖笔录之作成与其方式

于拍卖程序终结后由执行处书记官所作成之笔录，谓之拍卖笔录（格式附后）。此种笔录为公文书之一种，其功用有二：一、可为书记官对于执行拍卖报告书之用；二、可备日后查阅参考之需。因其具有上述功用故须具备一定方式，换言之：即应载明下列各事项：

1. 拍卖物之种类，数量，品质及其他应记明之事项。详细可参阅本法第六十四条释义。

2. 债权人及债务人。债权人乃指获有执行名义之债权人，债务人则指拍卖物之所有人。在笔录内均应记明其姓名，以明权利义务之所属。至于是否到场之应记明，更不待言。

3. 拍卖之买受人姓名、住址及其应买之最高价额。拍卖笔录系关于拍卖经过情形及其结果之记载，故对拍卖物之买受人为谁，其姓名及住址均须记明，俾资稽考。至于其应买之最高价额乃该拍卖物之卖得金，扣除执行费用及抵偿债权，均唯此项款额是赖，更非一并载明不可。

4. 拍卖不成立或停止时，其原因。所谓拍卖不成立，乃指拍卖行为无法达到目的之情形而言。例如本法第七十条所定应买人所出之最高价较低于所预定之底价时，或执行处并未预定底价而债权人或债务人对于应买人所出之最高价，认为不足而为反对之表示时，执行拍卖人不予以拍定者皆是。至于所称拍卖停止，则系指拍卖程序因本法第十八条但书所规定者而暂时由法院以裁定中止其进行而言。拍卖不成立或拍卖停止时，对于拍卖程序之进行与结果，影响极大，故对不成立之原因与停止之原因均须一一记明，既可备日后之参考，复可借此以窥见其不成立或停止之原因是否合法。

5. 拍卖之日时及场所。详细可参阅本法第六十四条释义。

6. 作成拍卖笔录之处所及年、月、日。即记明拍卖笔录制成之地点并场所及制成之年月日。前者可以证明拍卖笔录之是否当场作成，后者则可借以明了拍卖程序之终结在于何月何日。

拍卖笔录不但应行记明上列各项事实，且须由执行拍卖人签名，倘忽略此项手续，不特无以表示执行拍卖人之为谁，且亦对于笔录之是否有效发生疑问，此本条第二项之所以定明为不可或缺者也。

拍卖动产笔录（已终结所用者）

债权人

债务人

债权金额　共　　元正

前记金额依民国　　年　字第　　号确定判决，业将债务人后开之动产实施查封，以备抵偿。

其拍卖日期并经依照强制执行法第六十四条第一项先期公告。兹已于　月　　日上午　时开始在　　路第　　号实行拍卖，于同日下午　时告竣，合记笔录如下：

一　拍卖物之种类、数量、品质及其他应行记明之事项。

二　拍卖程序：

1. 关于拍卖物之一切笔录及清单业经各拍买人阅览。
2. 各拍卖物拍买人之姓名、住址及其所声明之价额另单附后。
3. 各拍卖物拍买人声明之最高价额详另单。
4. 拍卖物已于各拍买人照所声明之价额缴清后交付收讫。
5. 前项拍买所声明最高价额经三次高呼后均无声明更高价额者始予以拍定。

本笔录于拍卖场所当时经下列各到场人得其承诺署名签押：

　　最高拍买人

债权人

债务人

中华民国　　年　月　日
地方法院民事执行处
书记官
执达员

拍卖动产笔录（未终结所用者）

债权人

债务人

上债权人因求偿欠款请求向债务人为强制执行一案，经本院将债务人所有存放坐落　　路　　里第　　号房屋内一切动产查封，并遴选鉴定人鉴定估价，嗣经指定拍卖日期公告拍卖各在案。兹于　月　日上午　时于本院开始拍卖，至下午　时止迄无合格声明价额之人。以致不能拍定，宣告终结。

本笔录于拍卖场所当场经下列各到场人之承诺署名签押：

债权人

债务人

利害关系人

中华民国　　年　月　日
地方法院民事执行处
书记官
执达员

第七十四条 拍卖物卖得价金扣除强制执行之费用，及取得执行名义之费用后，应将余额交付债权人。其余额超过债权人所应受偿之数额时，应将超过额交付债务人。

本条规定拍卖物卖得金之处置

按拍卖物所卖得之价金其最大目的原为清偿债权之用，前已屡言之矣，惟因强制执行亦应支出一定费用，而取得执行名义时亦有一定费用之支出。在前者之例，如司法印纸费、鉴定费、拍卖费、搬卖费等皆是。后者之例，如执行名义为判决时，即取得判决时所支用之诉讼费是。又如执行名义为依公证法作成之公证书，则取得公证书时所支用之费用是。又如以依民事诉讼法所成立之和解或调解为执行名义者，则取得该项名义时所支用之费用是。依本法第二十九条之规定，上述之执行费用及取得执行名义之费用如系得向债务人求偿者，得就强制执行之财产先受清偿，故本条特定明拍卖物卖得价金应于先行扣除该强制执行之费用及取得执行名义之费用以后，始得将其所剩余之额数交付于债权人以为清偿其债权之用。倘若此项剩余之额数超过债权人所应受偿之数额时，则此种超过额系属债务人所有，自应交付其收受。兹为明了起见，特举例说明于下：

债务人甲积欠乙计国币一千元，由乙控之于法院，嗣经确定判决。乙因取得此项执行名义曾耗去诉讼费一百五十元，旋即由执行处实施强制执行，将甲之动产查封拍卖计用去执行费用一百元，而对于拍卖所获得之卖得金则共有一千五百元。此时依本条之规定应先扣除执行费用（共一百元）及取得执行名义之费用（共一百五十元）尚余剩一千二百五十元应即交付债权人，惟所余之额尚超过债权人所应受偿之数额（因债款仅一千元），故应将所超过之数额二百五十元交付于债务人由其收受。

关于与本条有关之文件计有下列各种：（格式附后）

(1) 债权人请求领款状；

(2) 发款笔录；

(3) 给领命令；

(4) 给领报告书；

(5) 领收证。

解释例

民国十五年（1926年）四月一日，前大理院统字第一九六七号：

　　查现行民事诉讼执行规则既无特别规定，无执行名义者自不问公款私款均不许其执行。唯在公款如债务人及债权人均无异议，执行衙门自得据机关函请，由他案执行所得价金中代为扣付。

裁判例

民国三年（1914年），上字第四七五号：

　　债务人因不清偿债务而就其所有财产实施强制执行者，应按照时价将其财产变价或抵与债权人以供清偿。如有余额，则应以返还于债务人，其不足之数亦应由债务人更为清偿。（原试办章程第四一条，原县诉章程第四五条）

债权人请求领款状

具状人

诉讼代理人

为呈请准予领款事：

　　窃具状人因民国　　年度　　字第　　号与债务人　　为求偿借款执行一案，业经　　　　钧院将债务人所有存放坐落　　　路里第　　号房屋内一切动产查封并拍卖终结各在案。兹特具状声请

钧院鉴核，迅将卖得金算明债额扣除执行费用等，并填发给领命令以便持向会计科兑取现款实为德便。谨状

地方法院

具状人　　押

中华民国　　年　　月　　日

发款笔录

债权人

代收人

上列当事人因　　年字　　号　　与　　为求偿欠款诉讼执行案件，于中华民国　　年　　月　　日　　午　　时在本院民事执行处当庭发款，出席职员如下：

推事（姓名）

书记官（姓名）

到庭当事人如下：

债权人

代理人

债务人

代理人

证　人

推事谕将（债权人）应领款银　　元之给领命令一纸交与（债权人）收讫，并由执达员（姓名）到庭证明无误。

中华民国　　年　　月　　日

地方法院民事执行处

书记官（签名）

推　事（签名）

给领命令

地方法院给领命令			第　号	
年　字第　号　与　　求偿欠款执行案					
领款人姓名		住　所		
费别	案款	货币类别	给领数目	
中华民国　年　月　日发				

院长（签名盖章）
推事（签名盖章）
书记官（签名盖章）

此联附卷

·············第·········号·····························

地方法院给领命令　　　　　　　第　号
令本院会计科
兹据　　对于　年　字第　号案内请领　年　日书记官所缴卖得金中
元应准给领仰即如数发给并取具有该领款人收证报告执行处备查此令
中华民国　年　月　日
院长（签名盖章）

（此联由领款人持交会计科领款）

给领报告书

给领报告书　　　　　　　　第　号
据领款人　　持本年第　号给领命令到科请领　月　日书记官所缴
卖得金中　元已于本月　日如数发给除将领款人收证由科汇存外谨此
报告民事执行处查核
会计科书记官（签名盖章）
中华民国　年　月　日

（此书由民事执行处附卷）

领 收 证

<table>
<tr><td rowspan="5">领收证</td><td>款别</td><td colspan="2">案　　　款</td><td>请领人</td><td></td><td>年龄</td><td rowspan="5">此证如收款人或代收人识字应亲自填写签名盖章否则证明人或发款员代填代签由本人于名下加捺指模</td></tr>
<tr><td></td><td></td><td></td><td></td><td></td><td>住址</td></tr>
<tr><td>金额</td><td colspan="5">国币银　　　元</td></tr>
<tr><td colspan="6">上金额已经如数收讫此呈
地方法院

　　　　　　　　　　收款人　　　印
　　　　　　　　　　代收人
　　　　　　　　　　证明人（执达员
　　　　　　　　　　　　　　签名盖章）</td></tr>
<tr><td colspan="6">中华民国　　年　　月　　日　　具</td></tr>
</table>

（此联存会计科）

············ 领···字···第··············号 ············

<table>
<tr><td rowspan="5">领收证副据</td><td>款别</td><td colspan="2">案　　　款</td><td>请领人</td><td></td><td>年龄</td><td rowspan="5">此证如收款人或代收人识字应亲自填写签名盖章否则证明人或发款员代填代签由本人于名下加捺指模</td></tr>
<tr><td></td><td></td><td></td><td></td><td></td><td>住址</td></tr>
<tr><td>金额</td><td colspan="5">国币银　　　元</td></tr>
<tr><td colspan="6">上金额已经如数收讫此呈
地方法院

　　　　　　　　　　收款人　　　印
　　　　　　　　　　代收人
　　　　　　　　　　证明人（执达员
　　　　　　　　　　　　　　签名盖章）</td></tr>
<tr><td colspan="6">中华民国　　年　　月　　日　　具</td></tr>
</table>

（此联附卷）

第三章 对于不动产之执行

（第 75—114 条）

不动产系与动产一辞相对称，凡性质上全然不能移动其位置之物，或非经破坏变更即不能移动其位置之物，皆称曰不动产。此系就通常者而言。至于我国民法上所规定之不动产，则为土地及其定着物。本法所称之不动产，与此并无二致。

不动产之执行，乃国家以使债务人履行其义务为目的而对于债务人之不动产所有权以强制力为根据依法所为之处分。且此项强制执行系以不动产之所有权为限，对于在不动产上之其他权利所为之强制执行以及对于以不动产之交付为标的之请求为强制执行，均不在内，故应予以区别。

按不动产与其所有人之关系较动产为重大，而其利害关系人亦较诸动产为多，法律对其强制执行程序自不得不有较严密之规定，以资适用，故除本章所有之特别规定外，应准用前章关于动产执行之规定。本章计有条文四十条，自第七十五条起至第百十四条止。兹特按条分析于下：

第七十五条 不动产之强制执行，以查封、拍卖、强制管理之方法行之。

本条规定不动产执行之方法

不动产之强制执行方法有三：

1. 查封　查封亦为对于不动产执行之第一步方法，惟与对于动产之查封仅为占有执行标的物者有异，即依揭示、封闭及追缴契据等方法为之。（参下条释义）

2. 拍卖　拍卖亦为查封不动产后所实施之执行方法。（参阅本法第四十五条释义）

3. 强制管理　强制管理亦为查封不动产后所实施之执行方法，乃指对于在强制执行程序中业经查封之不动产由执行法院依债权人之声请或依职权所决定之管理行为而言。其目的乃在于以其所得之收益充为抵偿债权之用。至于债权人不愿承受未拍定之不动产时，执行法院亦应依职权命付强制管理。

解释例

民国八年（1919年），统字第一一四二号：

关于不动产之执行自非依拍卖方法办理不可，惟须先查明该债权人等之债权果系确实并非串冒，且于前诉卖产有不能知情非其懈怠情形，始得准予另行拍卖。

裁判例

民国十八年（1929年），抗字第七号：

未经查封拍卖程序即将抵押不动产发交债权人管业，实系违反民事执行规则之规定。

民国二十一年（1932年），九月二十一日，抗字第九〇九号：

民事案件于判决确定后，其实施强制执行时虽得对于债务人之一切财产予以查封拍卖；但执行之范围应以该确定判决之内容为准。除其财产有不可分之情形外，应以债务人之财产足以抵偿有执行名义之债权为范围。如债务人财产之一部已足抵偿自无查封拍卖全部财产之必要。

民国二十二年（1933年）九月十四日，上字第五四六号：

不动产经查封后，债务人将其所有权移转于第三人者，其移转行为对于债权人固不生效力。若其移转行为系在查封之前，则虽在债权人声请强制执行之后，亦不得谓为当然无效。至此项移转行为如为假装买卖，即双方通谋而为虚伪意思表示者，依法固属无效；然如仅为有害债权人之行为而非假装买卖，则在债权人提起撤销之诉，得有胜诉之判决以前，仍应认为有效。

第七十六条 查封不动产，由执行推事命书记官督同执达员依下列方法行之：

一　揭示；

二　封闭；

三　追缴契据。

前项方法于必要时得并用之。

本条规定查封不动产之方法

执行程序之进行，通常皆由执行处之推事主持其事，以其乃立于发号施令之地位也。书记官则于实施程序时指挥执达员或督同执达员为之。查封动产（参阅本法第四十六条释义）系由执行推事命书记官督同执达员行之，即本条关于不动产之查封亦采同一之规定。至于协助实施查封任务之机关，在动产之查封原定为自治团体、商会或同业公会，且此种协助以必要情形为限。依本法第一百一十三条之规定，查封不动产时如有必要之情形，自亦可以准用上述关于协助机关之规定。

按查封动产仅须由执行查封人员以标封、烙印或火漆印等方法，以占有执行标的物为已足；但对于不动产之查封，则手续较为繁重，即须以揭示、封闭及追缴契据等方法为之，兹分析说明于下：

甲　揭示　揭示谓将查封布告张贴于不动产所在地或同时在执行法院门前为之，或在有新闻纸地方之报上登载于广告栏内。其目的不外使一般公众有所知晓。且此项查封布告一经揭示，立即发生效力。

乙　封闭　所谓封闭，即以查封之标示加于不动产之上而言。例如对于房屋之封闭，即将其门户封锁，以查封之标示施诸其上是。又例如对于土地之封闭，即划封其界址然后再加查封之标示于其上是也。

丙　追缴契据　契据乃指证明不动产所有权之文件。按不动产所有权之移转，必以契据之交付为要件。实施查封后为预备将来拍卖起见，自必先将债务人所占有之契据加以追缴。至追缴方法，本法虽无明文，应解为依照对于动产执行方法追取之。

上述三种方法是否单独采用其一，或并用之，均依实际上之需要而定。例如对于房屋之查封，如用揭示方法而仍准使债务人照常管理或利用，则仅用揭示方法为已足。又例如对某房屋除用揭示方法外，因恐他人侵入其内，复兼用封闭方法是。此外如非为将来执行拍卖而仅欲行使强制管理方法，则以揭示方法或封闭方法为已足，而毋庸同时采取追缴契据之方法矣。故曰：于必要时始得并合用之。

第七十七条　查封时书记官应作成查封笔录，载明下列事项：

一　为查封原因之权利；

二　不动产之所在地、种类及其他应记明之事项；

三　债权人及债务人；

四　查封年、月、日；

五　查封之不动产保管人。

查封人员及保管人应于前项笔录签名，如有依第四十八条第二项规定之人员到场者，亦应签名。

<h3 style="text-align:center">本条规定查封笔录之作成与其方式</h3>

查封笔录为记载关于实施查封时经过情形之文件。书记官于实施查封时负有制作之义务。其内容且须具备一定方式。所谓具备一定方式，即须载明下列事项：

1. 为查封原因之权利　此于本法第五十四条释义业已说明，请参阅之。

2. 不动产之所在地、种类及其他应记明之事项　此亦已于本法第五十四条释义内说明，请参阅之。

3. 债权人及债务人　请参阅第五十四条释义。

4. 查封年、月、日　请参阅第五十四条释义。

5. 查封之不动产保管人　依本法第七十九条之规定，业已查封之不动产，执行法院得将其交由自治团体、商会或同业公会保管之。故查封时执行法院究以谁为保管人，自非于查封笔录内详予记明不可。

执行查封之人员依第七十六条之规定为书记官及执达员。此二者与查封处分关系极大，且笔录之制作又属诸书记官，是二者固应签名其上以示其所负责任之意。此外查封不动产之保管人既由执行法院指定，则此后查封物全由保管人负责保管，自亦应于查封笔录令该保管人签名其上，以资证明。

实施查封时，债务人如因逃匿或其他事故不到场者，应命其家属或邻右之有辨别事理能力者到场，于必要时得请警察到场莅视。此为本法第四十八条第二项所明定。在为不动产查封时，如亦有此项规定之人员到场者，自亦应令该到场人员在笔录上一并签名，以为证明。

关于与查封不动产有关之文件,除散见各条外,尚有下列各种:(格式附后)

(1) 令书记官查封不动产之训令;

(2) 查封不动产笔录;

(3) 查封不动产布告。

令书记官查封不动产之训令

地方法院训令　第　　号

令书记官

　　查债权人　　与债务人　　涉讼一案,该债务人延不清偿,自应依法实施强制执行。合行令仰该书记官督饬执达员前往　地方协同就地警保将债务人坐落　县　　街第　号之市房一所,实施查封,依法作成笔录,呈送候核。毋延,此令。

　　　　　　　　　　　　计发封条　　纸

　　　　　　　　　　中华民国　　年　　月　　日

　　　　　　　　　　　　地方法院民事执行处

　　　　　　　　　　　　　　　　推事

查封不动产笔录式

查封不动产笔录

债权人

债务人

债权金额　法币　　元正

　　前记金额依民国　年　字第　号确定判决,应由债务人向债权人清偿。该债务人迄未履行,兹据债权人声请将债务人后开不动实施查封备抵，所有被查封之不动产如下：
  一　种类及处所
  二　界址
  三　亩数
  四　附属物
  五　追缴契据
  六　其他事项

查封程序于本月　日　午　时开始，　月　日　午　时告竣，所有已封之不动产如前。上笔录于查封所在地当经下列到场人之承诺署名签押如下：
  债权人
  债务人
  警士
  鉴定人

中华民国　年　月　日
地方法院民事执行处
书记官　[印]
执达员　[印]

查封不动产布告

地方法院布告第　号
为布告事：
　　照得本院执行民国　年度　字第　号　与　为求偿欠款一案，业经派员将债务人　所有坐落　路　里　第　号房屋一所实施查封在案。嗣后债务人对于该不动产如有与第三人为买卖行为或设定其他权利者，一律认为无效。恐未周知，特此布告。

中华民国　　年　　月　　日
地方法院
院长

第七十八条　已查封之不动产，执行法院得许债务人于必要范围内管理或使用之。

本条规定得为许可债务人管理或使用已查封不动产之情形

不动产受查封后是否应即交付拍卖，抑或先交妥适人员保管或管理之，亦为一至要之问题。依本条及次条之规定，即应先付保管或管理，然后始行交付拍卖。至于应由何人管理，本条及次条亦均设有明文。本条则规定执行法院得许债务人管理之或使用之。按管理系与处分相对称，乃指对于一定之物，除将其置于自己持有之下外，尚须以积极之行为加以保存及施以改良而言。与保管之仅维持其现状毋使损失之消极行为者不同。使用则为不毁损或灭失其物之性质而依其物之用法供自己之利用（例如居住房屋是）。于兹亟应注意者，即执行法院于为使债务人管理或使用之许可时，虽不应指定其范围，然对此种范围则须以必要者为限。例如债务人之房屋于查封后由执行法院交付该债务人管理或使用之时，该债务人于使用该房屋时仅可以之供居住之用，若加以拆除改建，则非上述所称之必要范围矣。至债务人对该不动产亦不得再为任何处分行为，违者其处分行为对于债权人绝对不生效力。

解释例

民国二十四年（1935年）六月二十七日，院字第一二九九号：

债务人对于已受查封之动产或不动产交与他人保管中，径行管理使用，应否认为违背查封效力之行为，当依查封之目的定之。

第七十九条 查封之不动产保管或管理，执行法院得交由自治团体商会或同业公会为之。

本条规定查封不动产之保管或管理

保管谓将其物置于自己持有之下而维持其现状使其不致损失也。换言之：即仅须为保存之消极行为耳，故与管理之须施以保存及改良等积极行为者有别。业已查封之不动产，在未拍卖或未拍定以前，除依前条规定得由执行法院许可债务人于必要范围内行使管理或使用之权外，至其保管或管理则得由执行法院交付于自治团体，商会或同业公会为之。关于自治团体，商会及同业公会之意义，已于本法第四十六条释义内说明，请参阅之兹不再赘。

第八十条 拍卖不动产，执行法院应命鉴定人就该不动产估定价额，经核定后，为拍卖最低价额。

本条规定对于拍卖不动产之估价

动产在实施拍卖以前，依本法第七十条之规定执行处依债权人或债务人之声请，或认为必要时应依职权于拍卖前预定拍卖物之底价，并且于预定时在原则上应询问债权人及债务人之意见。至于查封物为贵重物品而其价格不易确定者，依第六十二条之规定，执行处即应命鉴定人鉴定之。是动产拍卖之预定底价，除贵重物品外，乃出于任意而非强制的。本条之规定则反是，即以拍卖不动产之估价系一种绝对必经之程序，其情形与动产完全不同，盖不动产之价值每较动产为昂，且并非如动产之有价证券及生银或金银物品之有市价容易发生变动者可比，故有估价之必要。关于此项估价之程序，必须经过下述二种手续始为有效：

1. 先经鉴定人估定　鉴定人系依其特别技能与其固有学识经验以从事于某种事实之判断与发表其意见之第三人，于其从事职务时，自须由执行法院以命令使其对欲付拍卖之不动产从事于价额之估定。此为对于估价之第一步手续。至于鉴定人之选任，委任及其权利义务，概应准用民事诉讼法第三二四条至第三四〇条之规定。（参阅本法第四十四条）

2. 次经执行法院核定　不动产经上述之第一步手续后即，应将该鉴定人所估定之价额呈交执行法院，经其核定之后，始成为拍卖之最低价额，此时当事人即不得任意加以指摘。

裁判例

民国二十二年（1933年）五月四日，抗字第五六一号：

拍卖不动产之价额，既经执行法院选派鉴定人合法估定，当事人即不得任意指为不实请求复估。

民国二十二年（1933年），抗字第九三八号：

价额经合法鉴定，即不得任意指为估价短少，请求复估。

民国二十四年（1935年），抗字第九一八号：

鉴定人就执行标的物所估价额是否适当，及可否以为拍卖之最低价额，应由执行法院酌量核定。

请估价函

地方法院公函　　年（　）字第　　号

径启者：

　　查债权人　　与债务人　　涉讼一案，业将债务人坐落　　路　　里第　　号房屋一所实施查封在案。兹查前项财产亟应拍卖抵偿，相应函请遴选谙熟此项财产价值之员前往估价，务应为真实公平之鉴定，作成鉴定书结送院，至级公谊。此致

　　公鉴

中华民国　　年　　月　　日

地方法院民事执行处

推事

鉴定人鉴定不动产鉴定书

为鉴定事：

　　今因民国　　年度　　字第　　号　　与　　为欠款执行一案，蒙命　　为鉴定人，鉴定不动产田地事实，谨将鉴定意见列下：

　　一　鉴定物。

　　二　鉴定价值。

　　三　鉴定地点。

　　四　鉴定情状。

鉴定人（签名盖章）

中华民国　　年　　月　　日

第八十一条　拍卖不动产，应由执行法院先期公告。

前项公告应载明下列事项：

一　不动产之所在地、种类及其他应记明之事项；

二　拍卖之原因、日、时及场所，如以投标方法拍卖者，其开标之日、时及场所，定有保证金额者，其金额；

三　拍卖最低价额；

四　交付价金之期限；

五　阅览查封笔录之处所及日、时。

本条规定拍卖不动产之公告及公告之方式

拍卖公告之意义，已于本法第六十四条释义内言之矣。至先期公告之作用，无非在于使公众知有拍卖事实，俾能准备于指定日时及场所，依照公告所定之条件前往竞买。关于动产拍卖时之公告本法前已设有专条，本条之规定则为关于拍卖不动产之公告（格式附于第八十四条释义之后）而设。第一项规定公告应由执行法院于事先行之。第二项则为关于公告方式之详细规定，即其内容应载明下述各事项：

1. 不动产之所在地、种类及其他应记明之事项。请参阅第五十四条释义。

2. 拍卖之原因、日、时及场所。请参阅第六十四条释义。如系以投标方法拍卖者（参第八十五条及第八十六条释义），其开标之日、时及场所均应一一记明，若招标时定有应缴保证金者，则其金额之数目，亦应记明。

3. 拍卖最低价额。不动产之拍卖，依第八十条之规定应先定有最低价额，故此项价额亦非一并载明不可。

4. 交付价金之期限。拍卖动产时，其价金之交付在原则上应于拍定当日为之；但另定交付期限者则为例外。此依本法第六十四条第二项第四款之规定，自属明显。在不动产之拍卖，则因卖得金之数目每较在动产之拍卖所获者为多，故并不令其于拍定当日即行交付，此为本法体量人情之处，虽与执行程序迅速进行之原则不符，实则于拍卖程序有莫大之裨助。盖苟令应买人于拍定当日交付价金，则于应买人之招徕，殊不容易，是指定当日交付价金，反使拍卖程序不易进行也。至于交付价金是否可以分期为之，根据一般习惯而言，自应解为得在许可之列。

5. 阅览查封笔录之处所及日时。请参阅第六十四条之释义，此处恕不再赘。

第八十二条　拍卖期日距公告之日不得少于十四日。

本条规定拍卖期日与公告日期之距离

依本法第六十六条之规定动产之拍卖在原则上应于公告五日后实施，换言之：即拍卖期日与公告期日须有五日之距离，此为强制规定，绝对不得予以缩短，违者即为不遵守关于强制执行应行遵守之程序，当事人亦得依本法第十二条之规定对之为异议之声明。本条为关于不动产之拍卖，因不动产与动产性质不同，拍卖时其先期预告虽亦可以引起公众对于拍卖之注意；但招徕拍卖人则非有一较长之公告期间不可，盖不动产之拍卖其价值较动产为昂，必须有一较长之距离期间始能使欲拍买之人有从事筹措款项之机会。在另一方面同时不但可使债务人有提出现款声请撤销查封之时间，且使债务人或有利害关系之第三人亦有提出异议之诉之充分时机。

又此项距离时间，亦为强制规定，不许缩短，否则当事人亦可依本法第十二条之规定而为异议之声明。

第八十三条　拍卖不动产，由执行推事命书记官督同执达员于执行法院或其他场所为之。

本条规定拍卖之执行人员与拍卖之场所

关于拍卖之执行，在不动产之拍卖，亦与动产之拍卖相同（参阅本法第六十一条释义），即由执行推事命书记官督同执达员为之。惟动产之拍卖经执行处认为适当时，得委托拍卖行拍卖之（但执行处应派员监督之），不动产之拍卖，则无此项例外之规定，盖不动产拍卖之手续，较动产稍为繁重，为防止流弊起见，自以不委托拍卖行代办较为恰当也。

关于拍卖不动产之场所，本条定为在执行法院或其他场所，此均须依事实之便利，由执行法院酌量当时之情形加以决定，故如在拍卖行之拍卖场内行之，自亦应在许可之列。

第八十四条　拍卖公告，应揭示于执行法院及该不动产所在地。如当地有公报或新闻纸，亦应登载。如有其他习惯者，并得依其习惯方法公告之。

本条规定拍卖不动产之公告方法

关于拍卖不动产之公告方法与在本法第六十五条所规定关于拍卖动产之公告方法大同小异，即分为揭示法、登报法以及依照当地其他之方法等三种，兹仅就本条所规定者析述之：

揭示法为我国政府各机关一般所常用者，其效力颇大，故本条亦采用之。至于揭示之地点，则定为在执行法院以及该拍卖不动产之所在地，换言之：即同时须在二地为之。在执行法院则依据一般习惯，多在法院门首之揭示处所设置之揭示牌，将公告书（格式附后）粘贴其上。在不动产所在地则恒于该所在地揭示之,例如以房屋为拍卖物时则揭示其门壁上,又例如以土地为拍卖物时则树立揭示牌而将公告书揭黏于其上是也。

除上述之揭示法外,如不动产所在地之当地有政府或其他团体之公报或新闻报纸时,亦应一并登载,务使住居该不动产所在地以外之其他地点之人民,亦能知悉有拍卖之事实,因此项登报之公告方法效力至为广大,故目前多采用之。至于各当地并无公报或新闻报纸时,如欲于邻地之报纸内登载者,依本条文字上之解释,自亦不在禁止之列。

采用上述揭示法及登报法以外,如不动产所在地之当地有其他习惯者。并得依其习惯方法公告之,所谓习惯方法,则如在通衢大街中张贴布告,又如刊印传单在市上分发或由邮局寄递均属之。

上述各种方法如单独采用其一(以当地无公报或新闻报纸时为限),或并用之均可;惟对于揭示法无论如何,均应采用,其余二法之采用与否,则依当时情形为标准,不能一概论也。

拍卖不动产布告式

地方法院布告第　　号
为布告拍卖事:

　　查本院执行民国　　年度　字第　　号　与　　为求偿欠款一案,业经将债务人　　所有后开不动产实施查封鉴定最低价额在案。兹定于　月　日午　时在本院　　室举行拍卖,凡欲买是项不动产者,仰即届时前来参与,各利害关系人尤须届期一律到场,毋得自误,切切此布。

　　计开:

　　一　拍卖之标的物

二　物之所在地

三　最低价额

四　阅看笔录之处所

五　执行人员

六　对于不动产如有权利关系应于布告后七日内前来声明

中华民国　　年　月　日　实贴揭示处
　　　　　　　　　　　　　　　　　所在地
　　　　　　　　　　　　院长

请报馆登载拍卖布告函

径启者：

查本院执行民国　　年度　字第　号　与　为求偿欠款一案，业将债务人　所有坐落　路　号房屋一所实施查封指定拍卖期日在案。兹依强制执行法第八十四条规定，应将拍卖布告登载报纸，用特检送拍卖布告一纸，希即登入贵报公告栏内，俾众周知为荷。此致

　报馆

地方法院民事执行处启
　　　年　月　日

第八十五条　拍卖不动产，执行法院得因债权人或债务人之声请，或依职权以投标之方法行之。

本条规定投标拍卖之方法

在民法上投标与拍卖同为竞争缔结契约之方法，即以招标之表示

使多数竞争人各以书面提出有利之条件，由招标者选择其中之一人而与之缔结契约之谓也。招标在本法中为变通拍卖之方法，换言之：即为拍卖以外之不动产的换价方法，与拍卖显有下列区别：（一）前者其投标人所提条款，彼此不知；后者之应买人所提条款则彼此均互相知悉。（二）前者皆以书面为之；后者则以口头为之。（三）后者以出价最高者为应买人；前者则不以此为限，即投标人之资力信用及其他情况亦在参酌之列（惟本法对此尚有相异之规定参第九十条释义）。（四）前者执行法院得酌定保证金额命投标人于开标前缴纳之；后者则无缴纳保证金之必要。

投标与拍卖虽形式上不同；但其实质则同为不动产换价之方法，故本条规定执行法院得因债权人或债务人之声请或依职权命以投标之方法代行拍卖。至其程序除本法下述数条有特别之规定外，在原则上仍应适用关于拍卖之规定。兹将标卖不动产布告格式列下：

标卖不动产布告

地方法院布告第　　号

为布告事：

　　查本院执行债权人　　与债务人　　因涉讼一案，业经将债务人　　所有后开不动产实施查封鉴定最低价额在案。兹定于　月　日　午　时在本院门首投标瓯第　号投标，　月　日　午　时开标。凡欲买是项不动产者，仰即遵期开具姓名、年龄、籍贯、住址、职业、自愿出价若干、书具密函投入标瓯。届期依法开标，以投标人中出价最高者为得标人。该得标人应于即日缴纳标价定银五分之一，余款于交产时一次缴足，给予管业证书。倘逾限不纳，即以投标人中出价次高者递补，仍照前开程序办理。并仰各利害关系人于开标之日一律到场，毋得自误，特此布告。

计开：

一　拍卖之标的物

二　物之所在地

三　最低价额

四　阅看笔录之处所　　本院执达员办公室

五　领看人　　　　　　本院执达员

六　对于不动产如有权利关系，应于布告后七日内前来声明。

中华民国　　年　　月　　日　　实贴 揭示处
所在地

院长

第八十六条　以投标方法拍卖不动产时，执行法院得酌定保证金额，命投标人于开标前缴纳之。

本条为关于投标人缴纳保证金之规定

凡依法负有担保责任者，以金钱提供担保时，此种金钱，称曰保证金。以投标方法拍卖不动产时，如投标人所提出之条款，均于事前以书面密封，彼此互不知悉，在拍卖期日始当众开视并朗读之。此时通常均以愿出最高价额者为应买人。但如投标人良莠不齐，难免有于开标后忽萌退悔之念，如此则于执行程序之迅速进行大有妨碍。为防免此种流弊起见，执行法院得酌量情形责令各投标人于开标前向该法院缴纳保证金，其数额则由执行法院临时决定之。惟本条并非强行规定，是否应令缴纳，执行法院有决定之自由。

第八十七条　投标人应以书件密封投入执行法院所设之投标匦。

前项书件应载明下列事项：
一　投标人之姓名、年龄、住址及职业；
二　愿买之不动产；
三　愿出之值额。

本条规定投标书件之方式

投标应以书面为之，此与拍卖之以言辞为之者不同。投标时所用之书面，本条称之曰投标书件（格式附后）。因各投标人所提之条件不使令其彼此互相知悉，故应密封。于密封后，即应投入执行法院所设之标匦。

投标书件如令投标人任意各自作成，则法院于启视时，势必发生种种困难，故本条第二项特设一定标准。即此项书件，应载明下述事项，如有遗漏或记载不明，均难认为有效：

1. 投标人之姓名、年龄、住址及职业　此为明了投标人之履历而设，盖投标方法通常虽以出值最高者为应买人，但投标人之资力信用及其他情况有时亦恒在参酌之列。

2. 愿买之不动产　此为拍卖之标的物，自非详予记明不可；惟仍须依招标公告所载者为限耳。

3. 愿出之值额　此项价额之多寡，虽由各投标人自由决定；但仍须以执行法院所定之最低价额为标准，违者其投标自应认为无效。

投标书件式

正面式	案由： 福建思明地方法院民事执行拍卖投标书件 投标人姓名住址	
	案　　　　由	
	投 标 人 姓 名	
	职　　　　业	
	住址及通讯处	
	标买物类别及处所	
	标买不动产面积及 间数或动产数量	
	拍　卖　价　格	
	标　买　价　格	
	预缴保证金额	
中华民国　　年　　月　　日		
		投标人（签名盖章）

投标人注意事项
（一）投标人须遵照本院拍卖布告办理。
（二）投标人须向本院照标卖价格预缴保证金二十分之一，同时领取投标书件，依式填写（数目字须大写）清楚，否则无效。
（三）投标人将投标书件函填就后，应照拍卖布告所定拍卖日期按柜投入，逾期无效。
（四）投标人应于拍卖布告所定开票日期来院，听候当众开标。
（五）投标人如不明投标程序，可向本院问事处或执达员办公室询问。

第八十八条 开标应由执行推事当众开示并朗读之。

本条为关于开标之规定

开标谓将各投标人投入于法院所设标匦中之投标书件当众逐一启视以示于众也。兹将本条所规定者析述于后：

1. 开标人员应由执行推事任之 拍卖程序依本法第八十三条之规定，由执行推事命书记官督同执达员为之，投标程序之实施当然亦适用关于拍卖之规定；惟投标程序中之开标，本条以其关系重大，特定明应使较书记官等为富有学识及经验之执行推事躬身任之。故如由书记官代司其事，自应解为不在许可之列。

2. 开标方法为当众开示并朗读之 各投标人将投标书件投入法院所设置之标匦后，即应由执行人员将标匦启封，分别将各书件呈交执行推事，于所指定之拍卖期日由该推事当场逐一揭开示众，并高声向众朗读，盖非如此则流弊不免发生。况拍卖既系公开为之，则投标自亦应同采公开主义也。通常于朗读完毕后并由法院制成拍定裁定书（格式附后），并送达之。

允许拍定裁定书

地方法院允许拍定裁定书第　　号
裁定
　　债权人
　　债务人
　　拍买人
　　上债权人　与债务人　因民国　年度　字第　号求偿欠款执行一案，业经本院将债务人　所有坐落　路　里第　号房屋一所，派员实施查封，并遴选鉴定人鉴定价格布告拍卖在案。兹据投标声明，该不动产价　元为最高价格，并据预纳保证金　元到院，经审查合格,应即允许其拍定。所有买价仰该拍买人于裁定后　日内全数缴足,以便缮制权利移转证书,交该拍买人收执管业,特为裁定如下。

地方法院民事执行处
推事
中华民国　年　月　日

第八十九条　投标应预纳保证金而未照纳者,其投标无效。

本条规定不预缴保证金之效果

本法第八十六条规定采用投标方法以拍卖不动产者,执行法院可酌量情形命投标人于开标前缴纳相当之保证金额,以为担保之用。执行法院为此项决定而命令投标人预纳时,投标人如未遵命照缴或虽预纳而不足额,是其投标手续于法不合,此际应即认其投标为无效。至其未行预纳或预纳而不足额之原因是否出于故意或过失,均非所问。盖执行法院既决定以预缴保证金为要件,自有其重大理由之存在,投标人如未遵命履行,虽其后欲再行补纳,亦应不在许可之列,故本条实为一种强行之规定。

第九十条　投标人愿出之最高价额相同者,以抽签定其得标人。

本条规定投标时之抽签

各投标人所投之投标书件,系各自提出其条款。且彼此均不知悉,是其所愿出之最高价格彼此相同者,自为事所常有。此时在通常之投标,招标人可以参照该投标人之资力信用及其他情况以为决定之标准;但本条所定之投标则另有其他决定之方式,即所谓抽签方法是也。所谓抽签方法,乃指以竹签记载号码或其他符号使争执人抽出以决定其先后顺序或取得权利与否之方法而言。凡投标人所愿出之最高价额如有相同者，则由该相同之各投标人依抽签法以定其得标之人。此项规定，既可使执行人员不致有徇私之弊，即在投标人方面亦可以之解决许多无谓之争端，经济劳力，均将因而节省焉。

第九十一条 拍卖期日应买人所出之最高价未达于拍卖最低价额者，执行拍卖人应不为拍定，由执行法院定期再行拍卖。

依前项规定再行拍卖时，执行法院应酌减拍卖最低债额。酌减数额，不得逾百分之二十。

本条规定不动产第一次之新拍卖

再行拍卖严格言之有再拍卖与新拍卖之别。本条规定乃指新拍卖而言。所谓新拍卖，即于拍卖期日因某种情事未获结果，后再另定期日从新拍卖也。所谓某种情事，例如于拍卖期日未得相当满足之拍卖价额以及当事人对于最初之拍定发生异议而其异议确有正当理由，因此不许其拍定为有效，而再定期日从新拍卖是。本条所定乃前者之例。盖在拍卖期日应买人所出之最高价既未达于拍卖最低价额（此系经鉴定人估定由执行处检定之价额），则其并未得到相当满足之卖价，已属显然，是其不利于当事人更无疑义。故有禁止执行拍卖人即为拍定而责令执行法院另定期日从新再行拍卖之必要，此本条第一项之所由设也。

执行法院依本条第一项之规定举行新拍卖时，为达到迅速结束执行程序起见，对于前此所定之最低价额即不应继续维持，而实有应加以减少之必要。盖不动产拍卖之价额，往往较动产为巨。并非如动产新拍卖之仅可拍归出价最高之应买人者可比。至于减少拍卖底价之数额时，虽可由执行法院酌量当时情形自由决定之；然本条仍设限制，即其酌减数额，不得逾百分之二十。例如该不动产之拍卖最低价额原为一千元，则于举行新拍卖时，执行法院虽应予以酌减；但最多只能减至八百元，不得再减至八百元以下是也。

按拍卖不动产时，除准用拍卖动产者散见各条外，尚有下列各种文件：（附式）

1. 拍卖不动产笔录（一）（二）
2. 减价拍卖不动产布告
3. 实施减价拍卖不动产向债权人（或债务人）通知书
4. 减价拍卖不动产笔录

拍卖不动产笔录（已终结所用者）

债权人

债务人

债权金额　共　　元正

前记金额依民国　年字第　号确定判决，业经将债务人后开不动产查封以备抵偿。其拍卖期日亦经依照强制执行法第八十一条第一项及第八十四条，先期公告。兹已于　月　日上午　时开始在本院实行拍卖，于同日下午　时终结，特记笔录于下：

第一，不动产之种类、所在地及其他应记明事项

一　种类及所在地

二　界址

三　亩数（或）间数

四　附属物

五　其他事项

第二，拍卖程序

一　关于拍卖物之一切笔录业经各拍买人阅览

二　各拍买人所声明之价额并其姓名住址（另单附后）

三　拍买人　　声明最高价额计　　元

四　前项拍买人业照所声明价额二十分之一交保证金计　　元

五　到场之利害关系人为并案之债权人

本笔录于拍卖处所当时经下列各到场人之承诺署名签押：

最高价拍买人

债　权　人

债　务　人

利害关系人

中华民国　　年　月　日

地方法院民事执行处

书记官

执达员

拍卖不动产笔录（未终结所用者）

债权人

债务人

上债权人请求执行债务人求偿欠款一案，经本院将债务人所有坐落　　　路　　里第　号房屋一所查封，并遴选鉴定人鉴定估价，嗣经指定拍卖期日公告拍卖各在案。兹于　月　日上午　时于本院开始拍卖，至下午　时止，迄无合格声明债额之人，以致不能拍定，宣告终结。本笔录于拍卖场所当场经下列各到场人之承诺署名签押：

债　权　人

债　务　人

利害关系人

中华民国　　年　月　日

地方法院民事执行处

书记官

执达员

减价拍卖不动产布告

地方法院布告第　号

为布告第　次减价拍卖事：

　　查本院执行债权人　　　与债务人　　因　　涉讼一案，业经将债务人所有后开不动产查封标卖在案。现已逾期无人承买，合行依照上次价额减去十分之一作为最低价额，计　　元。兹定于　月　日上午　时在本院门首投标甄第　号投标，　月　日上午　时开标。凡欲买是项不动产者，仰即遵期开具姓名、年龄、籍贯、住址、职业，自愿出价若干，书具密函投入标甄。届期依法开标，以投标人中出价最高者为得标人。该得标人应于即日缴纳标价定银五分之一，余款于交产时一次缴足，即由本院给予管业证书。倘逾限不纳，即以投标人中出价次高者递补，仍照前程序办理。并仰各利害关系人于开标之日，一律到场，毋得自误，特此布告。

　　计开：

一　拍卖之标的物

二　物之所在地

三　最低价额

四　阅看笔录之处所　本院执达员办公室

五　领看人　　本院执达员

中华民国　年　月　日实贴

地方法院民事执行处

推事

实施减价拍卖不动产向债权人（或债务人）通知书

地方法院通知书　　第　　号

为通知事：

　　查民国　年度　字第　号　与　求偿债款执行一案，前经本院派员将债务人　所有坐落　路　里第　号房屋一所，依法查封标卖在案。兹因拍卖期日无人承买，依法照上次拍卖价额减去十分之一，作为最低价额，计　元。特定于　月　日上午　时在本院门首投标匦　第　号投标，　月　日上午　时开标，除布告外，合亟通知该债权人（或债务人）知照。

　　　　　　　　　　　　　中华民国　　年　　月　　日
　　　　　　　　　　　　　地方法院民事执行处
　　　　　　　　　　　　　　　　　推事

减价拍卖不动产笔录

　　中华民国　年　月　日　地方法院实施减价拍卖债务人所有已查封之不动产，兹录其情形如下：

　　一　不动产之种类、所在地及其他应记明事项

　　（1）种类

　　（2）所在地

　　（3）界址

　　（4）其他应记事项　（例如减价拍卖最低价银　元）

　　二　拍卖程序

经本院派员将投标匦第　号开启并无人投标承买，除债务人债权

人均到场得其承诺于下列署名签押外,并无其他利害关系人到场:
  债权人
  债务人

中华民国 年 月 日
地方法院民事执行处
书记官
执达员

第九十二条 再行拍卖期日,应买人所出之最高价,未达于减定之拍卖最低价额者,应准用前条之规定,再行拍卖,其酌减数额,不得逾减定之拍卖最低价额百分之二十。

本条规定不动产第二次之新拍卖

  依前条规定所为之第一次新拍卖,在新拍卖期日既已由执行法院依法酌减拍卖价额,如拍卖时仍未达于减定之拍卖最低价额时,则应准用前条之规定再行拍卖。换言之:即应买人所出之最高价如仍未达于业已减定之拍卖底价之数额时,执行拍卖人即不得拍定,此际即应另行指定第二次之新拍卖期日,以为第二次之新拍卖。惟为贯澈执行目的使其早趋结束起见,仍有酌减其最低价额之必要。至其酌减之权亦操诸执行法院之手,且其酌减数额亦有限制,即不得逾减定之拍卖最低价额百分之二十。

解释例

  民国六年(1917年)十二月二十一日,大理院统字第七二一号:

  查新拍卖期日仍无合法声明,拍卖价格者自可再行酌减,无强交债权人管业之理。至决定书内当事人栏中虽不列抗告人之相对人而送达决定正本，仍须一律送达。盖因决定如不利相对人时，仍许相对人对之为再抗告故也。

第九十三条 前二条再行拍卖之期日，距公告之日，不得少于十日多于三十日。

本条规定新拍卖期日与公告期日之距离期间

上述二条所规定之第一次新拍卖与第二次新拍卖，其经过程序除有明文特加规定外均适用关于拍卖程序之规定。本条即为特别之规定。按本法第八十二条之所定，拍卖期日距公告之日不得少于十四日，此较诸动产拍卖之期日与其公告期日之距离期间，已延长三分之二。其立法理由于本法第八十二条内业已详述，兹不再赘。至本条之新拍卖期日与公告期日之距离期间则明定不得少于十日多于三十日。盖若少于十日，则期间过短，殊恐不能尽引起公众注意而招徕顾客并使其从事于准备之能事，若多于三十日，则拍卖程序不免久延时日，于执行当事人之利益殊有重大损害，故本条特设明文，以资限制。

第九十四条 经二次减价拍卖而未拍定之不动产，执行法院得依第二次减定之拍卖最低价额，将不动产交债权人承受，并发给权利移转证书。

本条为关于将不动产交债权人承受之情形的规定

不动产经过二次减价之新拍卖而仍未能达到合格之拍卖价额，执行法院依法即不为拍定，此际法院若认为适当，亦可继续再行减价，为第三次或第四次之新拍卖，以至达到拍定之目的为止，或别经鉴定人最近之评估另定拍卖最低价格及拍卖期日并将拍卖再行公告，均非为本法所不许；但执行法院如斟酌情形以避免久延时日，则得依第二次减定之拍卖最低价额将该不动产交给债权人承受，惟此时应发给权利移转证书,以为权利业已由债务人移转于债权人之证明耳(参阅第九十七条释义)。至于债权人对于执行法院所为之移转命令如拒绝不予收受者,则该不动产之权利究应谁属,此于次条另行设有明文,予以规定。

解释例

民国二十二年(1933年),司法院院字第九一六号:

依民事诉讼执行规则第七十三条规定,法院固得依最低价额,以职权发给权利移转之书据交债权人收受。倘债权人为外国人,除中国与其本国有条约特别允许其享有土地所有权外,自不得发给权利移转书状。应由法院斟酌情形,再行减价拍卖,否则依同规则第八十条规定,以职权决定管理,俟有可得合格之价格时,再以职权命为拍卖。

与本条有关之文件计有下列各种:

(1) 令执达员将拍卖不动产移转债权人接收之训令;
(2) 不动产移转证书;
(3) 嘱托登记机关为所有权移转之登记公函;
(4) 债权人径向登记机关办理登记通知书;
(5) 公告拍卖不动产已移转债权人管业布告。

令执员将拍卖不动产移转债权人接收之训令

地方法院训令第　　号
令执达员
为令知事:

查民国　年度　字第　号　与　为求偿欠款执行一案,前经本院派员将债务人　坐落　路　里第　号房屋一所,依法查封,并经二次减价布告标卖无人承买在案。兹照强制执行法第九十四条规定,依第二次拍卖最低价额,将上开不动产移转权人承受。

合行令仰该员克日前往将该房屋启封，移转该债权人　具结接收，并勒令债务人等将该房屋之一切契据，悉数缴院，以便填发权利移转证书，交债权人收执管业。限十日内将办理情形具复，不得延误，此令。

地方法院
院长
中华民国　年　月　日

不动产移转证书式（交债权人管业者）

不动产移转证书存根	地方法院　　　　　　为发给不动产利权移转证书事：照得本院执行　一案业将债务人　　所有坐落　依法拍卖，经减价二次无人承买。合依强制执行法第九十四条将前项不动产交债权人管业，此证。 计开： 东至　　南至　　西至　　北至 最低价格 原有单据　　　　　　上给债权人　　收执 中华民国　年　月　日　执字第　号

········执字第············号········

不动产移转证书	地方法院　　　　　　为发给不动产权利移转证书事：照得本院执行　一案，业将债务人　　所有坐落　　邑　依法拍卖，经减价二次无人承买。合依强制执行法第九十四条将前项不动产交债权人管业，此证。 东至　　南至　　西至　　北至 最低价格 原有单据　　　　　　上给债权人　收执 中华民国　年　月　日　执字第　号 　　　　　　　　　　　　　　推事 院长　　　　　　　　　　　　书记官

嘱托登记机关为所有权移转之登记公函

地方法院公函第　　号

径启者：

　　查本院执行民国　　年　字第　　号与　　求偿欠款一案，业经本院派员将债务人　　所有坐落　　路　　里第　　号房屋一所查封，并布告标卖在案。兹查该项不动产业经二次减价，无人承买。特依照强制执行法第九十四条规定，依第二次拍卖最低价额移转债权人承受。除派员将该项不动产移转债权人接收管业并通知径向贵登记处办理登记外，相应将权利移转证书一纸送请贵登记处依法登记，并希于登记后径即发交债权人　　具领，为荷，此致

　　　登记机关

　　　计送权利移转证书一件

地方法院民事执行处启
年　月　日

向债权人径向登记机关办理登记通知书

地方法院通知书第　　号

为通知事：

　　查本院执行民国　　年　字第　　号与　　求偿欠款一案，前经本院派员将债务人　　所有坐落　　路　　里第　　号房屋一所查封布告标卖。嗣因该项房屋业经二次减价，无人承买，经依强制执行法第九十四条规定，照第二次拍卖最低价格移转该民承受，并经该民接收各在案。所有应发该民收执之权利移转证书，兹已填送　　　　登记机关依法登记。合行通知该民应于　　日内带

同本通知书前往办理登记手续,幸勿自误,特此通知。

　　上通知　　知照

　　　　　　　　　　　中华民国　　年　　月　　日
　　　　　　　　　　　　　地方法院民事执行处
　　　　　　　　　　　　　　　　推事

公告拍卖不动产已移转债权人管业布告

地方法院布告第　　号

为布告事:

　　查本院执行民国　　年度　字第　　号　与　　求偿债款一案,前经本院将债务人　　所有坐落　路　里第　号房屋一所查封,经过二次减价拍卖,惟均无人承买。兹依强制执行法第九十四条规定,照第二次拍卖最低价额移转债权人　　承受。除派员将该项房屋移转该债权人　　接收,并填发权利移转证书交其收执管业外,嗣后该项不动产与原业主完全无涉,恐未周知,特此布告。

　　　　　　　　　　　　　　　　地方法院
　　　　　　　　　　　　　　　　　院长
　　　　　　　　　　　中华民国　　年　　月　　日

第九十五条　前条未拍定之不动产,债权人不愿承受时,应命强制管理。在管理中,依债权人或债务人声请得减价或另估价拍卖。

本条规定债权人不愿承受不动产时应命为强制管理

　　前条所述未经拍定之不动产,执行法院既得依第二次减定之拍卖最低价额，将其交付债权人承受，并发给权利移转证书；但该债权人如不愿承受，则对该不动产之权利究应如何处置，始能使其不至于有久延不决之虞？依本条规定，即应由执行法院以裁定命为强制管理。（裁定书格式附后。关于强制管理之程序，参本法第一〇三条至第一一二条。）惟强制管理仅以该不动产之收益为偿还债权人债权之用，对于债权人之权利，无法于短时期内为全部之满足。故在管理中如依债权人或债务人之声请（声请书格式附后）得再由执行法院再行减价举行新拍卖或别经鉴定人为最近之评估，并另定拍卖最低价格及拍卖期日公告拍卖。惟本条条文既仅曰得再减价或另估价拍卖，则法院苟因当时情形不依此项办法而仍维持其前此所为关于强制管理之命令，究非为本法所不许也。

解释例

民国二十三年（1934年），司法院院字第一一〇四号：

债权人某乙对于主债务人某甲经三次减价拍卖无人投买之财产拒绝作价承受时，法院除得命强制管理外，仍得随时依当事人之声请，再行估价拍卖。在未经得有执行效果以前如果债权人对于保证人亦有执行名义，自得对于保证人财产，请求执行。

民国二十五年（1936年），院字第一五四四号：

补订民事执行办法第十六条第四项原为债权人不肯收受未拍完之不动产时而设，倘债权人于强制管理中自愿收受，应依该条第三项办理。

裁判例

民国二十二年（1933年），六月二十三日，抗字第七七六号：

民事诉讼执行规则第七十三条之规定，自拍卖日起，经三次低减拍卖价格而仍无合格声明拍卖价格者，法院固得依最低价格以职权发给权利移转之书据交债权人收受，惟文既仅曰得依，则法院苟因债权人之不愿收受，遂斟酌情形，不依此项办法而再行减价，或别经鉴定人最近之评估，另定拍卖最低价格及拍卖日期以公告拍卖，自非法所不许，故拍卖案件如不能卖出，虽应依执行规则第七十三条办理。惟依该条之结果，究非必须由债权人收受该物产。

民国二十三年（1934年），抗字第一七九四号：

  债务人所有物经三次减价拍卖而无人拍定者，固得暂行交由债权人管理；然债权人于管理后，又随时声请依最近时价更新拍卖，原非法所不许。

部　　令

民国十八年（1929年）三月二十五日，指字第二一二七号：

  不动产经数次拍卖无人承买，债权人又坚不承受者，得酌用强制管理方法查照现行规则第八十条至第八十六条之规定办理。

民国二十三年（1934年），三月一日，训字第七三二号：

  债权仅有数十元数百元，而拍卖财产在数百元数千元以上，或债权有数百元数千元，而拍卖财产仅有数十元者。经过三次减价，债权人无力找价或拒不接收，应依补订民事执行办法第十六条第四项，就该不动产发强制管理之命令。其管理得依同办法第二十条商由自治机关或其所属职员任之，亦得依第十七条第二项使债权人任之。如债权人拒绝而又不能指出债务人之其他财产声请执行，即将该案搁置；但其后仍得随时依声请或以职权拍卖。

民国二十五年（1936年）三月二十三日，指字第六四七三号：

  经三次减价而未拍定之山场，应命强制管理时，其管理人原不以债权人为限，亦得选任其他适当之人为之。至债权人不愿收受而请求对于债务人其他财产房屋执行，依补订民事执行办法第十六条第三项原无不可；唯法院就执行之山场若认为依管理方法已足清偿债权，且因债权人实有恶意时，则依同办法第十二条"执行应兼顾债务人利益"之规定，对于债权人为前项之请求，亦得不为允许。

依职权决定强制管理裁定

地方法院民事执行裁定　　年度　字第　　号

裁定

债　权　人

诉讼代理人

债　务　人

诉讼代理人

上债权人与债务人因民国　　年　字第　　号为求偿债款执行事件，本院裁定如下：

主文

本院前所查封之债务人　　所有坐落　　路　　里第　　号房屋一所，并连基地应决定强制管理。

选任　　　为管理人

理由

本院按经二次减价拍卖而未拍定之不动产，债权人虽按第二次减定之拍卖最低价额亦不承受者，应命强制管理，此为强制执行法第九十五条所明定。又同法第一〇三条规定执行法院对已查封之不动产得依职权命付强制管理。本件因债务人所有坐落　　路　　里第　　号房屋一所并连基地业经二次减价布告拍卖，无人承买，其后虽经传讯债权人亦不肯接受。依照上开规定，自应由本院依职权决定强制管理，并依同法第一〇五条规定，选任　　为管理人外，合行再依同法第一〇四条禁止债务人干涉管理人事务及处分该不动产之收益，并依

第一一〇条之规定特为裁定如主文。

　　　　　　　　　　　　　　　地方法院民事执行处
　　　　　　　　　　　　　　　　　　　　　推事
　　　　　　　　　　　中华民国　　　年　　　月　　　日

债权人声请再行减价或另行估价拍卖书状

声请人

为呈请准予将查封不动产另行估价依法拍卖事：

　　窃声请人与债务人　　因民国　　年度　　字第　　号求偿欠款执行一案，业经　　　钧院将债务人坐落　　路　　里第　　号房屋一所，依强制执行法第九十五条前段规定以裁定命行强制管理在案。兹因声请人所有债权额数目巨大，而该不动产在管理中之收益为数过少，长此拖延，殊于声请人不利。为此理合依上开条文后段规定，具状声请　　钧院准予再行减价实施拍卖，或另行估价再行拍卖。其因另行估价所需之费用，自当由声请人担负。伏乞　　　钧院鉴核，俯准所请，实为德便。谨状

　　　　　　　　　　　　　　　地方法院民事执行处
　　　　　　　　　　　　　　　　　　　　具呈人
　　　　　　　　　　　中华民国　　　年　　　月　　　日

第九十六条　供拍卖之不动产，其一部分之卖得价金已足清偿强制执行之债权额及债务人应负担之费用时，其他部分应停止拍卖。

　　前项情形，债务人得指定拍其应拍卖不动产之部分。

本条规定拍卖不动产之限制

　　不动产执行拍卖之目的，亦在于将所获得之卖得价金，充为清偿

强制执行之债权额及债务人应负担之费用等（如执行费用及债权人取得执行名义之费用）之用。如就供拍卖之不动产之一部分实施拍卖，而所获得之卖得价金业已足敷清偿上述之债权额及债务人所应负担之费用，是拍卖之目的已达，实际上已无继续对其他部分再施拍卖之必要。故于此时应即对于其他部分停止拍卖，否则不特因继续拍卖而徒费时间劳力，即于债务人方面之利益亦将因而遭受损害。此为强制规定，为执行人员所应行遵守之程序，违者债务人亦可依本法第十二条之规定声明异议。

拍卖之执行既以满足债权人之债权为目的，然于债务人方面亦应顾及，故于实施强制执行时苟有两全之道，揆诸法律持平之大原则，自不可不予采用。本条第二项之规定即其一例。盖于本条第一项所规定之情形，既就该不动产任何部分之拍卖已知悉其能达到强制执行之目的后，纵使均在查封之列；然仍应许允债务人得以任意指定其应拍卖之部分，以保护其利益，故此时债务人即可自由保留其不愿舍弃之部分，他人不得干涉。

裁判例

民国二十二年（1933年）二月二十三日，抗字第二五六号：

以多数不动产为同一债权之担保者，在强制执行时该各个不动产均为可供执行之不动产，其应拍卖该不动产之全部或某一部可任债权人之选择。至民事诉讼执行规则第七十四条所定，乃于供拍卖之数宗不动产，因拍卖结果就其一部分之不动产卖得金已足敷清偿债权总额，及一切应负担之费用，对于他宗不动产应停止拍卖时，始许债务人得指定其应卖之不动产，非谓债务人于应执行之各个不动产尚未知其有无停止拍定情形前，得就各个不动产为某不动产应供拍卖之指定。

民国二十二年（1933年）九月四日，抗字第二四四号：

债权人就债务人之数宗不动产声请查封拍卖后，复就其一部分撤回查封拍卖之声请，而仅以其中若干宗供拍卖，本非法所不许，自不容债务人提出异议。

第九十七条 拍卖之不动产买受人缴足价金后，执行法院应发给权利移转证书及其他书据。

本条规定权利移转证书等之发给

所谓权利移转证书，乃指由执行法院于拍卖程序完毕后对于应买人所发给以为证明该拍卖不动产之权利业已移转于该应买人之用之文书而言。在一般法院所制用者，计分二联，其一交由拍买人收执，其一则为存根。至于所谓其他书据，则系指债务人所有关于该拍卖不动产之一切契据而言。例如：房屋之契约字据或土地之田契字据，通常均为证明土地所有权之文件，至其他有关系之文件凡足以证明所有权之权原者，亦包括在内。不动产拍定之后，其买受人即应将拍卖价金如数缴足，此时执行法院即应派员（通常为执达员）前往将该不动产启封，移转于买受人具结接收。并勒令债务人等将该不动产之一切契据悉数缴院，然后缮制权利移转之书据（格式附后）交拍买人收执管业。同时执行法院应即依本法第十一条之规定通知该管登记机关依法登记。

解释例

民国十七年（1928年）九月十七日，解字第一八一号：

查关于强制拍卖程序，苟具备民事诉讼执行规则第六十八条至七十条要件，应由执行法院依同规则第七十二条为拍定许可之决定后，以职权指定拍卖缴价日期，即同规则第七十七条所谓之日期。到此日期拍定人不履行缴价义务，则执行法院即应行再拍卖程序。法院如果未经许可拍定之决定，亦未以职权指定缴价日期，时隔两年，惟有依执行规则第七十一条从新拍卖，前拍买人不得主张权利。

民国十九年（1930年）五月二十一日，院字第二八三号：

按权利移转书与缴纳契约税本系两事，民事案件因强制执行拍卖不动产，该不动产所有权虽即移转，而拍定人对于该不动产所负纳税之义务不能因此免除；惟执行法院允许拍定之决定及该法院所制权利移转之书据既系拍定人取得该不动产权利之证书，则拍定人于纳税时毋庸另立契纸。

不动产移转证书式（交承买人管业者）

不动产移转证书存根	地方法院　　　　　　　　　　　　　　　为 发给不动产权利移转证书事照得本院执行 　　　　　一案业将债务人　　　所有坐落 依法拍卖今据　县人　声明承买经本院允许拍定合依强制执行法第 九十七条缮制不动产权利移转证书给承买人管业　此证 　　　计开 　　　东至　　　南至　　　西至　　　北至 　　　价银 　　　原有单据　　　　　　上给承买人　　收执 　　　　　　中华民国　　年　月　日　　执字第　　号

·········执字第·······················号·······················

不动产移转证书	地方法院　　　　　　　　　　　　　　　为 发给不动产权利移转证书事照得本院执行 　　　　　一案业将债务人　　　所有坐落 依法拍卖今据　县人　声明承买经本院允许拍定合依强制执行法第 九十七条缮制不动产权利移转证书给承买人管业　此证 　　　计开 　　　东至　　　南至　　　西至　　　北至 　　　价银 　　　原有单据　　　　　　上给承买人　　收执 　　　　　　中华民国　　年　月　日 　　　　　　　　　　　　推　事 　　　　　　院长 　　　　　　　　　　　　书记官 　　　　　　　　　　　执字第　　　　号

不动产移转证书式（交投标承买人管业者）

<table>
<tr><td rowspan="2">不动产权利移转证书存根</td><td colspan="2">

地方法院　　　　　　　　　　　　　　　　　　为发给不动产权利移转书据事查本院执行　　　与　　　为欠款涉讼一案业将债务人　　　所有坐落　　　实施查封依法鉴定价格布告拍卖在案兹据　　　投标承买经本院审查合格裁定允许拍定除嘱托　　　机关依法登记并将该不动产四址面积开列于后外合依强制执行法第九十七条缮制权利移转证书给承买人收执　此证

计开

不动产种类

坐　　落

四　　址

面　　积

价　　额

原契件数　　　　　　　上给拍买人　　　收执

　　　　　　　　　　中华民国　　年　　月　　日

</td></tr>
</table>

········执字第···号·····················

<table>
<tr><td rowspan="2">不动产权利移转证书</td><td>

地方法院　　　　　　　　　　　　　　　　　　为发给不动产权利移转书据事查本院执行　　　与　　　为欠款涉讼一案业将债务人　　　所有坐落　　　实施查封依法鉴定价格布告拍卖在案兹据　　　投标承买经本院审查合格裁定允许拍定除嘱托　　　机关依法登记并将该不动产四址面积开列于后外合依强制执行法第九十七条缮制权利移转证书给承买人收执　此证

计　开

不动产种类

坐　　落

四　　址

面　　积

价　　额

原契件数　　　　　　　上给拍买人　　　收执

　　　　　　　　　　中华民国　　年　　月　　日

　　　　　　　　　　　　　　　　　　　　推　事

　　　　　院长　　　　　　　　　　　　　书记官

</td></tr>
</table>

第九十八条 拍卖之不动产买受人,自领得执行法院所发给权利移转证书之日起,取得该不动产所有权。债权人承受债务人之不动产者亦同。

本条为关于对拍卖之不动产所有权的取得之规定

权利移转证书之作用,即在于承认拍卖不动产买受人之取得该不动产所有权。故买受人自经向执行法院领得此项证书之日起,当然即行取得该不动产之所有权。惟依据一般法院之惯例,多有另由该管执行法院以揭示法制作一关于拍卖不动产业已移转拍买人管业之布告,内中载明除由法院派员将该项不动产依法移转该拍卖人接收并填发权利移转证书交其收执管业外,并声明嗣后该不动产与原业主无涉等语。(格式附后)

至于依本法第九十四条之规定,执行法院将不动产交由债权人承受者,亦于领得由该执行法院所发给之权利移转证书之当日起,取得该不动产之所有权。

解释例

民国二十一年(1932年)三月三十一日,院字第七一四号:

甲商号因对乙负有债务,以其铺屋抵押于乙,嗣经判决确定执行拍卖该屋,丙苟已依法拍定如数缴价并执有管业证书,则该屋纵尚未交付而其所有权,固早已移转于丙。此时甲号股东丁虽发见甲号经理戊与乙有串通诈欺侵占情弊,以刑事告诉,亦只能对己及戊求偿损害,究不能谓丙尚未取得该屋所有权而拒绝其交付之请求。

公告拍卖不动产已移转拍买人管业之布告

地方法院布告第　　号

为布告事：

　　查本院执行民国　　年度　　字第　　号　与　　求偿债款一案，前经本院将债务人　　所有坐落　　路　　里第　　处房屋一所，依法查封拍卖，据　　以最高价额拍买，并经将价金缴讫各在案。除派员将该项不动产依法移转该拍买人接收，并填发权利移转证书交其收执管业外，嗣后该项不动产与原业主完全无涉。恐未周知，特此布告，仰各界人等一体知悉。

地方法院
院长

　　　　　　　　中华民国　　年　　月　　日

第九十九条　债务人应交出不动产者，执行人员应点交于债权人、买受人或其代理人，如有拒绝交出或其他情事时，得请警察协助。

本条规定债务人之交出不动产

　　凡经过拍卖程序之不动产，有时业已由债务人交出，例如已将查封房屋交由自治团体、商会或同业公会保管或管理是（此为本法第七十九条所明定）。有时则仍在债务人掌握之中，例如本法第七十八条所规定，以及已查封之不动产执行法院得许债务人于必要范围内管理或使用是。在后者之情形，于程序结束时债务人即有应行交出不动产之义务。此际执行法院通常均派执达员（训令格式附后）前往勒令交出，如该债务人遵令而行，该执行人员应即一一点交于债权人、买受人或其代理人收受。此处所称应点交于债权人者，乃指依本法第九十四条应将不动产交由债权人承受之情形而言，所谓买受人，则当然为依拍卖程序而买得不动产之买受人。至于代理人则系指债权人或买

受人之合法代理人。(例如律师是)

以上系就债务人遵令将不动产交出者而言；但有时亦有拒绝交出，或有其他情事发生者，则为维持强制执行之效力起见，执行人员自得请派警察到场协助。所谓拒绝交出，例如婉言谢绝或严辞拒驳不予交出皆是。所谓其他情事发生，例如诿称业已转让他人或借口目前要用或辗转托人说情或假借强豪霸占不能直接交出等皆属之。此时实有由警察予以协助之必要，故执行人员即得请其到场协助。

令执达员将拍卖不动产移转拍买人接管之训令

地方法院令第　　号
令本院执达员
为令知事：

　　查本院执行债权人　　　与债务人　　　因民国　　年度　字第　号为求偿债款一案，前经本院将债务人所有坐落　　路　　里第　号房屋一所，查封拍卖，业据　　以最高卖价金　　元承买，并经本院如数收讫。合行令仰该员克日前往将上开房屋启封移转该拍买人具结接收，并勒令债务人等将该不动产之一切契据，悉数缴院以便缮制权利移转证书交该拍买人收执管业。限十日内将办理情形具复，勿得延误，此令。

地方法院民事执行处
推事
中华民国　　年　　月　　日

第一百条　房屋内或土地上之动产，除应与不动产同时强制执行者外，应取去点交债务人或其代理人、家属或受雇人。

无前项之人接受点交时，应将动产暂付保管，向债务人为限期领取之通知，债务人逾限不领取时，得拍卖之，而提存其价金，或为其他适当之处置。

本条规定在执行不动产时对于其中之动产的处置

对于债务人之不动产的执行，仅系对其不动产为强制执行，故凡房屋内或土地上之动产，除应与该不动产（即该房屋或土地）同时为强制执行者外，应即将该动产取去，一一点算交与该债务人收受。如不能点交与该债务人时，例如：债务人逃匿或因其他原因所在不明或不能到场时，则应点交其代理人（例如律师或其他委任代理人）或点交其家属或点交其受雇人等收受，均无不可，究应点交何人接收，自应斟酌当时情形及事实上之便利而定。至于点交时是否应命点收人出具收据以资证明，则为办事上问题，据一般惯例，多习用之。

若无上述各人可以接受点交之动产时，则对该项动产应即暂时交付保管。至于应交付何人为此项保管，本条并无明文，颇滋疑义；但按诸本法第五十九条之规定，则在原则上应即移呈于该管法院所指定之贮藏所，其有不便于搬运或不适于贮藏所保管者，执行处即得委托妥适之保管人保管之，如认为适当时亦得以债权人为保管人。又凡将动产交付保管人时，为划清责任起见，执行处应即命其出具收条以为凭证。

凡将动产依照上述交付保管者，仅为一种暂时处置，故应同时向债务人通知（通知书格式附后）令其于一定期限前来领取。若该债务人逾限并不领取时，不问其原因如何，执行处即得斟酌情形选择下列方法之一加以处置：

（1）实施拍卖　即将该动产依照拍卖程序实施拍卖，而将其卖得价金提存于法院内以便债务人随时受领。

（2）为其他适当之处置　所谓其他适当之处置，例如将其依市价变卖而提存其价金，或依其使用之性质，将其出租于人，或仍交付妥适之保管人或债权人予以保管,或仍移置于该管法院所设置之贮藏所等皆是。

对债务人为领回遗留动产之通知书

地方法院通知书第　　号
为通知事:
　　查民国　　年度　　字第　　号债权人　　与债务人　　为求偿欠款执行一案,前经本院依法将该债务人坐落　　路　　里第　　号房屋一所,查封拍卖在案。惟当时在该房屋内存有床椅桌等动产计　件,因该债务人在强制执行时避匿不到,而上开各动产又无其他妥人可以接受,旋经承办人员将其点交　　警察分局暂为保管。合行通知该债务人,仰于五日内来院报到,以便派员会同前往领取,逾期即依强制执行法第一百条第二项后段之规定,实施拍卖提存价金,幸勿自误,特此通知。

　　上通知债务人　　知悉

中华民国　　年　　月　　日
地方法院民事执行处

第一百零一条　债务人应交出书据,而拒绝交出时,执行法院得将该书据取交债权人或买受人,并得以公告宣示未交出之书据无效,另作证明书,发给债权人或买受人。

本条规定对于债务人拒绝交出书据时之处置

　　依本法第七十六条之规定,查封不动产时计有揭示、封闭、与追缴契据等三种方法,或单用其一,或兼合并用,均由执行法院斟酌情形而定。凡于实施查对时如未采用追缴契据方法或虽采用而未达到目的，则于该不动产拍定而经买受人缴足价金以后，债务人即负有交出一切书据之义务，本条所称债务人应交出书据，乃指此种情形而言。

债务人既负有交出一切书据义务而竟拒绝交出时，则其有意抗命，情节显然。此时执行法院，即得酌量情形或以善言劝导或以强制方法将其取出交与债权人或买受人收受。同时并得采用公告方法（公告格式附后）将未交出之书据宣示无效以杜日后之纠纷。又为保护债权人或买受人之利益起见，应另由该院制作权利证明书发给债权人或买受人，使其就该证明书开始管业。

宣告债务人所执不动产契据无效布告

地方法院布告第　　号
为布告事：

　　查本院执行民国　　年度　　字第　　号　与　　为求偿欠款一案，前经本院派员将债务人　　所有坐落　　路　　里第　　号房屋一所查封拍卖，并经以最高价额拍买，嗣由本院派员将该不动产移转　　接收，并命债务人等将所执一切书据等件呈院，以便缮制权利移转证书交拍买人领收管业各在案。兹据承办执达员报称该债务人诿称遗失，坚不交出，实属无从追缴等语；合依强制执行法第一百零一条规定，宣告该债务人未行交出之书据无效。除另作权利移转证明书，并予记明发给拍买人　　收执外，嗣后如发见该项不动产之书据，一律认为无效。恐未周知，特此布告，仰各界人等一体知悉。

地方法院
院长
中华民国　　年　　月　　日

第一百零二条 共有物应有部分之拍卖，执行法院应通知他共有人；但无法通知时不在此限。

最低拍卖价额，就共有物全部估价，按债务人应有部分比例定之。

本条为关于共有物拍卖之规定

关于债务人单独所有不动产之拍卖，或对于共同债务人所共有之不动产而实施拍卖，自可依照本法所规定者办理，并不发生任何问题。惟对于债务人与他人（即第三人）所共有之不动产实施拍卖时，则该他共有人对债权人既无债务关系，法院于实施拍卖程序时，只能以该债务人所应有之部分为限，自不容其侵及该他共有人之权利。故本条所定共有物应有部分之拍卖，即只能限于债务人应有之部分而为拍卖。又对于上述共有物应有部分之拍卖因其与其他共有人之关系颇为密切，故此项共有物之应有部分，如能由该他共有人出而拍买，则益能增进该共有物之效用。本条因此特责令执行法院应向他共有人为拍卖之通知（通知书格式附后）务使他共有人亦得有出而为拍买人之机会；但该他共有人有时因踪迹不明或因其他原因而无法向其为通知时，则不在此限耳。

依本法第八十条之规定，拍卖不动产时依法应先估定一拍卖最低价额。此于非共有物之拍卖并不发生问题；惟对共有物之拍卖，内容较为复杂，故本条更进而明定最低拍卖价额之估定，以共有物全部之价额按照债务人应有部分比例定之。例如：共有物全部最低价额估定为三千元，债务人应有部分为该共有物二分之一，则按照比例方法而言，该债务人应有部分之拍卖物，其最低价额应为一千元是。

解释例

民国二十三年（1934年），院字第一〇五四号：

公同共有人中一人之债权人虽不得对于公同共有物声请强制执行，而对于该公同共有物之共有权利得请求执行。

裁判例

大理院六年（1917年），抗字第一五四号：

族中公共祠产，当其设置之初，原以永供祠堂祭飨或其他族中公用为一定之目的，与寻常之共有物自难相提并论。故在未经公同议定废止以前，不得由族人私擅处分，尤不得因族人负有债务之故，即由执行衙门施行查封拍卖等处分，以之抵偿。

大理院九年（1920年），抗字第二二七号：

就债务人与第三人之共有物为强制执行时，仅能以债务人之应有部分为限。至不动产应有部分之拍卖，依现行法则应通知他共有人，其最低价额即据共有物全部之估价，比例债务人应有部分而定。

对他共有人为共有物应有部分拍卖之通知书

地方法院通知书（第　　号）

为通知事：

查民国　年度　字第　号债权人　与　债务人　为求偿欠款执行一案，业经本院依法将债务人坐落　县　乡第　图土地一方查封在案。兹已指定　月　日实施拍卖，据债务人报称该土地系与该民　所共有，并提出契据为证为此合行依强制执行法第一〇二条第一项之规定，通知该民，仰于拍卖期日到场参与拍买。幸勿自误，特此通知。

上通知　　知照

中华民国　年　月　日

地方法院民事执行处

第一百零三条 已查封之不动产，执行法院得因债权人之声请，或依职权命付强制管理。

本条规定强制管理之开始

强制管理亦为对不动产于查封后所实施之强制执行方法之一种，其目的为将该不动产交付适当管理人施行管理，而就其收益供清偿强制执行债权额及债务人依法应行负担之费用之用。易言之：强制管理者，乃对于不动产收益之强制执行方法也。

强制管理除依本法第九十五条所定，债权人不愿承受关于经过二次减价拍卖而未拍定之不动产时，即应依执行法院之命令而为开始外，本条更明定得因债权人之声请（声请书格式附后）而开始其程序，或依法院之职权以命令开始其程序。盖债权人如愿依照强制管理程序以满足其债权，执行法院即可酌量情形以裁定（裁定书格式附后）准许其请求。至于执行法院苟视当时情形，例如以拍卖方法手续繁重，或预料该不动产实施拍卖时因市面不景气之结果，殊有不易觅得顾主之虞，即得不使经过拍卖程序而依职权命付强制管理。

部　　令

民国二十三年（1934年）五月十九日，指字第六八七三号：

给付金钱之判决，其利息部分若系载明至执行终了之日止，则于命为强制管理时，仍应将未偿本金部分继续算息，至清偿完毕为止。惟管理期中所得之收益，其充当次序，应依照民法第三百二十三条办理。

民国二十五年（1936年）三月二十三日，指字第六四七三号：

依法应令强制管理时，法院应径命债权人管理，债务人有无其他财产可供执行，原可不问。且纵使债权人声请对债务人其他财产为执行，而法院若认依强制管理已足达清偿债权之目的者，仍得为之。

声请强制管理书状

声请人

相对人

为声请准予实施强制管理事：

窃声请人因民国　　度　字第　　号与相对人　　为求偿欠款执行一案，业蒙　　钧院派员将该相对人所有坐落　　路　　里第　　号房屋一所，实施查封在案。兹据该相对人央人前来说项，态度颇为恳切，请求即予声请将在封之上开房屋交付强制管理以备抵偿债额。声请人以情难推却，当已表示同意。为此理合具状声请

钧院准予依法实施强制管理，不胜感荷之至。谨状

地方法院

声　请　人

诉讼代理人

中华民国　　年　　月　　日

对于声请强制管理之裁定

地方法院民事裁定　　年度　字第　　号

裁定

声请人即债权人

相对人即债务人

上声请人　　因与相对人　　为民国　　年度　字第　　号因求偿欠款执行一案，声请强制管理，本院裁定如下：

主文

本院前所查封之相对人即债务人所有坐落　　路　　里第　　号

房屋一所,应决定强制管理。

　　选任　　　为管理人。

　　理由

　　本院按强制执行法第一〇三条规定已查封之不动产执行,法院得因债权人之声请命付强制管理。本件声请人即债权人,既愿将债务人坐落　　路　　里第　　号之房屋,命付强制管理而就该项不动产之收益抵偿债额,核与上开规定尚无不合。除依同法第一〇五条规定,选任　　　为管理人外,合依上开各条及同法第一〇四条第一一〇条,特为裁定如主文。

地方法院民事执行处

推事

中华民国　　年　　月　　日

第一百零四条　命付强制管理时,执行法院应禁止债务人干涉管理人事务及处分该不动产之收益。如收益应由第三人给付者,应命该第三人向管理人给付。

本条为关于实施强制管理时对于债务人及第三人之效力的规定

　　强制管理制度之设,乃使管理人能保留其所得之收益,以供强制执行之用。若令债务人得以自由干涉管理人事务或自由处分该不动产之收益,是对于管理人之权限实有侵害之嫌。万一因此而致债权人之权利不能遭受满足,则强制管理制度等于虚设,故本条特设规定,即赋予执行法院有禁止债务人干涉管理人处理事务之权。同时对于债务人处分该不动产之收益,执行法院亦有权加以禁止。至于第三人如负有给付该不动产之收益的义务时（例如房客给付租金是），法院亦应禁止该房客将租金给付于债务人，且在另一方面并应以通知书命其直接向管理人履行给付义务，此时该房客应即遵守奉行。

与本条有关之文件计有下列四种：（格式附后）

（1）令执达员将查封不动产点交管理人管理训令；

（2）为强制管理事向管理人通知书；

（3）禁止债务人干涉管理人事务及处分收益命令；

（4）对承租人向管理人给付租金通知书。

解释例

民国二十五年（1936年），院字第一五七九处：

债务人所有之不动产因执行实施强制管理并命不动产之承租人按期向管理人给付租金，承租人不得以押金有无着之虞为借口而主张于押金内扣抵。若因此抗不交租，管理人自得提起交租或交出租赁物之诉。又该租赁物纵经拍卖，其租赁契约对于拍卖人仍继续存在。其押金即可认为对于拍卖人之债权，不能就租赁物之卖得金主张优先受偿。

令执达员将查封不动产点交管理人管理训令

地方法院训令第　　号

令执达员

为令知事：

　　查债权人　　与债务人　　为民国　　年度　　字第　　号求偿欠款执行一案，因该债务人所有坐落　　路　　里第　　号房屋一所，经二次减价布告拍卖，无人承买，虽经传讯债权人亦不肯接受，嗣经本院依职权决定强制管理，并选任　　为管理人各在案。除通知该管理人依法实施管理外合行令仰该员克日前往将上开房屋启封，点交管理人具结接收管理。限　日内将办理情形呈复，勿得违误，此令。

地方法院民事执行处
推事
中华民国　年　月　日

为强制管理事向管理人通知书

地方法院通知书第　号

为通知事：

　　查民国　年度　字第　号债权人　与债务人　为求偿欠款执行一案，因该债务人所有坐落　路　里第　号房屋，经二次减价布告拍卖，无人承买，虽经传讯债权人，亦不肯接受，业经本院依职权命付强制管理，并选任该民为管理人各在案。除派员将上开房屋启封点交该民接收管理，并以命令禁止该债务人　嗣后干涉管理人事务及处分该不动产之收益，并命令房客　向管理人直接给付租金外，合行通知该民仰于接收管理后依照强制执行法第一一〇条及第一一一条规定，就该房屋之收益，于扣除管理费用及其他必须之支出后，应将余额送交债权人领收，抵偿债额，并应于每月或于业务终结后缮具收支计算书呈报本院并送交债权人及债务人，不得违误，特此通知。

　　上通知管理人　知照

中华民国　年　月　日
地方法院民事执行处

禁止债务人干涉管理人事务及处分收益命令

地方法院命令第　　号

为命令事：

　　查本院执行民国　　年度　字第　　号债权人　　与债务人求偿欠款一案，因该债务人所有坐落　　路　　里第　　号房屋一所，经过二次减价布告拍卖，无人承买，虽经传讯债权人亦不肯接受，业经本院依职权决定强制管理，并选任　　为管理人各在案。除派员将上开房屋点交管理人接收管理，并通知管理人于接收管理后依照强制执行法第一一〇条及第一一一条规定办理外，依合同法第一〇四条规定，命令禁止该债务人嗣后干涉管理人事务及处分该不动产之收益，不得有违，特此命令。

　　上命令债务人　　知照

中华民国　　年　　月　　日
地方法院民事执行处
推事

对承租人向管理人给付租金通知书

地方法院通知书第　　号

为通知事：

　　查本院执行民国　　年度　字第　　号债权人　　与债务人求偿欠款一案，因该债务人所有坐落　　路　　里第　　号房屋一所，经二次减价布告拍卖，迄未得人承买，虽经传讯债权人亦不肯接受，嗣经本院依职权决定强制管理，并选任　　为管理人各在案。除派员将上开房屋点交管理人接收管理，并命令禁止债务人　　嗣后干涉管理人事务及处分收益外，查该房屋向由该民承租，合行通知该民，仰于管理人接收管理后,径向管理人给付租金,不得再向债务人缴纳,特此通知。

　　上通知承租人　　知悉

中华民国　　年　　月　　日
地方法院民事执行处
推事

第一百零五条　管理人由执行法院选任之;但债权人得推荐适当之人。
执行法院得命管理人提供担保。

本条为关于管理人之选任及提供担保

　　强制管理应以管理人任之,与拍卖之由书记官督同执达员为之者不同。此项管理人之选任,由执行法院为之,其人数之多少,亦由法院决定,以一人为原则,必要时亦得选任数人。此于本法第一百零六条设有明文,请参阅之。

　　法院选任管理人时,多依职权为之;但如由债权人推荐适当之人时,亦为本条所许可,惟仍须由法院加以委任耳。且此项委任并不受债权人之拘束。

　　管理人对于所管理之不动产负有重大责任。为慎重起见,本条第二项复明定执行法院得命管理人提供担保。此项担保不论为人保、物保或金钱担保,均依当时情形由执行法院酌量定之,法律不加限制。

部　　令

民国二十五年(1936年)三月二十三日,指字第六四七三号:

　　依民事诉讼执行规则第八十二条第一项管理人既系由法院委任,其实施管理时,自可准用民法中关于委任之规定。

第一百零六条 强制管理以管理人一人为之；但执行法院认为必要时，得选任数人。

管理人有数人时，应共同行使职权；但执行法院另以命令定其职务者，不在此限。

本条为关于管理人人数及多数管理人执行职务之方法之规定

管理人既以管理业经查封之不动产而使强制执行得以实现为其目的，则凡能使此目的达到者，虽选定二人以上，于管理上并无不便之处。故本条特定强制管理以管理人一人为之，是为原则；但执行法院认为必要时，得选任数人，是为例外。

管理人如有数人时则对于执行职务之方法如何，更不能不有明文规定，以资适用。关于此点，本条定为应共同行使职权。换言之：即须由数管理人以全体一致之意思执行职务也。故虽决于绝对多数而未全体一致时，其执行应为无效；惟此种规定，乃一原则，尚有例外，即执行法院另有命令指定其职务时则不受上述原则之限制。例如该命令指定某人执行某种职务，某人执行另一种职务，此时即应依照执行法院之命令办理。

第一百零七条 执行处对于管理人应指示关于管理上必要之事项，并监督其职务之进行。

本条为关于执行处之职权之规定

按执行处乃管理人所由产生之机关，反之，管理人亦为执行处之补助机关，故执行处对于管理人之管理上必要事项，即负有指挥启示之责。所谓管理上必要事项，例如凡与修缮、整理、出租、收息与夫赔偿请求权之行使等有关之事项，皆在其内。管理人对于执行处所为之指示，均有奉行及遵守之义务。

以上所述完全为关于事前之指示。至于管理人进行其业务时，例如对于营业之扩张与减缩，收益之进入与支出等，执行处并有监视与督察之权。

于此有一问题亟应研究者，即管理人对于管理上之行为而损害及当事人之利益时，有无对之负担损害赔偿责任？据一般学者之见解，多主消极说。因管理人与债务人及债权人之间，并无私法上关系，盖管理人原为执行处之补助机关，关于职务之进行，恒受执行法院之指挥与监督，管理人以自由意思进行业务者，并不多见，大都依执行法院之命令而行动。是管理人之管理行为，不外为执行法院之行为，执行法院就其职务上之行为既不对执行当事人负有责任，则为其补助机关之管理人，自亦无使其负责之理也。

第一百零八条 管理人不胜任或管理不适当时，执行法院得撤退之

本条为关于执行法院撤退管理人之规定

管理人之职务既在对于债务人之不动产实施管理而以其收益供清偿债权之用，俾收强制执行之效，是其责任颇为重大，苟有下列情形之一时，执行法院即得撤退之：

1. 管理人不胜任时 所谓不胜任，乃指管理人不能尽其管理之能事而言。换言之：即因才具不足而不能尽其职守之意。此时如令其继续担任管理职务，不特无以贯澈强制管理之目的，且于债务人债权人双方之利益亦将遭受重大影响，执行法院自得加以撤退。

2. 管理人管理不适当时 管理不适当，例如将房屋出租，对于租金收取过少，或对修缮及整理耗费过多等皆是。此项不适当之管

理，殊于当事人不利，为保护当事人之利益起见，执行法院斟酌情形，亦得将管理人撤退。

第一百零九条 管理人因强制管理及收益，得占有不动产，遇有抗拒，得请执行处核办，或请警察协助。

本条规定强制管理对于管理人之效力

管理人对于不动产因强制管理及收益虽不以占有该不动产为必要，但若非予占有而不能达到强制管理及收益之目的者，自得对该不动产加以占有。然实施占有时债务人或其他人等每多以其与彼等利益发生冲突，时有抗拒情事，此时该管理人即得请求执行处核准办理，以该执行处原为管理人所由产生之机关故也。至于警察为维持治安之机关，在上述情事发生时，公共治安必受重大威胁，故管理人如不请求执行处核办时，即请派警察到场协助，亦无不可。惟应注意者，即本条并非强制规定，故其请求或请派与否，均由该管理人自由决定之。

部　令

民国二十五年（1936年）三月二十三日，指字第六四七三号：

查民事诉讼执行规则第八十二条第二项规定："管理人对不动产因管理及收益得占有之。"是对债务人现所居住之房屋，于实施管理时，令其迁让，由管理人自行招租，固无不可；但债务人如愿照当地租价向债权人缴纳租金，为兼顾债务人利益计，亦可准许。

第一百一十条 管理人于不动产之收益，扣除管理费用及其他必需之支出后，应将余额速交债权人。

债权人对于前项所交数额有异议时，得向执行法院声明之。

本条规定管理人对于收益之处置及债权人对于该处置不满时之声明异议

对于不动产实施强制管理时，其主要目的在于清偿债务人所负担之债权，前已屡言之矣；但实施管理时，自不能不有相当费用，例如修缮费、整理费及管理人之报酬费等皆属之。至于其他必需之支出，例如不动产依法所应纳之税捐，及其他之公课等皆是。凡此均不得责令管理人负担，故本条定明应就该不动产之收益先行扣除，盖非如此则使管理人不特不能获得相当报酬，而且反有使其因出任管理而致牺牲其自己财产之虞，是管理人一职势将无敢出而顾问者矣。

管理费用及其他必需之支出，由不动产收益内先行扣除以后，管理人即应将其余额如数速交债权人收受，以为抵偿债额之用，不得借故予以扣留。至债权人对于管理人所交付之数额如有不满，仍得向执行法院提出声明，表示异议（声明书状格式附后）。盖为尊重债权人之利益设而之规定也。

解释例

民国十五年（1926年）十二月十八日，大理院统字第一九九六号：

查自治团体征收自治税为公法关系，民事法院无管辖权，对于滞纳自治税之不动产，只有自治市自为公卖处分之一途。唯法院为其他物权之请求执行时，应居于优先顺位，参照民事诉讼执行规则第八十四条规定，至为明显。

债权人对强制管理人所交数额发生异议时之声明书状

声明异议人

为声明异议恳请令饬管理人将应交之不动产收益，全部交出，以保债权事：

窃声明人与债务人　　　因民国　　年度　　字第　　号求偿欠款执行一案，业经　　　钧院依法将债务人坐落　　路　　里第　　号房屋一所，以裁定命行强制管理并命该　　　为管理人各在案。兹因该管理人对上开不动产之收益并未将应交数额依法全部交出，为此理合具状声明异议，务乞　　　钧院赐予鉴核，令饬该管理人依法如数交出，以保债权，实为德便。谨状

地方法院民事执行处

具呈人

中华民国　　年　月　日

第一百一十一条 管理人应于每月或其业务终结后，缮具收支计算书，呈报执行法院，并送交债权人及债务人。

债权人或债务人对于前项收支计算书有异议时，得于接得计算书后五日内，向执行法院声明之。

本条为关于管理人缮具收支计算之义务的规定

依本法第一百零七条之规定，执行处对于管理人有监督其业务进行之权。如欲使其行使业务上之监督权，更不可不使其先备有关于业务监督之充分资料。本条第一项所定管理人应向执行法院呈报所缮具收支计算书，即为应付此项需要而设。又债权人系依强制管理方法以达到满足其私权之目的，债务人则系依强制管理方法以履行其债务，故双方均得为保护其权利之必要的行为。本条责令管理人于呈报执行法院外，同时并应将所缮具之收支计算书依法送交该债权人及债务人，盖为使该债权人及债务人均得为保护其权利之必要的行为故也。

关于管理人分别呈报及送交所缮具之收支计算书，执行法院或债权人及债务人并非随时可以请求，即管理人亦非可以随时呈报或送交。盖若许其随时请求或随时呈报，则管理人法院以及债权人债务人等均将不胜其繁，而在事实上反足增加无谓之纠纷，故本条定明以每月或业务终结后由管理人缮具收支计算书，呈报执行法院，并送交债权人及债务人。于每月呈报并送交，目的在于公开每月收支之状况。至于业务终结，即管理终了之际，其应将收支状况呈报并送交，则为当然必经之手续。

债权人或债务人对于上述之收支计算书若发生任何异议，即得于收到该计算书后五日期间内向执行法院提出声明（声明异议书格式附后），否则虽有异议之理由，即应以其并未在上述期间内提出声明而视为该债权人或债务人对该计算书已为承认（即全无异议），嗣后即当然不得再行声明异议矣。至于在上述期间内声明异议者，执行法院于讯问管理人及声明异议人以后而为裁判，在此场合，为言词辩论固非所禁，然就一般而言，则固以裁定（裁定书格式附后）为之较居多数也。

债务人对管理人收支计算书声明异议书状（式一）

声明异议人

诉讼代理人

为声明异议事：

窃声明人所有坐落　　路　　里第　　号房屋一所，前因民国　　年度　　字第　　号与债权人为欠款被执行一案，曾经　　　　钧院实施查封，命付强制管理，并选任　　为管理人各在案。兹据本月　　日该管理人所送.交之第　　号收支计算书，接阅之下，不胜骇异。查是项计算书支出部分　　项之管理费用，数额过大，以一区区房屋每月需有一百元之管理费用，对于声明人之权利殊多有碍。为此理合具状向　　钧院声明异议，务乞严予澈查，并望对该管理人予以纠正，以保私权而符法制，谨状
　　　地方法院

　　　　　　　　　　　　　　　具状声请人　　押
　　　　　　　　　　　中华民国　　年　　月　　日

债务人对管理人收支计算书声明异议书状（式二）

声明异议人
为声明异议事：
　　窃声明人因民国　　年度　　字第　　号与　　为欠款发生纠葛一案，业经　　钧院裁定将声明人坐落　　路　　里第　　号房屋一所，命付强制管理并选任　　为管理人各在案。兹因该管理人于　　月　　日所送交之收支计算书，显有重大错误，而其中　　数项，亦有不实之处，为此特依强制执行法第一百十一条第二项之规定，具状向　　钧院声明异议，并乞赐予饬查，以保权利，实为德便。谨状
　　　地方法院民事执行处

　　　　　　　　　　　　　　　　　具状人
　　　　　　　　　　　中华民国　　年　　月　　日

对债务人关于收支计算书声明异议之裁定

　　　地方法院民事执行裁定　　年　字第　　号
　　　裁定
　　　声请人即债务人

相对人即强制管理人

　　上声请人因所有坐落　　路　　里第　　号房屋经本院　　年度　　字第　　号裁定命付强制管理，兹对管理人关于收支计算书向本院声明异议，本院裁定如下：

　　主文

　　本件异议驳回

　　理由

　　本院查债务人对管理人所送交关于每月或其业务终结后所缮具之收支计算书有异议时于接得计算书后五日内即须向执行法院声明异议，此为强制执行法第一百十一条第二项所明定。本件声明异议人于接到管理人所送交之计算书后，已历一月，始向本院提出书状声明异议，核与上开条文显有不合，既已逾越法定期间所声明异议，在程序上自难认为有效，爰为裁定如主文。

地方法院民事执行处
推事
中华民国　　年　　月　　日

第一百十二条　强制执行之债权额及债务人应负担之费用，就不动产之收益已受清偿时，执行法院应即终结强制管理。

本条为关于强制管理终结之规定

　　强制管理之撤销与强制管理之终结不可相混，前者乃指因一定事由之发生而将强制管理程序撤销而言，后者则系指已达到强制执行之目的，而结束其管理之程序而言。前者例如债权人为撤回强制管理之声请，第三人对于强制管理提起异议之诉而依法由法院为撤销强制管理之判决，以及受强制管理之不动产灭失时，皆为强制管理撤销之原因。后者之例则为本条所规定者。盖强制执行之债权额及债务人应负担之费用（例如执行费用及债权人取得执行名义之费用等），如就强制管理之不动产所取得之收益，业已全数得到清偿时，则强制管理之最终目的已达，苟不即行终结而仍继续其程序，自非本法所许，故本条特定明如有上述情形时，执行法院应即终结强制管理。于宣告终结时，通常均以裁定（格式附后）为之。

宣告终结强制管理之裁定

地方法院民事执行裁定　　年度　字第　　号

裁定

债权人

债务人

管理人

　　上债权人与债务人因民国　　年度　字第　　号求偿欠款执行事件，本院裁定如下：

　　主文

　　本院　　年度　字第　　号关于决定强制管理之裁定应即宣告终结。

管理人　　应即解职

　　理由

　　查本件前因债务人所有坐落　　路　　里第　　号房屋一所，经二次减价布告拍卖，无人承买，由本院依职权以　　年度　字第　　号裁定，决定强制管理，并选任　　为管理人在案。兹查核管理人历年呈案之计算书，对于强制执行之债权额及债务人应负担之费用，就该不动产之收益,已全数(计共　　元正)受清偿,此后殊无继续管理之必要,合依强制执行法第一百十二条之规定裁定如主文。

地方法院民事处
推事
中华民国　　年　　月　　日

第一百十三条　不动产之强制执行,除本章有规定外,准用关于动产执行之规定。

本条规定不动产之强制执行准用关于动产执行之规定

对于动产之强制执行,本法规定于第二章内,即自第四十五条起至第七十四条止。本章(第三章)则为关于不动产之强制执行的规定,本条定明不动产之强制执行除本章设有规定外,余均准用本法第二章关于动产执行之规定,其理由有二:

第一,不动产较动产之价值为巨,且牵连关系亦较动产为广,执行手续自应有较严密之规定,故除准用关于动产执行之规定外,于本章另辟专章予以特别规定。

第二,动产强制执行之程序与不动产之强制执行可以共通者,为数不少,为避免重复之规定起见,故特于本条设准用之明文,以资援用。

第一百十四条　船舶之强制执行,准用关于不动产执行之规定。
前项船舶以海商法所规定者为限。

本条为关于船舶之强制执行的规定

依我国民法第六十条及第六十七条及海商法第八条之规定,船舶乃属动产，毫无疑义，即列国立法例之认其为动产者亦颇不少；然因其构造价格皆优于陆上之建造物，且保护方法亦殊难以之与通常动产相同，于是在法律上自亦应以之与通常动产异其处理，故不得不另定特别法规，以资适用。例如船舶必须登记，船舶之让与须作成书面经官署为之盖印记明方为有效，且须登记方可对抗第三人，又船舶亦因登记而始得为抵押权之目的物等皆是。此外关于船舶之租赁，亦须经登记始有追及效力等皆属之。其在强制执行法上之立法例，通常亦分为二派，其一为须依登记法令之规定呈请登记后始视为不动产而适用不动产之执行方法，否则仍为动产，全应适用动产执行之规定。其一则为登记与否概非所问，均应适用关于不动产之执行规定。日本与我国均采后例；但日本法律以船舶在性质上究与土地房屋等显有不同，故仍有特别明文之规定，且须未有特别明文时，始能适用关于不动产执行之规定。我国前此强制执行律草案与日本立法例相同，在补订民事执行办法（第二十一条）内则定为准用不动产执行之规定。本法仍仿其例，特于本条第一项定明船舶之强制执行，准用关于不动产执行之规定。

　　船舶之强制执行既准用关于不动产执行之规定，然船舶种类不同，是否一切船舶均应视同一律，颇滋疑义。故本条第二项特定明本条第一项所称之船舶，以海商法所规定者为限。按海商法所称之船舶，谓在海上航行及在与海相通能供海船行驶之水上航行之船舶。故此项船舶第一须为在海上航行之船舶；第二须为在与海相通能供海船行驶之水上航行之船舶。至于下列三种：（1）凡总吨数不及二〇吨或容量不及二百担之船舶；（2）专用于公务之船舶（例如军舰、海关巡舰、渔业巡舰等）；（3）以橹棹为主要运转方法之船舶等只限于船舶碰撞始能适用外，余均不受海商法之支配。故关于上述三种船舶之强制执行，自亦应解为不能准用关于不动产之强制执行的规定，而第二种船舶之全不受强制执行法之适用,更不待言。

关于船舶股分之强制执行,在日本法律设有特别规定,本法则无明文,惟按本条之条文观察,当然仍须准用关于不动产执行之规定,盖船舶股分,乃指船舶共有者各人之理想上之持分,换言之:即数人共有一船舶之状态,实与船舶之共有相同。在不动产之强制执行既有关于共有物应有部分之拍卖(第一百零二条)故船舶股分之执行,自可准用关于是项执行方法之规定。

解释例

民国二十三年(1934年),院字第一○五四号:

公同共有人中一人之债权人,虽不得对于公同共有物声请强制执行,而对于该公同共有物之共有权利得请求执行。

民国二十五年(1936年),院字第一五八六号:

对于船舶之强制执行,得依补订民事执行办法准用关于不动产执行之规定者,应依船舶法第一条所称依海商法规定之船舶为限。

第四章　对于其他财产权之执行

（第 115—122 条）

所谓其他财产权者，即债务人所有之财产权，既非金钱债权亦非关于物之交付，而系包含下列三种在内而言：

一　债务人对于第三人之金钱债权；

二　债务人基于债权或物权得请求第三人交付或移转动产或不动产之权利；

三　债务人所有前二种以外并非系动产及不动产所有权之财产上权利。

凡对于上述三种财产权所为之执行，即本章所称之对于其他财产权之执行，计共八条，自第一百十五条起至第一百二十二条止，兹特逐条析述于下：

第一百十五条　就债务人对于第三人之金钱债权为执行时，执行法院应依职权禁止债务人收取或为其他处分，并禁止第三人向债务人清偿。

前项情形，执行法院得以命令许债权人收取或将该债权移转于债权人，如认为适当时，得命第三人向执行法院支付转给债权人。

本条为关于就债务人对于第三人之金钱债权所为之执行的规定

债务人无履行债务之能力时，苟发见该债务人对于第三人尚有金钱债权之存在，此际即可以该项金钱债权为强制执行之标的，例如债务人甲拖欠债权人乙洋三千元，并无任何动产或不动产可供执行，其后忽发现该债务人甲曾为第三人丙欠去洋三千元，此时乙即可以甲对丙之债权额三千元为强制执行之标的，惟为此执行时依本条规定计有下述两种方法：

一　应依职权禁止债务人收取该金钱债权或为其他处分，并禁止第三人向债务人履行清偿义务。执行法院既依法决定就该债务人对于第三人之金钱债权为强制执行，即应依职权一方面以命令禁此债务人向该第三人收取所欠金额或禁止其擅自为其他处分（例如将该债权让与他人或将该债权为撤销之处分皆是）。在另一方面则应更以命令禁止该第三人向债务人履行清偿义务。上述命令日本学者称曰差押命令，我国强制执行律草案称曰扣押命令。本法虽无明文，一般均称之曰禁止命令。依此项命令（格式附后）所发生之效力有如下述：

　　甲　在债权人方面，即于此时起得收取与债务人所有同一之权利，故于执行法院颁发此项命令之后，债务人如对于第三人免除债务或受其清偿之行为，对于债权人所享权利概不发生效力，即在此项命令颁发后所生抗辩之理由（例如抵销），亦不得与债权人相对抗。

　　乙　在债务人方面，即于此时有不得向第三人要求履行对于自己债权之义务，且对于债权人负有给付与自己对于第三人之债权有关书据之义务。（例如借单、契约等皆是）

　　丙　在第三人方面，则于收到上述禁止命令之后，对于自己之债权人（指本案之债务人而言）即负有不得向其清偿之义务，若不受该项禁止命令之拘束仍行给付，自不得与债权人（指执行债权人）相对抗。

二　得以命令许债权人收取或将该债权移转于债权人，如认为适当时，得命第三人向执行法院支付转给债权人。依照上开之禁止命令仅系命令第三人不得向债务人履行清偿义务，并未发生使第三人应向债权人自己为给付之权利，故第三人对于债权人亦未发生履行之义务。为贯澈强制执行而使债权人获得其现实之清偿之目的起见，于颁发禁止命令时或其后，执行法院得再依照下列方法办理：

甲　得以命令许债权人收取或将该债权移转于债权人。执行法院所为关于容许执行债权人收取债务人对于第三人之金钱债权之命令，学者称之曰追取命令或曰收取命令（格式附后）。有此收取命令之后，第三人对于执行债权人即变为债务人与债权人之关系，且此项收取命令其效力及于债权之全部，故与以债权人之债权额为限度之原则或有矛盾之嫌，此殆因能否收取及收取数额之多寡不能确定而欲避免分开履行之烦也。但如债务人声请限制而使其止于所要求之数额时，执行法院自得于传讯债权人后而许可之也。

执行法院所颁发关于就债务人对于第三人之金钱债权移转于债权人，以消灭执行债务人之债务之命令，学者称曰转付命令（格式附后）。受转付命令之债权人对于所转付之债权乃债权之受让人，而非债务人之代理人，故其效果有如下述：

A　债权人之请求权，于转付债权所存之限度，视为债务人已为债务之清偿。

B　债权人不得抛弃因转付命令所得之权利而更受收取命令。

C　对于因转付命令所取得之债权，他债权人不得为分配之要求。

D　因转付命令所得债权之危险负担应归于执行债权人。

此外转付命令不必及于债权之全部（此与收取命令不同），故可仅转付其一部；但如执行债权人之债权系属不可分之债时，则得转付其全部，此当作为别论，并不受其限制。

乙　如认为适当时，得命第三人向执行法院支付转给债权人。如前所述，系以命令命债权人直接收取债权或令第三人直接向债权人履行清偿义务，困难之处，自属不免，执行法院如认为以该法院为收转机关较易达到执行目的，或因该其他财产权按其性质不适于转付，或该可为转付之债权因系附有条件或附有期限或须为反对给付等情形而经执行法院认为以该法院为收转机关较为适当时，则得以命令（格式附后）命第三人向该执行法院直接支付，然后转给于债权人具领。

裁判例

民国二十二年（1933年）十二月十四日，抗字第一一六七号：

债务人对于第三人之金钱债权，虽得为执行之标的；但执行法院除发命令禁止债务人处分该金钱债权，并禁止第三人向债务人清偿外，只得更发命令许债权人收取该金钱债权或将金钱债权移转于债权人。如认为适当时，固未尝不可命第三人向执行法院支付再转给债权人；但第三人不支付时，仍须债权人对于第三人得有确定给付之判决或其他之执行名义，始得向第三人为强制执行。

禁止命令计分下列二种

甲　禁止债务人向第三人收取金钱债权命令格式

地方法院执行命令（　　年度　字第　　号）
为命令事：

　　查本院执行民国　　年度　字第　　号因债权人　　与该债务人　　为欠款求偿一案，经查该债务人并无财产可供执行。兹据债权人　　状称查有第三人　　积欠债务人　　货款计洋千元，堪供本案之执行，拟请令饬该第三人将上开欠款全数转付债权人，藉资抵偿等语；核与强制执行法第一百十五条规定相符，除批示照准并命令第三人将该款悉数转付债权人具领外，合亟命令禁止该债务人嗣后向

第三人　　　收取，特此命令。
　　　　上命令债务人　　　知照

　　　　　　　　　　　　　　中华民国　　　年　　月　　日
　　　　　　　　　　　　　　　　地方法院民事执行处

　　　　乙　禁止第三人向债务人清偿金钱债务命令式

地方法院执行命令（　　年度　字第　　号）
为命令事：
　　　查本院执行民国　　年度　字第　　号因债权人　　与债务人为求偿欠款一案，经承办执达员查得该债务人并无财产可供执行在案。兹据债权人　　状称查有第三人　　积欠债务人　　货款计洋千元，堪供本案之执行，拟请令饬该第三人迅将上开欠款如数转付债权人以资抵偿等语；核与强制执行法第一百十五条规定相符，除批示照准并命令该债务人向第三人收取该金钱债权外，合亟命令禁止该第三人嗣后向债务人履行清偿义务，特此命令。
上命令第三人　　　知照

　　　　　　　　　　　　　　中华民国　　　年　　月　　日
　　　　　　　　　　　　　　　　地方法院民事执行处

　　　　　　　　　　　收取命令

命债权人向第三人收取债务人之债权命令
地方法院执行命令（　　年度　字第　　号）
为命令事：
　　　查本院执行民国　　年度　字第　　号因债权人　　与债务人

为求偿欠款一案，经本院承办执达员查报该债务人并无财产可供执行在案。兹据该债权人　　状称查有第三人　　积欠债务人　　货款计洋千元，堪供本案之执行，拟请令饬该第三人将上开欠款悉数转付债权人以资抵偿等语；核与强制执行法第一百十五条规定相符，自应照准。除以命令禁止债务人向第三人收取，并禁止第三人向债务人履行清偿外，合亟命令该债权人直接向第三人收取上开欠款。限五日内终结手续呈复，勿得延误，特此命令。

上命令债权人　　知照

中华民国　　年　　月　　日
地方法院民事执行处

转付命令计分下列二种

甲　命第三人将债务人之金钱债权移转债权人命令

地方法院执行命令（　　年度　　字第　　号）

为命令事：

查本院执行民国　　年度　　字第　　号因债权人　　与债务人　　求偿欠款一案，经本院承办执达员查得该债务人并无财产可供执行在案。兹据债权人　　状称查有第三人　　积欠债务人　　货款计洋千元，堪供本案之执行，拟请令饬该第三人迅将上开欠款悉数移转债权人以资抵偿等语；核与强制执行法第一百十五条规定尚无不合，自应照准。除以命令禁止债务人向该第三人收取外，合亟命令该第三人将该欠款如数转付债权人　　具领，不得向债务人履行清偿义务，否则认为无效。如该第三人不承认债务人之债权之存在，或于数额上有何争议时，应于接受本令后十日内提出书状向本院声明异议；否则迅将欠款如数转付债权人具领，勿得延误，特此命令。

上命令第三人　　知照

中华民国　　年　　月　　日

地方法院民事执行处

乙　命第三人将债务人之金钱债权付由执行法院
　　转给债权人命令地方法院执行命令

（　　年度　字第　　号）

为命令事：

　　查本院执行民国　　年度　字第　　号因债权人　　与债务人求偿欠款一案，经本院承办执达员查得该债务人并无财产可供执行在案。兹据债权人　　状称查有第三人　　积欠债务人　　贷款计洋千元，堪供本案之执行，拟请令饬该第三人迅将上开欠款悉数移转债权人以资抵偿等语；核与强制执行法第一百十五条规定相符，自应照准。除以命令禁止债务人向该第三人收取外，合亟命令该第三人将上开欠款如数缴院。如该第三人不承认债务人之债权之存在，或于数额上有何争议发生时，应于接到本令后十日内提出书状向本院声明异议，以便通知债权人，依同法第一二〇条办理；否则应即将上开欠款如数缴交到院，以便转给债权人具领，不得有误，特此命令。

上命令第三人　　知照

中华民国　　年　　月　　日

地方法院民事执行处

第一百十六条　就债务人基于债权或物权得请求第三人交付或移转动

产或不动产之权利为执行时,执行法院除以命令禁止债务人处分,并禁止第三人交付或移转外,如认为适当时,得命第三人将该动产或不动产交与执行法院,依照关于动产或不动产执行之规定执行之。

本条为关于就债务人基于债权或物权得请求第三人交付或移转动产之权利所为之执行的规定

债务人无履行债务能力时,如对于第三人尚有金钱债权之存在,依前条规定既可以该项金钱债权为强制执行之标的,则债务人如有基于债权或物权而得请求第三人交付或移转动产不动产之权利时,自无不可不许其以该项请求权为强制执行之标的物之理。例如债务人甲拖欠债权人乙洋五千元并无财产可供执行,其后发现该债务人甲曾以银千元对第三人丙所有坐落某处之房屋一所,取得抵押权,依法该债务人对丙既有请求交付该房屋之权利,债权人乙即得向该第三人请求交付,此项请求权即可为强制执行之标的。

此处所谓交付与移转,二者不可相混。交付谓将特定物之占有与自己分离而现实移交于他人;移转则指将权利让与于人而言,例如物权之移转与债权之移转皆是。

凡以上述之请求权为强制执行之标的时,依照本条规定计有下列二种执行方法:

1. 以命令一面禁止债务人为处分行为,一面并禁止第三人为交付或移转行为。所谓处分行为,例如将所有权让与于人或就动产设定质权或就不动产设定抵押权之类皆是,所谓交付或移转行为,例如将所占有之动产移交于对方或将所有之不动产出售于人是。执行法院于禁止债务人为处分行为及禁止第三人为交付或移转行为时,均须以命令方式为之(格式附后)

2. 如认为适当时,得命第三人将该动产或不动产交与执行法院。

执行法院以命令禁止债务人为处分行为并禁止第三人为交付或移转行为外，在解释上言，同时或此后复得另以命令容许债权人直接向第三人请求或令第三人将该项动产或不动产之权利直接交付或移转于债权人；但如认为适当时，例如因该动产或不动产之价格不易确定，如令债权人直接请求或令该第三人直接移转或交付于债权人，则债务人即有遭受损失之虞，此际执行法院即得另以命令（格式附后）命第三人将该动产或不动产交与执行法院，然后再由执行法院依照本法第二章关于动产之执行程序或第三章关于不动产之执行程序分别执行之。

禁止债务人为处分行为命令式

地方法院执行命令（　　年度　字第　　号）

为命令事：

　　查本院执行民国　　年度　字第　　号债权人　　与债务人　　为求偿欠款一案，业经派员依照确定判决执行并经承办执达员查得并无财产可供执行在案。兹据债权人状称查该债务人曾以款洋千元抵借于第三人　　取得其所有坐落　　路　　里内房屋一所之抵押权。现该债务人执有契据为凭，迄未清付，拟请就该项抵押权，供本案为强制执行以资抵偿等语；前来本院，核与强制执行法第一一六条规定尚无不合，自应照准。除以命令禁止第三人　　私向该债务人消灭此项抵押权外，合亟以命令禁止该债务人自由为任何处分之行为，并应将是项抵押契据前来缴案，以便依法转交债权人具领，不得有误，特此命令。

　　上命令债务人　　知照

中华民国　　年　　月　　日
地方法院民事执行处

禁止第三人向债务人为移转之命令式

地方法院执行命令（　　年度　字第　　号）

为命令事：

　　查本院执行民国　　年度　字第　　号债权人　　与债务人　　为求偿欠款一案，业经派员依照确定判决执行，嗣经承办执达员查得该债务人并无财产可供执行在案。兹据债权人状称查债务人曾以款洋千元抵借于第三人　　以取得其所有坐落　路　里内房屋一所之抵押权，现该债务人执有契据为凭，迄未清付，拟请就该项抵押权供本案为强制执行以资抵偿等语；前来本院，核与强制执行法第一一六条规定尚无不合，自应照准。除以命令禁止债务人　　对该抵押权为自由处分之行为，并将所执抵押契据前来缴案以便依法转交债权人　　具领外，合亟以命令禁止该第三人私自向债务人　　消灭此项抵押权。如对于债权人主张之抵押权否认其存在，或于押款数额有争议者，应于接受本命令后十日内提出书状向本院声明异议，以便通知债权人依照同法第一二〇条规定办理，特此命令。

　　上命令第三人　　知照

　　　　　　　　　　　　　中华民国　　年　　月　　日
　　　　　　　　　　　　　地方法院民事执行处

命第三人将不动产交与执行法院命令式

地方法院执行命令（　　年度　字第　　号）

为命令事：

　　查本院执行民国　　年度　字第　　号债权人　　与债务人

为求偿欠款一案，业经派员依照确定判决执行，嗣经承办执达员查得该债务人并无财产可供执行在案。兹据债权人状称查该债务人　　曾以洋千元抵借于第三人取得其所有坐落　　路　里内房屋一所之抵押权，并执有抵押契据为凭，拟请准予就该项抵押权供本案之执行以资抵偿等语；前来本院，核与强制执行法第一百十六条规定尚无不合，自应照准。除命令禁止债务人　　对该项抵押权为自由处分之行为外，合亟命令该第三人将该抵押之不动产一切书据前来缴案，以便于到期后依照关于不动产规定实施强制执行。如对于债权人主张之抵押权否认其存在，或于押款数额有争议者，应于接受本命令后十日内提出书状向本院声明异议，以便通知债权人依照同法第一二〇条规定办理，慎勿自误，特此命令。

　　上命令第三人　　知照

中华民国　　年　　月　　日
地方法院民事执行处

第一百十七条　对于前二章及前二条所定以外之财产权为执行时，准用前二条之规定，执行法院并得酌量情形命令让与或管理，而以让与价金或管理之收益清偿债权人。

本条为关于前二条以外并非系动产及不动产所有权之财产上权利之执行的规定

　　按前二章所规定者，一为对于动产之强制执行；一为对于不动产之强制执行；前二条所规定者，一为就债务人对于第三人之金钱债权之执行；一为就债务人基于债权或物权所得请求第三人交付或移转动产不动产之权利之执行。本条所定乃除上述以外之财产权之执行，其范围颇广,例如著作权、专利权、出版权、商标权、矿业权、渔业权、水利权以及以劳务为标的之债权等皆属之。对于此种财产权之执行,准用前二条之规定。(惟对于第三人应行禁止之事项,依该权利种类之性质而异,如无有关系之第三人时,只对于债务人为禁止之命令为已足。)同时执行法院仍得酌量情形为相当之处分。即命令债务人将该项权利让与他人,而以由让与所得之价金供清偿债权之用是。又如命令将债务人之权利交付适当之人员实施管理而以由管理所获得之收益供偿还债权人债权之用是。

解释例

民国六年(1917年)一月二十日,大理院统字第五六八号:

佃权依习惯既可由承佃人自由杜拨,自可查照执行动产不动产以外财产之成例,将该权供执行;惟不得另加限制或其他不利于业主。

民国八年(1919年)二月十五日,大理院统字第九三六号:

查典权及抵押权无论其目的物为债务人本人或他人(查明确系借用)所有,既均为财产权之一种,自无不可强制执行之理。其执行之方法,应准用执行债权之条理,于未到期者由执行衙门传知业主或设定抵押权人令其到期不得将款交与债务人(即典主或抵押权人),或并将其债权及担保权移转于债权人。于已到期者则传知业主,或设定抵押权人,将其典价押款交与债务人之债权人,消灭其物上之负担。又典权如系专以使用收益为目的者,应认为独立之物权,并可将其依法拍卖。

民国二十五年(1936年),院字第一四八九号:

矿业权之强制执行,得依民事诉讼执行规则关于不动产执行各规定办理。

命债务人将专利权让与于人命令式

地方法院执行命令（　　年度　字第　　号）

为命令事：

　　查本院执行民国　　年度　字第　　号债权人　　与债务人　　求偿欠款一案，业经派员依照确定判决执行在案。兹据债权人　　状称债务人于民国　　年　月间曾呈准实业部获得　　机器制造专利权十年，现该项专用权期间尚未终了，拟请准予将上开权利为强制执行以资抵偿等语；前来本院，核与强制执行法第一百十七条规定尚无不合，自应照准。合亟命令该债务人限于一个月内将上开权利出让于人，并将所得价金供清偿本案执行债权之用。仰即将详情具报，以资终结，不得有误，特此命令。

　　上命令债务人　　知照

中华民国　　年　　月　　日

地方法院民事执行处

第一百十八条　前三条之命令，应送达于债务人。有第三人者，并应送达于第三人，已为送达后应通知债权人。

本条为关于前三条所列命令之送达的规定

　　前三条所列之命令均系就债务人对于第三人之债权或其他之财产权而为强制执行时由执行法院所颁发者，非经依以送达于应受送达之人，则其效力无从发生。此项应受送达之人为债务人与第三人，如无第三人时，例如对于在前条（第一百十七条）所举之其他财产权，如著作权、商标权等之执行，则当然仅须对债务人为命令之送达。至于已为合法送达之后，执行法院亦应将颁发命令之事由向执行债权人为合法之通知（格式附后）。此举不特以使其知悉有送达之事实为目的，同时在于以命令容许该债权人收取或请求权利之场合，该债权人即可凭此通知以开始行使其收取或请求之权利。

第一百十九条 第三人不承认债务人之债权，或其他财产权之存在，或于数额有争议时，应于接受法院命令后十日内，提出书状向执行法院声明。

本条为关于第三人否认或对数额有争议时之声明的规定

第三人接到执行法院所颁发之禁止命令或转付命令后，如承认债务人之债权或其他财产权，确实存在并无何种争执，自应遵命办理，并不发生若何问题。反之，如对债务人之债权或其他财产权之存在，不予承认，或虽予承认而对于数额方面发生争议时，例如该项债权或其他财产权已因合法之给付或其他原因业已消灭，又例如第三人以该命令所列之债权数额与自己实际所负欠之数额不符（指以少报多），是于该第三人之利益自属有损。法律为维持公平计，故特许该第三人以声明异议之机会，以资救济；惟此项声明必须于十日之不变期间内向执行法院提出书状（格式附后）为之，始为有效。否则纵有异议而不于期间内提出，或虽提出而非以书状为之，均与本条规定不合，概应视为承认。

第三人对禁止命令及转付命令声明异议书状

声明异议人
为声明异议事：
　　窃声明人与　　　　钧院执行民国　　年度　　字第　　号因求偿

欠款一案中之债务人徐　　，曾于民国　　年　月　日因合伙经营商业，后因经营失败，声明人亏损甚巨，承徐　　垫款弥补，得告无事。当经声请人立有洋五百元借据一纸，且声明人处尚存有账簿一束，可资证明。乃昨奉到　　钧院执行命令（民国　　年度　字第　　号）一纸，内开该第三人　　积欠债务人徐　　货款计洋千元，堪供本案之执行等因；查声请人拖欠债务人款项并非千元，此项数额显有不实，理合依据强制执行法第一百十九条规定具状　　钧院声明异议，并希传讯该债务人徐　　责令将声明人所立五百元借据提出，以保权利，实为德便，谨状

地方法院民事执行处

具呈人

中华民国　　年　月　日

第一百二十条　债权人对于前条第三人之声明，认为不实时，得向管辖法院提起诉讼，并通知债务人。

本条为关于债权人对第三人之声明提起诉讼的规定

第三人依前条之规定提出声明后，如债权人认该第三人所为之声明并不确实，此时法律苟不给债权人以一救济之机会，则债权人之权益，势将遭受重大影响。故本条特以明文规定债权人得向有管辖权之法院对该第三人依法提起诉讼，请求裁判，并令依照执行命令履行。又因此项诉讼在权利义务上与债务人亦有关系，故同时应将提起诉讼事由通知债务人；但如该债务人踪迹不明或远在外国时，在解释上言，自可不必予以通知。至于是项诉讼提起时，其他债权人如依法得

参与分配者,是否可以加入为共同原告人,本条虽无明文,惟依论理解释,自应解为应在许可之列。

第一百二十一条 债务人对于第三人之债权或其他财产权持有书据,执行法院命其交出而拒绝者,得将该书据取出,并得以公告宣示未交出之书据无效,另作证明书发给债权人。

本条为关于债务人拒绝交出持有书据之处置的规定

  对于本法第一百十五条至第一百十七条所规定关于就债务人对于第三人之债权或其他财产权为强制执行时,债务人如持有有关系之权利书据,例如第三人向债务人借贷时曾立有借单交付债务人收执,如以该借款为强制执行之标的,则执行法院即应命该债务人将所执借单交出是。又如第三人为银行时,如以债务人所储存于该银行之款项为强制执行之标的,则执行法院即应命其将存款凭折交出是。又例如于强制执行时其标的为向第三人请求移转房屋或土地等项之不动产权利时,则关于证明该项房地权利之契据、凭单、登记认书、土地所有权证书等书类,即应令债务人一并交出是。执行法院命该债务人交出而竟抗不遵办时,即得酌量情形或善加训导或运用相当强制力将其取出。其无法交出之书据则得采用公告方法(格式附后)宣示无效,以杜日后意外之纠纷。同时并另由该法院制作权利证明书(格式附后),发给债权人收执,以资证明。

解释例

民国十三年(1924年)二月二十八日,大理院统字一八六五号:
  查确定判决既判认该典契关于乙丙应有部分无效,则丁之不能再行持引运盐自属当然之结果。执行衙门可依执行规则第九一条、第九二条办理,不能适用八十九条。

公告债务人所持有书据无效布告

地方法院布告（　　年度　字第　　号）

为布告事：

　　查本院执行民国　　年度　字第　　号债权人　　与债务人　　求偿欠款一案，业据债权人声请就该债务人　　对于第三人　　请求移转坐落　　路　　里第　　号房屋所有权供本案之执行，并经本院派员执行各在案。关于该项房屋证明权利之契据凭单，连同基地所有权证书等书类，迭经严予执行，讵该债务人竟抗不交出。合依强制执行法第一百二十一条之规定公告该债务人所执关于上开房屋连同基地之一切证明权利书类无效。除由本院另作证明书发给债权人收执管业外，嗣后如发见上开房屋连同基地之一切证明权利书据，一律认为无效。恐未周知，特此布告。

中华民国　　年　　月　　日
地方法院院长

不动产权利证明书

地方法院证明书（　　年度　字第　　号）

为发给不动产权利证明书事：

　　照得本院执行民国　　年度　字第　　号债权人　　与债务人　　求偿欠款一案，业据债权人声请就该债务人对于第三人　　请求移转坐落　　路　　里第　　号房屋所有权供本案之执行，并经本院派员执行各在案。关于该项房屋证明权利之契据、凭单连同基地所有权证书等书类，迭经严予执行，讵该债务人竟敢抗不交出。除依法公告该债务人所执关于上开房屋连同基地之一切证明权利书类无效外，合依强制执行法第一百二十一条之规定，由本院发给证明书将该不动产四址面积开列于后，以资证明，此证。

计开：

一　不动产种类

二　坐落

三　四址

四　面积

五　价额

上给债权人　　收执

中华民国　　年　　月　　日

地方法院院长

第一百二十二条　债务人对于第三人之债权系维持债务人及其家属生活所必需者，不得为强制执行。

本条为关于为禁止强制执行之债权的规定

债权人就债务人对于第三人之债权所为之强制执行，依前所述既为本法所许可；然债务人究为经济上之弱者，如不予以相当保护，不特与本法第五十二条所明定之精神前后不相连贯，即与我国道德上之济弱观念，亦不相容。故本条特定如债务人对于第三人之债权系为维持该债务人及其家属生活所必需者，不得以之为强制执行之标的物。换言之：如该债务人除依是项债权之外，并无其他方法足资为维持其本人及其家属在生活所必需之用者则对该项债权绝对不许加以强制执行。至于家属之范围以及所谓生活所必需者之意义，已于本法第五十二条释义内详为说明，兹不再赘。惟何项债权为维持生活所必需之用者，本法既未列举，自应依事实关系认定之。兹特就我国旧强制执行律草案第三百三十二条所列举者提出，以供参证，即下列债权不得扣押：（1）法定之扶养请求权；（2）债务人及其家属生活必要之限度，或债务人因他人兹惠所受之继续收入；（3）下士兵卒之饷项及恩给并其遗族之扶助费；（4）属于出征军队或在军舰服务之军人或军属于其职务上收入。

第五章 关于物之交付请求权之执行

（第 123—126 条）

本法第二章、第三章所定对于动产之执行与对于不动产之执行系对于以金钱给付为标的之债权所为之强制执行，其执行方法乃在于以拍卖所得之价金或就管理所得之收益为充偿其金钱债权之用。本章所称之物之交付请求权之执行虽亦系关于物权上动产不动产之执行；但其强制执行之标的纯在物之交付而非以金钱给付为其标的，换言之：此处所称之物之交付乃指债权人依执行名义向债务人请求以动产或不动产其物自体以为给付而言。例如：执行名义为关于命债务人返还借用之椅桌或返还所租用之房屋等之判决时，则债权人依此项给付判决，即有向债务人请求以该项椅桌（动产）或该项房屋（不动产）为给付之权利。

关于物之交付请求权之执行，可分为两种情形：

第一，其物在债务人之手时　即指应行交付之标的物在债务人之手中而言。此在本法第一百二十三条至第一百二十五条设有规定。

第二，其物在第三人之手时　即指应行交付之标的物并非在债务人手中而系在第三人之手中而言。此为第一百二十六条所规定。本章仅有条文四，即自第一百二十三条起至第一百二十六条止。兹特逐条诠释于后：

第一百二十三条　执行名义系命债务人交付一定之动产而不交付者，执行法院得将该动产取交债权人。

本条为关于命债务人交付动产之执行方法的规定

按债权人所取得之执行名义如系命令债务人交付特定之动产（例如关于责令债务人返还所借用椅桌之判决时），债务人如能遵照判决实行返还，是该判决业已发生效果，自不生强制执行问题。反之，如债务人并不遵命交付，此时自有实施强制执行方法之必要。此项执行方法依本条之规定，即由执行法院以强制力径将该动产取交于债权人。至于执行法院如派遣执行人员将该项动产取交于债权人时，在原则上自应令债权人到场领受，俾收敏捷之效。此于本条虽无明文，自应作如是解释。若债权人万一不能到场，则执行人员亦可以实施执行程序，将该动产搬运移送。倘仍不能即时交付于债权人，此时应解为可由执行法院查封保管之，一面通知债权人前来领取。

第一百二十四条 执行名义系命债务人交出不动产而不交出者，执行法院得解除债务人之占有，使归债权人占有。

本条为关于命债务人交出不动产之执行方法的规定

债务人依照债权人所取得之执行名义有交付不动产之义务而不履行时，势非予以强制执行不可。此项强制执行方法即应由执行法院将债务人对于该不动产之占有加以解除。解除方法即以强制力一面命该占有人离去该不动产所在地，一面则将该不动产点交债权人使其占有之。在执行时为划清手续起见，原则上应使债权人或其代理人到场，此在本条虽无明文，在解释上自无疑义，盖所谓点交，自须有领收之人，始可为之也。至于债务人在该不动产上所有之动产除应与不动产同时执行者外，依本法第一百条之规定应取去点交债务人或其代理人家属或受雇人。如无此等人接受点交时，应将该项动产暂付保管，向债务人为限期领取之通知（通知书格式附本法第一百条内）债务人如逾限并不领取时，即得拍卖之而提存其价金，或为其他适当之处置，均由执行法院衡情酌定之。

第一百二十五条 关于动产不动产执行之规定于前二条情形准用之。

本条规定准用关于动产不动产执行之规定

前二条所述关于命债务人交付一定动产或命债务人交出不动产之执行，虽系以其物之自体为执行标的，与对于动产或不动产之执行之系以金钱之给付为其执行标的者两不相同；然二者均与动产或不动产有关，故关于动产不动产执行程序之规定仍可于前二条（即第一百二十四条及第一百二十五条）之情形准用之。换言之：即关于向债务人为物之交付请求权之执行程序，除本章有规定者外，准用本法第二章对于动产之执行及第三章对于不动产执行之规定。所谓准用对于动产之规定，例如：判决命债务人交付动产若干，执行法院将该项动产取交于债权人时，不能即时交付者（如债权人未到场），执行法院即可实施查封及保管程序；关于查封时所采用之启视封闭等方法以及命其家属或邻右之有辨别事理能力者到场；于必要时或遇有反抗时得请求警察官莅视或协助并关于查封笔录之作成，以及关于保管人之指定与委托等皆是。至准用对于不动产之规定，例如：由执行推事命书记官督同执达员将债务人之不动产实施揭示，封闭等方法以及债务人如有拒绝交出不动产或其他情事时得请警察协助；又如债务人应交出书据而拒绝交出时，执行法院得将该书据取交债权人并得以公告宣示未交出之书据为无效，并另作证明书发给债权人收受等皆是。

第一百二十六条 第一百二十三条及第一百二十四条应交付之动产或不动产为第三人占有者，执行法院应以命令将债务人对于第三人得请求交付之权利移转于债权人。

本条为关于债务人应交付之动产或不动产为第三人占有时之执行方法的规定

第一百二十三条至第一百二十五条系指关于物之交付请求权之执行时，其物之自体乃存在于债务人之手中者而言。本条则规定对于债务人所应交付之动产或不动产系在第三人之占有中者之执行方法。此时不问债务人是否对该第三人请求交付以便转付于债权人，执行法院应即以命令（格式附后）命债务人将其对于第三人得请求交付该动产或不动产之权利移转于债权人，使债权人得直接向该第三人行使交付之请求权，以期简捷。此外除颁发上述命令外在办事上通常对于第三人亦多另向其送达通知书（格式附后）告其已将请求权移转于债权人，并令其迅将该动产或不动产交出。

命债务人将其对第三人得请求交付之权利移转债权人命令

地方法院执行命令（　　年度　字第　　号）

为命令事：

查本院执行民国　　年度　字第　　号债权人　　与债务人　　为请求返还汽车涉讼一案，业经派员依照确定判决执行在案。兹据承办执达员报称该汽车曾由债务人出租于第三人　　未便径行执行等语；前来，合依强制执行法第一百二十六条规定命令该债务人即将其对于第三人　　得请求交付该汽车之权利即行移转于债权人，务使该债权人得即径行向该第三人请求交付，特此命令。

上命令债务人　　知照

中华民国　　年　月　日

地方法院民事执行处

对第三人为已将请求权移转于债权人之通知书

地方法院通知书（第　　　号）

为通知事：

　　查本院执行民国　　年度　字第　　号债权人　　与债务人为请求返还汽车涉讼一案，业经派员依照确定判决执行在案。兹据承办执达员报称该汽车曾由债务人出租于第三人　　未便径予执行等语；前来，除依强制执行法第一二六条规定以命令饬债务人　　即将其对于该第三人得请求交付该汽车之权利即行移转于债权人外，仰该第三人迅即将上开汽车交出，否则当派警会同前往实施强制解除占有，慎勿自误，特此通知。

　　上通知第三人　　知照

中华民国　　年　　月　　日
地方法院民事执行处

第六章　关于行为及不行为请求权之执行

（第 127—131 条）

关于行为或不行为请求权之强制执行，系以债务人之行为或不行为为执行之标的，反而言之：盖即非以给付金钱及交付物体为标的之强制执行也。

关于行为或不行为之判决及其强制执行之学说并立法例，各国历来均各不同。罗马法并无命为行为之判决，故遇债务人任意不为履行其行为之义务时，债权人仅得向法院提起请求赔偿之诉。至近世各国立法则多承认行为请求权之强制执行，例如：法国法律对于法院非仅得以判决命债务人自己或第三人为一定行为，且并许可为直接之强制执行；但对履行不行为之义务，则仅听令债权人向法院提起请求赔偿之诉耳。德国民事诉讼法之规定亦复相同。日本民事诉讼法则参酌而予以变更。本法之规定大致与之相同。兹为说明上之便利，将本章分为下列四项：

一　命为行为之执行，即第一百二十七条及第一百二十八条之规定。

二　命不行为或容忍他人行为之执行，即第一百二十九条之规定。

三　命为一定之意思表示之执行，即第一百三十条之规定。

四　关于继承财产或共有物分割之执行，即第一百三十一条所设之规定。

第一百二十七条　依执行名义债务人应为一定行为而不为者，执行法院得以债务人之费用命第三人代为履行。

前项费用由执行法院酌定数额，命债务人预行支付，必要时并得命鉴定人鉴定其数额。

本条为关于得代替行为之执行的规定

按行为有得代替行为与不得代替行为之区分。所谓得代替行为，乃指行为之主体并不专属于特定之人而言。故凡债务人不为该一定行为时既可由他人代替为之，是对此项行为之执行即可命第三人代为履行，例如服机械的劳务时，如该债务人不服此项劳务，执行法院即可以命令一面令执行人员前往勒令债务人限期履行其义务，一面并命令债务人遵办（格式均附后）否则更得以命令，（格式附后）另令债权人以第三人代为履行。至由第三人代为履行时所需之费用，自当由该债务人负担，以维公允。关于该项费用数额之多寡，系属事实问题，故本条第二项特定明应由执行法院酌量情形加以决定，如遇必要时并得命鉴定人鉴定其数额，以免引起当事人之争执。（至于因此项鉴定所生之费用，自亦应归债务人负担。）惟应注意者，即此项由第三人代为履行所需之费用，须命债务人预先支付，以利进行；但债务人既不肯履行其义务于先，则其不肯预行支付于后，事所常有，此际执行法院亦可令债权人先行垫付，然后再向该债务人追偿。在追偿时债权人自可以该项由执行法院所发之预行支付命令为执行名义。此际对于数额如亦发生争执，即可准用本法第二十九条之规定向法院声请确定之，然后再对债务人向执行法院请求依法执行。

在此有一问题亟待研究，即第三人着手代为履行之后，债务人是否亦可开始履行其义务，一般学者多主张积极说。盖强制执行之实施，系因债务人不为任意履行而开始，苟于执行未完之前，债务人欲为任意履行，自无加以禁止之理由；然此时不可不令其负担因其迟延履行所生之损失。详言之：即关于第三人业已着手之代为履行义务之行为的一切费用，债务人不可不全数负担之也。

命债务人限期恢复所毁老坟原状命令

地方法院执行命令（　　年度　字第　　号）

为命令事：

　　查本院执行民国　　年度　字第　　号债权人　　与债务人因争执墓地及赔偿损害涉讼一案，依照确定判决系责令该债务人应将所毁老坟恢复原状。兹据债权人状称债务人迄未依判履行，声请迅予依法执行等语；前来，除函请本院检察处派员协助并训令本院执达员会同前往执行外，合亟命令该债务人速即雇工将上开所毁老坟修造，恢复原状。如再借故延宕，当由本院依照强制执行法第一百二十七条之规定，即以该债务人之费用命第三人代为履行，慎勿自误，特此命令。

　　上命令债务人　　知照

中华民国　　年　　月　　日

地方法院民事执行处

派执达员勒令债务人限期恢复所毁老坟原状训令

地方法院训令（第　　号）

令执达员

为令知事：

　　查本院执行民国　　年度　字第　　号债权人　　与债务人因争执墓地及赔偿损害涉讼一案，依照确定判决系责令债务人将所毁老坟恢复原状。兹据债权人状称债务人迄未依判履行义务,应请依法迅予执行等语;前来,除函请本院检察处派员协助并以命令饬债务人　　速即雇工修复不得有违外,合行令仰该员克日前往勒令债务人迅将上开老坟恢复原状。如再借词延宕,应即依照强制执行法第一二七条之规定以该债务人之费用命第三人代为履行,限半个月内呈复,幸勿延误,此令。

中华民国　　年　　月　　日

地方法院民事执行处

命债权人以第三人代为履行命令

地方法院执行命令(　　年度　　字第　　号)

为命令事:

查本院执行民国　　年度　　字第　　号债权人　　与债务人　　因争执墓地及赔偿损害涉讼一案,业经本院派员前往执行,勒令债务人照判限期履行在案。惟该债务人抗不遵办,合依强制执行法第一百二十七条之规定命令该债权人　　多雇土工,将所毁老坟用土筑垒,务使恢复原状。一切工费着该债权人垫付,并切实记明,以便命债务人负担偿还,特此命令。

上命令债权人　　知照

中华民国　　年　　月　　日

地方法院民事执行处

第一百二十八条　依执行名义债务人应为一定之行为,而其行为非他人所能代为履行者,债务人不履行时,执行法院得定债务履行之期间，及逾期不履行应赔偿损害之数额，向债务人宣示，或处或并处债务人以一千元以下之过怠金。

前项规定于夫妻同居之判决不适用之。

执行名义系命债务人交出子女或被诱人者，除适用第一项规定外，得用直接强制方法将该子女或被诱人取交债权人。

本条为关于不得代替行为之执行的规定

不得代替行为，谓行为之主体专属于特定之人，故此种行为，须由债务人本人自己为之，绝对不许其他第三人代替。关于不得代替行为之执行，有许强制者及不许强制者之区分。前者例如令债务人履行事业报告之义务或提出计算之义务之类是。后者例如关于命令夫妻履行同居之义务是。前者即本条第一项之规定；后者则为本条第二项之规定。兹依次说明于下：

1. 关于得为强制履行之不得代替行为之执行。依执行名义债务人负有为一定行为之义务，而其行为又非他人所能代行者，债务人若不履行，自应实施强制执行，此项强制执行之方法计有下列二种：

A 先由执行法院预定一债务履行之期间（例如限令于一个月内履行），并宣示债务人若不在期间内履行时应负担一定数额之损害的赔偿，同时并可处该债务人以一千元之过怠金。此种执行方法乃一种间接的强制，既可使债权人对于因债务人不履行其义务所引起之损害获得补偿。在另一方面复可督促债务人使其从速履行义务，故对于使强制执行目的之实现颇为有效。此处所称之过怠金，既非与刑法上之罚金同其性质；然与行政法上之罚锾则仅名称上不同耳。按行政法上所称之罚锾，又曰执行罚，乃间接执行处分之一，谓不能适用代执行或虽适用而不能达到其目的时而向其征收之一定过怠金也。本条所称之过怠金虽亦系对于不履行时向其实施之一种制裁；然此则指对于懈怠过失者加以制裁时而令其负担之一定金额而言，其范围较狭；但严格论之，二者仅系用语上之差别耳。

B 即债务人本人不履行其义务时由执行法院径处以一千元以下之过怠金。如该债务人于被处之后仍不依照履行，本法既无不许再处过怠金之限制的明文，自可继续处以过怠金，以至于达到其履行之目的为止。

关于上述过怠金之科处，依照一般惯例，多以裁定为之（格式附后）。债务人对于此项裁定如不为遵行，则该项裁定亦得作为执行名义，由执行法院更为强制执行。

2. 关于不得为强制履行之不得代替行为之执行。按夫妻同居之诉，依吾国现行法例（民事诉讼法第五百六十四条）得向法院提起，盖夫妻在法律上本互负有同居之义务者也。如夫妻之任何一方不履行此项义务时，他方即得向法院请求为同居之行为，故在强制执行上亦属于行为请求权之执行。惟因是项同居系为不得代替之行为，故应在此处申论之。按近世各国之法律多以人身不得为强制执行之标的，法院虽已为同居之判决，而此项判决又系属于给付判决。然胜诉之一方仍均不得请求强制执行。故本条第二项亦特明定本条第一项之规定于夫妻同居之判决不适用之。盖依现行法例既不许以直接强制方法使夫妻实行同居，则关于本条第一项所定关于处债务人以过怠金或命债务人负担损害赔偿之间接强制执行方法，自亦不应准其适用。因此夫妻同居之确定判决除以和平方法勤加劝论，或使其自行调解外，别无其他任何执行方法可供适用。

除本条第一项第二项已见上述外，第三项复有关于交人之执行的规定。此种交人之债务，按诸人身既不得为强制执行之标的的原则而言，此项规定似与上述原则相反。关于此学者间之解释计有下列二种；其一谓此项交人之执行规定，系命令债务人履行一定之行为，即交人之行为既非以人身为强制执行之标的,更非为人身不得为强制执行之标的之原则的例外,故与此项原则并无抵触之处。其一则谓交人之执行,其目的在于保护年幼之子女及被诱拐之弱者而设,既不可使其准用对于动产执行之规定,故不得不另设规定,以为人身不得为强制执行标的之原则的例外。立法者复因其性质上颇与令债务人履行一定之行为相类似,故特于本条第三项内加以规定。二说各有理由,据余所信,应以第一说较为允当。

执行名义如系命债务人交出子女或被诱人者,此项行为亦非可以代替,依本条第三项之规定得予强制执行,其执行方法分为下列二种:

A 依照本条第一项之规定加以执行,即:

甲 由执行法院处债务人以一千元以下之过怠金,以强制其履行,或

乙 定一债务履行之期间及逾期不履行应赔偿损害之数额,向债务人宣示,并处债务人以一千元以下之过怠金,以强制其履行。

B 除依照上述之执行方法外,并得用直接强制方法(指用具体而有效的强制力而言)。将该子女或被诱人径行取交债权人领回。

在此处尚有一点应予说明者,即:所谓子女,自系指未成年之子女而言;至于被诱人则不论成年与否,只须系出于和诱或略诱均包含在内。

解释例

民国五年(1916年),统字第五一〇号:

结婚义务系属不可代替行为之性质,不能强制执行。

民国五年(1916年),统字五一一号:

误会夫亡改嫁者,夫还仍负有从前夫之义务,惟妻以改嫁之故对于前夫义断恩绝强不依从时,则结婚义务系属不可代替行为之性质,

自亦不能强制执行。

民国六年（1917年），十二月二十一日，大理院统字第七二三号：

查婚姻案件不能强制执行，执行衙门除传唤劝导外，别无执行方法。

民国十年（1921年），大理院统字第一六三一号：

交人义务非承继人当然承继，来函所述诱拐情形自难向承继人执行；但执行衙门为便利计尚得酌量情形办理。

民国十年（1921年），统字第一六三一号：

债务人之资力不能科以过怠金而又属实有履行之能力而故意不履行者，自不能适用拘押民事被告人暂行规则十一条予以管收。

民国十一年（1922年），大理院统字第一六八六号：

查过怠金之性质本为督促债务人之履行，若既处过怠金而仍不为一定行为，于法并无不得再处过怠金之限制。惟于赤贫无力而不能缴纳者，解释上尚难认有他项救济方法。

民国十八年（1929年），五月二十日，院字第九三号：

夫妇同居之确定判决不能强制执行。除以和平方法勤加劝谕，或使其自行调解外，别无执行方法。

民国二十年（1931年），三月二十三日，院字第四七六号：

按人身不得为强制执行之标的，故甲夫本于同居之确定判决请求执行。如乙妻坚拒同居，依民事诉讼执行规则第八十八条第二项之规定不能加以强制。该济良所所章谓非得本人同意不得由亲属领回，亦与此旨不相抵触。

裁判例

民国十六年（1927年），抗字第八八号：

关于婚姻之判决执行法院除劝谕履行外，殊不能以强制执行方法命其履行。

民国二十二年（1933年），九月十五日，抗字第三四〇号：

经理人就商号债权所负清理之责任，固仅在于催收而不为债务人代偿；惟债务人如即为经理人自身，则自己之债务自应并为清偿，其清理之责任方能谓为已尽，亦不得借口仅负清理责任即谓清偿自己债务不在其应为清理之列。

命　令

民国十一年（1922年），三月十日，司法部指字第二七〇〇号：

查民事诉讼执行规则第八十八条得处过怠金之规定，本为督促债务人之履行，应斟酌债务人之资力及一切情形而为适用。如债务人之资力及情形系处过怠金可收执行之效者，则既处一次过怠金之后，若仍不为一定行为，于法并无不得再处过怠金之限制。其赤贫无力之债务人，本无处过怠金之资力，自不得以此处分为强制执行方法。至在羁押之债务人已尽强制执行之方法，仍不为一定行为系确有绝对不可能之原因者，应向债权人详为晓谕，暂予保释，俟有可能执行之情形时，再为执行。

民国二十二年（1933年），司法行政部指字第八七五〇号：

附带民事判决交人案件，债务人若延不履行，可适用民事诉讼执行规行第八八条之规定办理。且债务人管收期满，如有管收之新原因亦得再行管收之。唯债务人如确有履行不可能之情形时，自应准予保释。又无论债务人是否有履行可能，如来呈所拟以债务人之费用登报，或其他方法悬赏使第三人报告，亦为便利执行之方法，自属可行。又劝谕两造和解亦属终结执行之方法。总之此类案件应如何处理方得达到判决目的，须审酌该案件具体之事实。执行人员职务所在，自应随时酌量情形，设法办理。

处债务人过怠金裁定

地方法院民事裁定（民国　　年度　　字第　　号）

裁定

债务人

　　上债务人因民国　　年度　　字第　　号与债权人　　为履行关于提出计算之义务执行事件，抗不遵判履行，本院裁定如下：

　　主文

　　债务人　　应处过怠金五十元，仍限于十日内向债权人　　提出计算书。

　　理由

　　按强制执行法第一百二十八条第一项规定依执行名义债务人应为一定之行为而其行为非他人所能代为履行者，债务人不履行时执行法院得处债务人以一千元以下之过怠金。本件债务人　　应向债权人履行提出计算书之义务，乃迭经本院派员前往执行，该债务人竟屡次避匿不出，复经以命令限期履行，仍借口数目复杂不易整理，要求债权人另聘会计师参加计算。似此一再延宕，显系故意规避，希图卸除责任，殊属不合，爰依上开法文，裁定如主文。

地方法院民事执行处
推事

中华民国　　年　　月　　日

第一百二十九条　执行名义系命债务人容忍他人之行为，或禁止债务人为一定之行为者，债务人不履行时，执行法院得拘提管收之，或处以一千元以下之过怠金，处过怠金时，并得因债权人声请命债务人提出相当之担保。

前项管收准用第二十四条至二十六条之规定。

本条为关于应为容忍之行为或不行为之执行的规定

所谓命债务人容忍他人之行为，乃指执行名义之内容系为命令债务人容许及忍耐他人所为之一定行为而言。例如：以确定判决命令债务人在其所有土地上有容许他人行使地役权之义务是也。所谓禁止债务人为一定之行为，乃以不作为为标的之债务。例如：以确定判决命债务人负有不在其所有土地上设有工作物之义务，以及如以确定判决禁止债务人使用某种商标等皆是。按现行民事法规，行为有积极行为与消极行为之分，积极行为系以作为为债务之标的，换言之：即以债务人之行为为强制执行之标的，此即前二条之规定。至消极行为则系以不作为为债务之标的，换言之：即以债务人之不作为为强制执行之标的。本条所称禁止债务人为一定之行为，自系指此而言。

按执行名义既系命债务人容忍他人之行为，或系禁止债务人为一定之行为，债务人如不为履行，即为应容忍而不容忍，（例如应容许债权人在其土地上享有地役权而竟违反义务并不容许债权人之享有其权利是。）或经禁止而不受禁止，（例如被禁止使用某种商标而不听禁止仍行继续使用是。）此时债权人苟非声请强制执行则其权益必不能得到保障，故本条特规定应由执行法院实施下列任何一种间接强制之执行方法：

甲　对债务人加以拘提管收　所谓拘提管收，业于本法总则章内第二十四条至第二十六条各条释义内叙明。本条所规定之拘提管收方法，自可准用该各条之规定。

乙　对债务人处以一千元以下之过怠金　所谓过怠金，其意义已于本法第一百二十八条释义内详加说明。惟科处过怠金时，为保证债务人此后之履行其债务起见，如经债权人提出声请（格式附后），则执行法院应命债务人提出相当之担保（命令格式附后）。此项担保之为人保、物保或为金钱保，均由执行法院酌量情形定之。

在此有一问题亟待研究，即在禁止债务人为一定之行为（即命为不行为）时，如该债务人业已有所作为，例如债务人负有不在其所有土地上设置工作物之义务而竟施此工作者，此际除采上述任何方法予以强制执行后，如该债务人并不将该工作物即行拆除，执行法院究应如何办理。依旧行补订民事执行办法第三十条第二项之规定，执行法院亦得以命令命以债务人之费用除去之，此于本法虽无明文，在解释上言，自亦可依照此项办法办理。

本条第一项所规定之管收，其详细办法在本法第二十四条至第二十六条内已有明文规定，故本条第二项特定明准用该三条之规定。

债权人为命债务人提出相当担保之声请书

声请人

为声请事：

　　窃声请人与债务人　　因民国　　年度　　字第　　号为禁止使用三角牌商标涉讼一案，业已确定判决并经　　钧院派员执行在案。讵该债务人不但不停止行使该项商标，且有扩充营业之举，殊属有意破坏国法。昨又经　　钧院以裁定处该债务人以五百元之过怠金，查该债务人屡次抗命，不法已极，为保证此后履行其义务起见，理合依强制执行法第一二九条规定，具状声请　　钧院，准予责令该债务人提出相当担保，以期贯澈本案强制执行之目的，不胜感激待命之至。谨状

地方法院民事执行处

具状人

中华民国　　年　　月　　日

命债务人提出三千元现款担保命令

地方法院执行命令（　　年度　字第　　号）

为命令事：

　　查本院执行民国　　年度　字第　　号债权人　　与债务人为禁止使用三角牌商标涉讼一案，该债务人屡次抗命，延不履行，嗣经本院以裁定处以五百元之过怠金在案。兹据债权人　　状称查该债务人屡次抗命，不法已极，为保证此后履行其义务起见，理合依强制执行法第一二九条规定，状请准予责令该债务人提出相当担保，以期贯澈本案强制执行之目的等语；前来，自应照准。除批示外，合亟依照上开条文规定，命该债务人提供三千元现款担保，限五日内缴案，不得有误，此令。

　　上命令债务人　　知照

　　　　　　　　　　　　中华民国　　年　　月　　日
　　　　　　　　　　　　　　地方法院民事执行处

第一百三十条　为执行名义之判决，系命债务人为一定之意思表示，而不表示者，视为自判决确定时已为其意思表示；但意思表示有待于对待给付者，自法院就已为对待给付或提出相当担保给予证明书时，视为已为其意思表示。

本条为关于以意思表示为标的之强制执行的规定

　　按关于以表示一定之意思为标的之强制执行，其本质原不得谓之强制执行，以其对于债务人并未尝施以强制处分故也。换言之：即在事实上并无强制执行之现象，故学者多称之为法律上之拟制。盖严格言之，强制执行应命债务人遵判履行一定义务，始与实际相符，否则如以法律上之拟制为之，揆诸强制执行之原则殊不相合；但有时如非采取拟制方法，实不足收简捷之效。故凡为执行名义之判决如系命债务人为一定之意思表示者，例如命债务人承认某种法律关系之成立或命其为其他意思之陈述时，苟债务人应为表示而不表示，则于该项判决确定时，应即视为该债务人业已为其意思表示，法院无须再为其他执行之行为。所谓视为该债务人业已为其意思表示，乃指凡因债务人之意思表示在法律上所应发生之一切效果于判决确定时即与已经发生相等，无需由法院再予以强制方法加以执行。

但于此尚有一种特别情形应加注意，即意思表示有待于相对方之对待给付者，（在双务契约中甲方负有履行某项义务时，乙方对之亦须有为对价之给付，此项给付，称曰对待给付。）即债务人须已受对待给付之后，始应为一定意思表示之场合，自法院就该债权人已为对待给付或已提出相当担保而给予证明书时始视为该债务人业已为其意思表示，法院即无须再为其他执行之行为，盖法院对于证明书之给予，须执行债权人证明其已履行对待给付之义务或已提供相当担保始得为之。此种证明书之给与即证明该执行债权人业已尽其为对待给付之义务，而债务人方面即应视为已为其意思表示矣。

第一百三十一条 关于继承财产或共有物分割之执行，执行法院应将财产总额核算分配，并给与分得部分之权利移转证书。

前项分配于必要时得命鉴定人鉴定之。

本条为关于继承财产或共有物分割之执行的规定

继承财产依民法第一千一百四十七条之规定因被继承人死亡时而开始，于开始后无须经过执行程序，继承人即取得继承之权利。惟继承人有数人时，往往有因分割发生争执而致涉讼，经裁判或成立审判上和解而始获得执行名义者，此际即有实施强制执行之必要。至关于共有物之分割，在民法第八百二十四条设有规定，即除依共有人协议之方法行之外，如属不能以协议决定之者，法院得因任何共有人之声请命为原物分配或换价分配或以金钱补偿，并应以裁判方式为之。此项裁判于确定后即为执行名义，当事人如不履行，自亦应认为有强制执行之必要。本条之设，即为关于上述继承财产及共有物之强制执行之方法的共同规定。此种执行方法可分为下列二种步骤：

第一，将财产总额核算分配　即将被继承人或共有人之全部财产的数额核算清楚，然后依照裁判所确定之比率使继承人或共有人实受分配。例如：继承财产或共有财产，其全部数额先经核算为土地六百亩共值六万元，按照执行名义所载应由继承人甲乙或共有人甲乙各分得二分之一，按此比率即各分得三百亩值三万元是。

第二，将分得部分之权利移转证书分别给与之。所谓权利移转证明书，乃指由执行法院所作成关于各继承人或各共有人所分得财产部分之权利移转的证明书面（格式附后），内应记载所分财产种类及其部分之权利的移转。依此项证明书之给与，继承人或共有人即当然取得其受分部分财产之专有权利。

关于上述权利移转证书之给与，依法应有权利证明书据以凭移转，故于给与分得之权利移转证书以前，应先命债务人（指被继承财产之管理人及各共有人）交出证明权利之书据。此项书据范围颇广，惟自一般情形言之，例如债权人（即各继承人或各共有人）应行分割者为土地房屋等不动产，则关于证明该项房地权利之契据、凭单、粮串以及领照登记证书等文件，自均在应行交出之列。万一债务人不遵照交出时，执行法院自得酌量情形准用本法第一百零一条之规定运用其强制力，勒令将该书据等交出，若不能交出，并得以公告方法宣示该未交出之书据无效，俾免日后发生意外之纠纷。

按继承财产或共有物，有时恒因种类复杂，数额繁多，执行法院复因公务频烦，无多余暇从事核算及分配工作，此际非另行由具有专门智识技能之人为之不可，此本条第二项之所以设有关于"于必要时得命鉴定人鉴定之"之规定也。

解释例

民国六年（1917年），大理院统字一五四号：

按族中公共祠产当其设置之初，原以永供祠堂祭飨或其他族中公用为一定之目的，与寻常之共有物自难相提并论。故在未经公同议定废止以前，不得由族人私擅处分，亦不得因族人负有债务之故，即由执行衙门施行查封拍卖等处分，以之抵偿。

命　令

民国二十一年（1932年）一月三十日，司法行政部指令第一四一三号：

查法院缮制移转书据如系关于继承或共有物分析之执行，依民事诉讼执行规则第九〇条之规定作成者。若再征收费用未免有重征之嫌，应毋庸议。至依该规则第七十二条制作之书据，如系发给第三人者应准援例办理。

分析遗产证明书

地方法院证明书（　　年度　字第　　号）

为发给证明书事：

查本院执行民国　　年度　字第　　号林阿一与林阿二因分析遗产涉讼一案，前据林　　状请执行，业经本院将财产总额核算分配在案。计林　　应分得坐落　　路房屋一所，田地五十亩。除令饬林阿

二将上开房地契据缴案发给林阿一具领外,特依强制执行法第一三一条规定填发证明书,并记明下列事项俾便管业:

计开:

一　财产种类处所数量及其他

(甲)坐落　　路　　里第　　号房屋一所连同基地;

(乙)　县　　处田地五十亩。

二　附发契据件数

(甲)房屋红契一纸,上手老契三纸;

(乙)田地管业契一纸,老契四纸。

上给林阿一　收执

中华民国　　年　　月　　日

地方法院民事执行处

分析共有物证明书

地方法院证明书(　　年度　　字第　　号)

为发给证明书事:

查本院执行民国　　年　　字第　　号郑往清与郑得裕因分析共有物涉讼一案,业经本院于民国　　年　月　　日当庭和解成立,并分发笔录在案。其和解内容为郑往清分得共有物三分之二,郑得裕分得三分之一。嗣据郑往清状请执行前来,经本院将共有物总额核算,共田地四百亩,房屋二所,该郑往清应分得田地四百亩,该郑得裕应分得房屋二所。经两造及关系人承认并经记录在卷。除令饬将上开各房地有关契据分别交各该分得人收执管业外。特依强制执行法第一三一条规定,分别填发证明书,并记明下列事项,以便分别管业:

计开

郑往清分得财产：
一　财产种类处所数量及其他
坐落　　县　　乡第　图田地四百亩
二　附发契据件数
计发田地管业契　　纸老契　　纸
上给郑往清　收执

　　　　　　　　　　中华民国　　年　　月　　日
　　　　　　　　　　　地方法院民事执行处

第七章 假扣押、假处分之执行

（第 132—140 条）

关于假扣押与假处分之意义，已于本法第四条释义内说明，不再赘述。二者之目的虽同为保全强制执行并非为强制执行之实施，换言之：即为权利实行之保全方法并非执行其物之方法。然二者仍不可相混，兹举其异点于下：

1. 请求之原因不同。请求假扣押之原因系为金钱之请求或得易为金钱请求之请求。请求假扣押之原因则并不以支付金钱为目的。

2. 物体不同。假扣押之物体系有体物及财产权。假处分之物体除有体物财产权以外尚有作为与不作为。

3. 方法不同。假扣押之方法乃对假扣押之物体以保全强制执行为目的而禁止债务人行为。假处分之方法，有禁止债务人行为者，有命令债务人行为者，且有同时命令及禁止其为某行为者。

4. 声请之当事人不同。假扣押乃由债权人声请。假处分则有时由债权人声请，有时债务人或第三人亦有声请之权。

5. 假扣押之声请得向本案法院或向假扣押标的（物体）所在地之第一审法院为之。假处分之声请在原则上须向本案法院为之，惟于急迫情形始得向标的（物体）所在地之第一审法院为之。

6. 假扣押裁定，不论由标的所在地之第一审法院或由本案法院为之，即行发生效力。假处分裁定，如由标的所在地之第一审法院为之者，同时应定期间命债权人向本案管辖法院请求假处分之当否更为裁定。

7. 假扣押裁定应记明债务人因停止或撤销假扣押应供担保之金额。假处分裁定则绝对不载此事。

8. 假扣押裁定如仅由债务人陈明可供法院所定之担保，即可撤销。假处分裁定则除供担保外，尚须有特别情事始可撤销。

关于假扣押及假处分之声请、裁判及其效力并撤销等均由民事诉讼法特别诉讼程序内加以规定，本法则仅就其执行程序设有明文耳。按假扣押及假处分之执行，乃指对于法院依法所为关于假扣押及假处分之裁定予以强制执行而言，凡关于假扣押假处分之执行程序的实施，均依本章之规定，计共九条，即自第一百三十二条起至第一百四十条止，兹逐一释述于下：

第一百三十二条 假扣押或假处分之执行，应于假扣押或假处分之裁定送达后，立即开始，或与送达同时为之。

本条为关于假扣押或假处分之执行之开始的规定

依本法第五条但书之规定，假扣押假处分之执行应依职权为之。所谓应依职权为之，乃指毋须经债权人之声请执行法院应依其职权开始实施执行之程序而言。盖假扣押与假处分均系以保全日后之强制执行为目的，即对于债权人之请求的标的物恐于日后有减损、灭失或变更之虞，始实施之也。若必待该假扣押或该假处分之裁定送达后，再经债权人之声请始开始执行程序，则无以贯澈其目的，必可断言，故本条特明定应于下列情形开始执行：

1. 于裁定送达后立即开始。按法院对于假扣押所为之裁定，不论曾否宣示，均应依职权送达于债权人与债务人，此就民事诉讼法第五百二十四条第一项之规定，可由其反面推知之。惟此项裁定如为驳回债权人之声请者,虽无所谓开始执行之问题,然仍不可不依职权送达于债权人。如该裁定系为准许债权人所为之声请,则非依职权送达于双方当事人不可,盖于送达后双方当事人均有提起抗告之权故也。惟此项抗告在原则上并无停止执行之效力(参本法第十八条释义)耳,因之是项裁定应于送达后立即开始执行,此其一。假扣押或假处分之执行的目的,不过为一时防止债务人对其财产等之处分或利用而已,因之是项裁定应于送达后立即开始执行,此其二。假扣押或假处分之目的纯为保全日后之强制执行,如须于该项裁定确定之后始开始执行程序,则债务人必将有减损灭失或变更执行标的物之机会,殊无其他方法加以预防,故本条特定于裁定送达后应立即开始执行,此其三。

2. 与送达裁定同时开始。假扣押或假处分之裁定既不待其确定,即有执行力,已如上述,然立法者犹恐于该裁定送达后立即开始执行之规定不足以贯澈保全日后强制执行之目的,故更进而明定或与送达同时为之。

解释例

民国十年(1921年),统字第一四六九号:

假扣押假处分之声请由审判厅以决定审判之,强制执行事务由民事执行处依声请或以职权行之。

民国二十年(1931年),二月二十五日,院字四四七号:

假扣押假处分系保全程序,只须合于假扣押假处分之条件,即可依法声请,与当事人间争执之法律关系别为一事,毋须先经调解程序。

裁判例

民国六年(1917年),大理院抗字第一六〇号:

假处分之声请乃于起诉前或起诉后预防讼争物现狀变更,日后不能执行或执行困难之方法，故经判决确定之件即可请求强制执行，无复主张假处分之余地。

民国十四年（1925年），大理院抗字第一九〇号：

为保全金钱请求之强制执行，仅得声请假扣押，而不得声请假处分。至于假扣押之标的物于实施扣押后，如欲更行变卖以供清偿，则应依据假执行程序，亦不得更用假处分程序。

民国二十一年（1932年），六月十五日，抗字第四九九号：

假执行之宣示与保全程序之假扣押不同。假扣押之执行只须就假扣押之标的实施假扣押，而假执行之执行则应依照宣示假执行之裁判主旨强判债务人遵判履行，非债务人提供担保所可免其义务。至原判决所引用之民事诉讼条例第四百六十四条第二项关于法院得依债务人之声请宣示准债务人预供担保，或将请求之标的提存而免假执行之规定，系指法院为假执行之判决时，得依债务人之声请，同时并为准免假执行之宣示，并非谓对于未为此种宣示之假执行判决，亦可因提供担保而免其执行。

民国二十二年（1933年），抗字第七七号：

假扣押非有日后不能强制执行或难于执行之虞等情形不得为之。若仅有人对于已经登记之抵押权予以否认，尚非执行困难之原因，因抵押权登记后，即有对抗第三人之效力，果系确有抵押权并无其他执行困难之原因，仍无假扣押之必要。

民国二十二年（1933年），三月二十三日，最高法院抗字第三三三号：

假扣押之裁定，虽经债务人提起抗告，并不停止执行。

民国二十二年（1933年），最高法院抗字一三四六号：

假扣押原以限制债务人私行处分其财产，而为保全将来判决确定后之强制执行。

命　令

民国二十五年（1936年），二月五日，司法院指字第七二号指令：

对于官吏舞弊侵占或亏欠公款案件，行政官署向该管法院声请假扣押时，如已将请求及假扣押之原因释明，即无须提供担保，法院于命为假扣押后，并应查照补订民事执行办法第三十一条立即执行。

第一百三十三条　因执行假扣押收取之金钱，及依分配程序应分配于假扣押债权人之金额，应提存之。

本条为关于假扣押金钱之提存的规定

所谓提存，在民法债篇内，乃为债之消灭原因之一种，即清偿人以消灭债权为目的，将给付物寄托于清偿地之提存所或依该地初级法院之命令将该物寄托于指定处所之行为。惟提存在一般惯例，多由法院指定一定机关以供寄托及保管给付物之用。列国立法例常有关于提存之特别法规，我国近亦有提存法之制定，业经闻立法院通过并由国府正式颁行，此后全国各地方法院均将附设提存所，办理提存事宜。凡依法令应行提存之金钱、有价证券或其他物品以及诉讼保证金及担保物品，均应向提存所提存之，然后再由有领取提存物权利之人向该所依法提取，以清手续而免纠葛。至于目前关于提存办法仍多由各地法院暂行制定，以资适用。

本条所规定应行提存之金钱计分下列二种

一　因执行假扣押所收取之金钱　执行假扣押之标的物系限于金钱之请求或得易为金钱请求之请求，故对于该项金钱于执行假扣押后所收取者，应予提存。盖假扣押为保全日后强制执行方法之一，并非使债权人立即满足其私权之要求，如将所收取之金钱径予交付于债权人，是与保全强制执行之目的相反，殊非法律所许。况债权人于声请为假扣押之执行时，尚未获得执行名义，实无受领因执行假扣押所收取金钱之根据，故本条特定应提存之。

二　依分配程序应分配于假扣押债权人之金额　关于分配程序为本法第三十一条至第四十一条所规定，假扣押债权人如依照分配程序应行分得之金额，在本案诉讼未确定判决前，则该扣押债权人之执行名义仍未取得，以无执行名义之假扣押债权人自不得径行具领该项应行分配之金额，故是项金额亦在应行提存之列。

第一百三十四条　假扣押之动产如有价格减少之虞，或保管需费过多时，执行法院得因债权人或债务人之声请，或依职权定期拍卖，提存其卖得金。

本条为关于假扣押之动产之拍卖的规定

假扣押之标的物如为动产，亦因假扣押之目的在于保全日后之强制执行，不得于扣押后即时实施拍卖，仍须待假扣押债权人于日后取得强制执行名义时，执行法院始可再以因假扣押所为之查封等为其基础而续行拍卖等行为；但有下列情形之一时，则为例外：

1. 假扣押之动产如因保管日久而恐其价格有减少之虞者。所谓因保管日久而恐其价格有减少之虞者，例如：对于有市价之动产因久最不予拍卖，则于日后实施拍卖时其价格必有减少之可能，是于执行当事人双方必生无谓之损失。为顾全当事人之利益起见，自可提前将该项动产实施拍卖。

2. 假扣押之动产如因保管以致需费过多者。例如对于假扣押之动产在贮藏时须过分之费用，如仍继续加以保管则于当事人不特毫无实益，且反为有损，与其续行保管以待假扣押债权人之获得执行名义而实施执行程序，毋宁径行定期拍卖之为愈。

遇有上述二种情形时，执行法院之得为指定日期实施拍卖，或基于债权人之声请或基于债务人之声请（格式附后）均无不可。即非出于当事人之声请而系由该执行法院自身依职权为之，亦为本条所准许。惟此处应注意者，即于实施拍卖后绝对不得将该卖得金径交假扣押债权人收受而应依法提存于指定机关，以待将来强制执行之用。

解释例

民国十九年（1930年），十一月三日，院字第三六二号：

如果假扣押之物，价格有减少之虞，于将来执行恐生影响者，得因声请将其物拍卖，由假扣押之法院提存卖价。

债权人声请拍卖假扣押动产书状

声请人

为声请准予将假扣押动产定期拍卖，提存卖得金以保债权事：

窃声请人被债务人　　拖欠款洋一案，曾蒙　　钧院准予将该债务人所有畜养雄狮一只实施假扣押在案。兹因该雄狮性情凶暴，食量巨大，如依法予以保管，需费过多。倘再继续时日以待法院为本案之裁判，殊于声请人不利。为此理合依据强制执行法第一三四条规定，具状声请　　钧院鉴核，准予将该雄狮定期拍卖，提存卖得金以保权利，实为德便。谨状

地方法院民事执行处

具状人

中华民国　　年　　月　　日

第一百三十五条　对于债权或其他财产权执行假扣押者，执行法院应准用第一百一十五条及第一百一十六条之规定，分别发禁止处分清偿之命令。

本条为关于对于债权或其他财产权执行假扣押之规定

所谓债权或其他财产权，乃指下列三种而言：

1. 债务人对于第三人之金钱债权。（参本法第一百十五条之规定）
2. 债务人基于债权或物权得请求第三人交付或移转动产或不动产之权利。（参本法第一百一十六条之规定）
3. 债务人所有前二种以外并非系动产及不动产所有权之财产上权利。（参本法第一百一十七条之规定）

凡对于上述权利为假扣押之执行时，其目的当然亦在于保全日后之强制执行，故执行法院仅可分别情形颁发禁止债务人为任何处分行为之命令（格式附后），同时并得另以命令（格式附后）禁止第三人向债务人履行清偿义务。至于收取命令或转付命令之颁发，因债权人并不能因假扣押而立即取得该项债权或财产权，故应在绝对不许之列。在此应注意者，即执行法院颁发禁止命令时，仍应准用本法第一百、十五条及第一百、十六条之规定，以本条与该二条之规定颇相近似故也。

禁止债务人为处分行为之命令

地方法院执行命令（　　年度　字第　　号）
为命令事：
　　查债权人　　与该债务人　　因货款涉讼，声请就该债务人对于第三人　　之金钱债权为假扣押一案，业经本院民事庭照准在案。兹已移送本处执行，除以命令禁止第三人向该债务人私自履行清偿外，合亟以命令禁止该债务人为任何处分之行为。不得有违，特此命令。

上命令债务人　　知照

中华民国　　年　　月　　日

地方法院民事执行处

禁止第三人向债务人履行清偿义务命令

地方法院执行命令（　　年度　字第　　号）

为命令事：

查债权人　　与债务人　　因货款涉讼声请就债务人对于该第三人　　之金钱债权为假扣押一案，业经本院民事庭照准在案。兹已移送本处执行，除以命令禁止债务人　　为任何处分之行为外，合亟命令禁止该第三人嗣后向债务人私自履行清偿义务。不得有违，特此命令。

上命令第三人　　知照

中华民国　　年　　月　　日

地方法院民事执行处

第一百三十六条　假扣押之执行除本章有规定外，准用关于动产不动产执行之规定。

本条规定假扣押之执行准用关于动产不动产执行之规定

假扣押之执行与对于动产或不动产之执行，在程序上多有相同之处，除因其裁定之内容稍有差异在本章另设有特别之规定以资适用外，自应准用关于动产不动产之规定，姑举数例于下：

1. 对于假扣押物依查封程序为之。查封时得检查启视债务人居所、住所、事务所、仓库、箱柜及其他藏置物品之处所,查封时如债务人不在场,应命其家属或邻右之有辨别事理能力者到场,于必要时得请警察到场,如遇有抗拒得请警察协助。

2. 实施假扣押时,其效力及于假扣押物之孳息。

3. 实施假扣押时,在原则上应酌留债务人及其家属二个月间生活所必需之物,同时对于某种日用品及其他一定物品(如遗像、墓碑等)亦不得予以假扣押。又在时间上如休息日及日出前日没后亦以不许实施假扣押为原则。

4. 实施假扣押时亦不得超过必要之限度,即对于假扣押之物之价格苟已足敷清偿债权之用时,不可不停止对于其他物件之假扣押。

5. 已为假扣押执行之不动产,执行法院得许债务人于必要范围内管理或使用之。至于该项已被假扣押不动产之保管或管理,执行法院亦得交由自治团体、商会或同业公会为之。

裁判例

大理院八年(1919年),抗字第三五五号:

第三人对于假扣押之标的物,如有所有权或其他足以阻止物之交付、或让与之权利,尽可由该第三人提起执行异议之诉,或另件诉讼,要非债务人所得借口抗拒。

民国二十一年(1932年)二月四日,抗字第七七号:

假扣押为保全强制执行而设,其假扣押之范围,自不能超过应执行之范围。

民国二十一年(1932年)十月十三日,抗字第一〇八七号:

债权人就其未到期之请求,亦得为假扣押之声请。至民事诉讼执行规则第二十条乃为关于强制执行之规定,于假扣押之执行时始准用之,而其所谓职业所必要之器具物品不得查封者,系以必要者为限,非谓关于职业上之一切器具物品概不得查封。

民国二十二年(1933年)一月二十五日,上字一六九号:

(一)典权得为假扣押标的在法律并无疑问。(二)执行假扣押时须查封所典房屋亦属执行程序当然之事。

民国二十二年(1933年)一月三十日,上字第四〇一号:

第三人对于假扣押之不动产有抵押权时,虽就该不动产之卖得价金有优先受偿之权;但不得禁止他人就该不动产为假扣押。

民国二十二年(1933年)三月二十三日,抗字第三三四号:

假扣押为保全将来强制执行而设,应以足供将来执行之相当财产为已足,其有抵押权之债权,如抵押之财产已足供将来执行,自不得更就债务人其他财产为假扣押。

民国二十二年(1933年)八月八日,抗字第一〇七号:

假扣押裁定虽非第三人所得声请撤销,而第三人对于假扣押之标的物如主张有足以妨止其让与或交付权利,自得于执行终结前对债权人及否认其权利之债务人提起异议之诉。

民国二十二年(1933年)八月十二日,抗字第一二一号:

请求及假扣押之原因,不问已否释明,法院得命债务人供担保后为假扣押。此种命债权人供担保之假扣押裁定,依民事诉讼法第四九四条第一项毋庸送达于债务人,其旨趣不外此假扣押既命债权人供有担保,即令假扣押不当,而债务人亦不至有受损害之处。

民国二十三年(1934年)一月二十四日,抗字第一五〇六号:

假扣押非有日后不能为强制执行等情形不得为之,若扣押债务人之一部财产已足清偿债权人而有余,即无将债务人全部财产一并予以假扣押之理。因假扣押制度为保护债权人之债权得受清偿而设,其实施假扣押时自不能不以债权之数额为限。

命　令

民国二十二年（1933年）十二月十四日，训字第三九三一号：

　　查声请假扣押依民事诉讼法第四九〇条第三项之规定，其系向本案管辖法院以外之第一审法院（即假扣押之标的所在地之法院）为之者，固须表明假扣押之标的，而法院为假扣押裁定时，亦须将应行假扣押之物或权利于裁定内记明。且执行时应仅就该财产为假扣押，若债权人系向本案管辖法院声明者，则依法本毋庸指明假扣押之标的。纵经债权人指定法院为假扣押裁定时，亦毋庸在假扣押裁定内记明，只须记载就若干之请求金额或价额得行假扣押为已足。有此裁定债权人即得对于债务人之任何财产声请执行假扣押，是以法院在裁定之先，不应从事于债务人财产之调查。近查各法院办理假扣押事件，往往不明斯义，由本案管辖法院受理声请者，动辄一再调查债务人之财产，徒稽时日，既使债务人得有隐匿财产或处分财产之机会，而于假扣押之执行亦多窒碍。

民国二十四年（1935年）二月五日，指字第二二八四号：

　　查办理民事诉讼案件应行注意事项第六十三项规定，本案管辖法院为假扣押裁定者，毋庸将假扣押之标的，即应行假扣押之财产记载于裁定中，而得据该裁定时对于债务人之一切财产执行假扣押等语，其所谓一切财产，非必定作全部财产解释，依本部二十二年（1933年）十二月十四日第三九三一号通令（文见前项），并可解为任何财产意义，与最高法院二十三年（1934年）度抗字第二九号裁定内，假扣押之标的限于债权人所指定范围一语并无抵触，应即查照上开本部通令并参照二十三年（1934年）一月二十四日最高法院抗字第一五〇六号裁定（文见本书第四九二页）办理。

第一百三十七条 假处分裁定应选任管理人管理系争物者，于执行时法院应使管理人占有其物。

本条为关于假处分之执行时对于系争物之占有的特别规定

按假处分并不以支付金钱为目的，而系就金钱以外之请求为预防其现状之变更以保全其强制执行为目的而设。在广义方面言，乃合关于系争物之假处分与关于系争法律关系之假处分而言。前者例如于土地所有权未经确定前暂时禁止当事人在其上建筑房屋是；后者例如夫妇关系未经判决前禁止夫权之行使是。狭义之假处分则仅指系争物一项而言。我国现行民事诉讼法系采广义之假处分，本法自亦不能例外。本条即为关于系争物所特设之规定。

凡在诉讼关系中之争执标的物，称曰系争物，例如双方对土地所有权涉讼时，该项土地即为系争物，此际如债权人依法向法院声请为假处分之裁定，法院于为许可假处分之裁定，如认为有选任管理人对该项系争土地予以管理之必要者，自应于裁定内载明，令将系争土地移转于管理人。苟债务人遵照裁定意旨办理，自无执行问题之发生，否则为达到假处分之以保全日后强制执行为目的，执行法院即应就债务人对该系争物之占有加以解除，而使管理人占有其物。换言之：即由执行法院实施强制力使债务人将对该系争物之占有移转于管理人之谓也。

此处尚有一点亟应注意，即以系争物为目的之假处分，乃在禁止债权人及债务人双方对该系争物行使任何权利，与假扣押之仅在禁止债务人之从事于其权利的行使者不同。盖在假扣押之标的物，假扣押债权人对之本无何种权利；但在假处分之系争物究属于假处分债权人所有，抑系属于假处分债务人所有，在判决未行确定以前犹在不明之状态中。故非禁止双方行使其所主张之权利殊不足以达到假处分之目的。因之在为假处分裁定时实有选任第三人为管理人以管理系争物之必要，而债权人或债务人之不得被任为管理人，自不待言。

裁判例

民国四年（1915 年），大理院抗字第一四〇号：

假处分之管辖审判衙门选任管理人时，固得以职权就当事人两造或一造所推举之人或于两造所推举之人以外自由选任；惟当选任之时必须先调查其是否有管理之实力，及是否能为公平之管理，始不致妨碍当事人两造之利益。

民国二十一年（1932 年），最高法院抗字第三七号：

假处分应选任管理人时，其管理人人数及选任何人，法院自得酌量定之，非当事人所得任意指摘。

第一百三十八条 假处分裁定系命令或禁止债务人为一定行为者，法院应将该裁定送达于债务人。

本条为关于假处分裁定之送达的特别规定

按本法第一百三十二条规定假扣押或假处分之执行，应于假扣押或假处分之裁定送达后，立即开始或与送达同时为之。此系一种关于假扣押及假处分执行之开始的一般规定。其最大目的在于防止执行标的物之减损灭失或有变更现状之虞。本条之规定虽亦为与该条所称"与送达同时为之"有关，惟其目的则系对于为假处分裁定同时即为假处分之执行的特别规定。盖假处分裁定如系命令债务人为一定行为，例如：令该债务人给付扶养费之假处分裁定是，又如假处分裁定为禁止债务人为一定行为时，例如：禁止该债务人于债权人土地内建筑工事之假处分裁定是。此二种裁定在原则上言固系自有其裁定之日起,即已有其执行力;但本条则明定法院应将该裁定送达于债务人者,以其须待裁定书送达于债务人时,债务人始有遵照裁定意旨之机会也。至于送达后,毋庸更为其他执行手续,则不外在于使强制执行能收简捷迅速之效。

惟于此时既不采用其他执行手续,则一般债务人恒有不肯履行者。为保护债权人之利益并为贯澈假处分之裁定起见,殊有实施其他处分之必要。例如假处分裁定系命令债务人给付扶养费于债权人,在裁定送达后,债务人并不履行给付义务,是该项假处分之目的未达,此际执行法院即可进而查封债务人财产以便依法将拍卖所得之卖得金拨充为扶养金以给付于债权人。又例如假处分裁定系禁止债务人在债权人所有土地上建筑工事,债务人苟于该裁定书送达后仍继续建筑工事时,是与假处分裁定所揭之意旨亦属相反,此际执行法院自亦可令其除去之。凡此本条虽无明文,在实际上固应作如是解释也。

裁判例

民国十三年(1924年),大理院抗字四〇四号:

凡某种法律关系具有继续的性质,例如通行权、占有状态、扶养义务执行业务之权利、使用商标之权利等,而于当事人间已成为争执或已为他造侵害,苟非依假处分以定其暂时状态,则必至日后受重大之损害,或现时受急迫之强暴。故当事人苟能释明此等原因事实,依法声请,而经法院本其自由意见认为实有必要者,即得命为假处分,以定暂时状态。

民国二十二年(1933年),抗字第一〇九九号:

所谓争执之法律关系有定暂时状态之必要者系指因避重大之损害或因其他情事有就争执之法律关系定其暂时状态之必要者而言。此种情事即为假处分之原因。应由声请假处分之人提出相当证据，以释明之。苟无此种情事，即无就争执之法律关系定其暂时状态之必要。

第一百三十九条 假处分裁定系禁止债务人设定、移转或变更不动产上之权利者，法院应将该裁定揭示。

本条为关于假处分裁定之揭示的特别规定

本法第十一条为关于财产权之取得丧失或变更依法应行登记者，在实施强制执行时，执行法院应向各该管登记机关负通知职责以便登记其事由之规定。故假处分裁定如系禁止债务人设定移转或变更不动产上之权利者，自亦应依照该条规定由执行机关通知该管登记机关登记其事由，此殆为因我国现行关于不动产物权之法规。系采用登记要件主义（民法第七五八条）之结果；然此项假处分裁定，既在于禁止债务人设定移转或变更不动产上之权利，则虽经依法登记，苟不使第三人有知悉已有假处分事实之机会，则如有不肖债务人并不遵照裁定意旨，而仍与善意第三人为设定移转或变更该不动产上之权利的行为，是假处分裁定之目的，仍无法求其贯澈。故法院为此假处分裁定时除应通知登记机关登记（格式附后）其事由，并依前条（即第一百三十八条）规定送达于债务人外，并应以公告方法将该裁定揭示（格式附后）。揭示时于揭示牌上为之或粘贴于该不动产之门壁上或特备之木牌上，均无不可。如当地有新闻报纸时，自亦可登载于该报之公告栏内，务使公众周知。

上述裁定既经揭示，该项假处分即为执行。如第三人（不问出于善意或出于恶意）仍与债务人为设定移转或变更该项不动产上之权利的行为，在法律上当然不生任何效力。而该债务人即应认为有本法第二十二条第一项第三款之情形，执行法院应命其提出担保，无相当担保者即得加以拘提管收。

通知登记机关为假处分裁定之登记公函

地方法院公函（第　　号）

径启者：

　　查债权人　　为确认坐落建华街第　　号房屋一所所有权声请假处分事件，业经本院依法以裁定禁止该债务人为该所有权之移转在案。除将该裁定送达于债务人令饬遵照并揭示布告外，合亟检同该项假处分裁定书一份，送请贵　　依法登记，为荷。此致

　　登记机关

　　计送假处分裁定书一件

中华民国　　年　　月　　日
地方法院民事执行处

为禁止债务人移转房屋所有权之假处分裁定时布告式

地方法院布告（第　　号）

为布告事：

　　查债权人　　与债务人　　为确认坐落建华街第　　号房屋一所所有权声请假处分事件，业经本院依法以裁定禁止该债务人为该所有权之移转，并令饬遵照在案。嗣后该债务人对于上开房屋所有权在本件诉讼判决确定前，不得与第三人为移转或为其他处分行为，恐未周知，特此布告。

中华民国　　年　　月　　日
地方法院民事执行处

第一百四十条 假处分之执行除前三条规定，准用关于假扣押执行之规定。

本条规定假处分之执行准用关于假扣押执行之规定

假处分之标的与假扣押之标的虽各有异；然二者均为保全日后之强制执行而设。故其执行程序，除因在性质上略有区别外，其他大致相同，故本条特明文规定假处分之执行除于前三条设有特别适用条文外，准用关于假扣押执行之规定。依此解释：

第一，假处分裁定之内容如为第一百三十七条至第一百三十九条所特举之性质时，其执行方法自应遵照该三条之规定分别办理。

第二，其他关于假处分之执行程序均准用本法关于假扣押执行之规定。

第三，假扣押之执行依本法第一百三十六条之规定，除本章（即第七章）有规定外，准用关于动产不动产执行之规定，故假处分之执行自亦准用关于动产不动产执行之规定。

第八章　附则

（第 141—142 条）

法典之有附则，其作用通常在于补充与解释，本章之附则极为简单，仅为关于本法之适用效力与其施行日期之规定。计共二条，即自第一百四十一条起至第一百四十二条止。

第一百四十一条　本法施行前已开始强制执行之事件，视其进行程度，依本法所定之程序终结之，其已进行之部分不失其效力。

本条为关于本法之适用效力的规定

法律之效力，以不溯既往为原则，即法律仅适用于该法有效后发生之事项，而不得溯及其效力于施行日以前所生之事项者也。本法亦采此不溯既往之原则，盖强制执行事件既受旧法之支配而发生一定之效果，若忽使其变更适用新法，必生种种不便，故不特前此所进行之程序须全予废弃，即社会之秩序亦将因而紊乱。本条因特采取不溯既往之原则，以明文规定：凡在本法施行以前业已开始强制执行之事件，视其进行程度，依本法所定程序终结之。换言之：即依旧法所规定业已开始进行之程序仍为有效。其未进行之部分，于本法施行之日起依照本法所规定之程序继续进行。以至于终结为止也。

第一百四十二条　本法自公布尔日施行。

本条为关于本法施行日期之规定

通常法律均定有公布与施行之距离期间,盖使人民有周知法律内容之机会也。故公布之日与施行之日并不相同,此项自公布以至于施行之日,谓之周知期间。关于此种立法例,学者称之曰异时施行,至于与公布尔日起施行者,则称曰同时施行。本条之规定乃采同时施行立法例,即定明为自公布尔日施行,换言之:即以公布之日为施行之日期也。

附 录

一 民事诉讼执行规则

要 目

第一章 总则
第二章 动产执行
第三章 不动产执行
第四章 其他执行
第五章 假扣押假处分及假执行
第六章 附则

民国九年（1920年）八月三日北京政府司法部令公布，十四年（1925年）一月二十三日及十一月四日北京政府司法部令修正，依十六年（1927年）八月十二日国民政府令暂准援用。

第一章 总则

第一条 地方审判厅设民事执行处，办理关于强制执行事务。

第二条 民事执行处置推事、书记官，承厅长之指挥命令，督同承发吏实施强制执行事务。

第三条 关于强制执行之命令，以厅长名义行之。

第四条 强制执行事务，由民事执行处，依声请或以职权行之。

民事案件判决确定后，本厅审理各庭，应将判决正本移付民事执行处。应为强制执行事件，民事执行处接到判决正本或声请书后，应即实施强制执行；但执行推事于执行事项及其范围遇有疑义时，应调阅诉讼卷宗。

民事案件在审判衙门和解终结者，民事执行处得依声请实施强制执行。关于假扣押、假处分、假执行之命令，亦由执行处执行之。

第五条 有回复原状之声请及再诉之声请时，不停止强制执行；但审判衙门因必要情形，以职权或因声请命当事人提出相当确实保证而为停止强制执行之制裁者，不在此限。

当事人对于前项裁判，不得声明不服。

第六条 执行案件有调查之必要时，除责令胜诉人调查报告外，得由民事执行处推事或书记官亲往。

第七条 债务人如实无财产可供执行，或执行后所得之数不足清偿债务者，债权人如予同意，得令债务人写立书据，俟有实力之日偿还。不同意时，限于三个月内，依照前条规定续行调查。若查明实无财产或债权人到期故意不来案报告，可由厅发给凭证，交债权人收执，俟发见有财产时再予执行。

第八条 执行之费用，以必要部分为限，归债务人负担。并应与执行之债权同时收取。

第九条 当事人或利害关系人因执行推事、书记官、承发吏违背职务上义务或执行延滞及其他侵害利益提起抗议时，由厅长裁断之。

不服前项裁断者，得向上级司法行政监督长官声明之。

前项声明不服期间，自接受裁断正本之翌日起为七日；但用口头裁断者，自谕知之翌日起。

第十条　当事人或利害关系人，关于强制执行之方法及于执行时应遵守之程序，有所声请或声明异议时，由厅长裁断之。

不服前项之裁断者，得向上级审判厅声明抗告。

厅长或执行处推事在发强制执行命令前如已传讯当事人或其他利害关系人者，得对于命令径向上级审判厅声明抗告。

第十一条　因执行事件，债务人或利害关系之第三人。得提起异议之诉时，执行处得指示其另行起诉。

第十二条　执行处关于执行事件，自开始执行后不得逾三个月；但有特别情形者，得报明厅长酌予展限。

第十三条　民事执行处，每月应制作执行报告书及执行事件一览表，由厅长呈报司法总长。

第二章　动产执行

第十四条　对于动产之执行，以查封及拍卖行之。

第十五条　查封动产由执行处推事令书记官指挥承发吏行之。

第十六条　查封时得于债务人房屋、器具及其他藏置物件所在，用启视、封闭等方法搜索之。

查封时如债务人不到场，应命其家属或邻右一二人到场。遇有必要时，得请求警察官莅视。

第十七条　查封时如遇反抗，得请求警察官之协助。

第十八条　查封物件以其价格足偿债务及执行费用为限。但价格在百元以上时，应由鉴定人另行鉴定。

第十九条　查封时应酌留债务人及其家属一个月间生活必要之物品。

第二十条　职业所必要之器具、物品不得查封。蚕非已成茧者，不得查封。

第二十一条　查封时如有不便搬运之物，应呈请该管审判衙门指定保管人或委托相当之官署保管。

第二十二条　查封时应由书记官作查封笔录并查封物品清单，笔录应记明下列各项：

　　一　为查封原因之权利；

　　二　动产之所在地、种类、件数及应声叙之事项；

　　三　债权人及债务人；

　　四　查封年月日；

　　五　查封人员之署名、盖印。

前项笔录应使第十六条第二项到场人署名画押。

第二十三条　星期日及纪念日不得执行查封事件；但遇情形紧急时，得呈请该管长官核办。

第二十四条　查封时如遇重大事件，书记官、承发吏不得径行办理时，应呈请该管长官核办。

第二十五条　书记官、承发吏如违背职务上义务致人受损害时，应负赔偿之责。

第二十六条　拍卖动产由执行处推事命书记官指挥承发吏于动产所在地或指定之处所行之。

第二十七条　拍卖之动产，以所查封物品为限。

第二十八条　执行拍卖之推事、书记官、承发吏，不得自为其拍买人。

第二十九条　拍卖期日由执行推事酌量情形，于查封后定之。

第三十条　拍卖之场所及日时，应由审判厅先期公告。

公告应以在拍卖地之适当方法行之。

公告应记载下列事项：

　　一　拍卖物之种类、数量、品质及应声叙之事项；

　　二　拍卖之原因、时日、处所并执行书记官、承发吏姓名、住址；

　　三　阅看笔录清单之处所。

第三十一条　拍卖应于公告后五日行之；但因物品之性质有宜速为拍卖之情形时，不在此限。

第三十二条　高价物之拍卖，非经鉴定人评价后，不得为之。

第三十三条　金银物品，不得以生金银行情以下之价值拍卖之。

第三十四条　于市面有行情之物，不得以行情较低之价值拍卖之。

第三十五条　前二条所揭之物，若于拍卖日无相当拍卖之要约时，得以拍卖日行情以上之价格任意卖却之。

第三十六条　拍卖之要约因有较高价拍卖之要约或不待拍卖而终了拍卖时，当然失其效力。

第三十七条　拍卖物品之交付与收纳价金同时行之。

第三十八条　最高价拍卖人不于拍卖终结后或指定交价日期交付现金者，应再行拍卖。

第三十九条　拍卖于卖得金足清偿债权额并缴纳执行费用时，即行停止。

第四十条　拍卖终结后，书记官厅作成拍卖笔录。

笔录应记载下列各项：

一　拍卖物之种类、数量、品质及应声叙之事项；

二　债权人；

三　各拍卖物、拍卖人之姓名及其价额；

四　拍卖开始及终结日时；

五　拍卖之停止及其事由；

六　拍卖书记官、承发吏之署名盖印；

七　作成拍卖笔录之处所及年、月、日。

第四十一条　拍卖终结后，应以诉讼费用规则第七条所定额数，自卖得金中扣除执行费用，以其余额交付债权人。若其余额尚超过债权额时，则以其超过额交付债务人。

第四十二条　债权人在拍卖终结前，对于书记官、承发吏所行拍卖程序，有认为不利于己时，得向管辖审判厅声明抗议。

有前项抗议之声明时，管辖审判厅得令停止拍卖；但因停止有生损害之虞者，不在此限。

第四十三条　第三人证明关于拍卖物提起异议之诉时，应停止其拍卖。

第四十四条　依前二条规定停止拍卖时，承发吏应以相当之方法保管拍卖物。

第四十五条　拍卖终结后，书记官、承发吏应将卖得金即行交付会计科，由会计科交付债权人或由债权人具领收书向会计科领取。

第四十六条　债权人系多数时，执行处应作成价金分配表交付会计科，并指定分配日期通知各债权人。

第四十七条　参与分配之债权人，除依现行法例有优先权利者外，均视债权额数平均分配。

第四十八条　债权人对于分配表有不同意者，应于分配前提出书据，向执行审判厅声明异议。

第四十九条　已届分配日期，债权人并无异议之声明时，应按分配表实行分配。

第五十条　有异议之声明时，审判厅认其声明为正当，关系债权人亦无他项陈述者，应更正分配表而为分配。异议未终结者，应就无异议之部分先为分配。

实行分配书记官应作分配笔录。

第五十一条　异议未终结者，声明异议人非自分配之日起，二十日内对于他债权人正式起诉。执行处仍得依前定分配表实行分配。（按本条所定二十日之起诉期限，依补订民事执行办法第二十七条之规定已改为十日，其起诉并须于此十日内向执行处证明之。）

第三章 不动产执行

第五十二条 对于不动产之强制执行，以查封、拍卖、管理之方法行之。

前项不动产，指土地、房屋与其他重要成分而言。

第五十三条 执行以受诉第一审审判厅为执行审判衙门。

可供执行之不动产若不在前项执行审判厅管辖区域内者，执行审判衙门应据债权人声请，移转该管审判厅或其他官署执行。

第五十四条 第三人如对于强制执行之不动产有权利者，须于强制执行之终结前，向执行审判厅对债权人提起异议之诉。若债务人亦否认其权利时，并以债务人为被告。

前项之诉，审判未确定前，审判厅得酌量情形停止查封、拍卖、管理或限制之。

第三人若败诉时，应赔偿债权人因其起诉而生之损害。

第五十五条 声请查封之书状，应填写下列各项：

一　债权人、债务人及审判厅；

二　不动产之处所、种类及应声叙之事项；

三　查封原因之一定债权及其所得执行之书据。

第五十六条 查封由执行审判厅书记官督同承发吏以下列方法行之：

一　揭示；

二　封闭；

三　追缴契据。

前项情形，得适用第十六条第二项及第十七条之规定。

第五十七条 书记官于查封时，应作查封笔录。

第五十八条 查封笔录，应填载下列各项：

一　为查封原因之权利；

二　不动产之处所、种类及声叙之事项；

三　债权人及债务人；

四　追缴契据之种类、件数；

五　查封年、月、日；

六　查封人员之署名、盖印。

前项笔录，应使第五十六条第二项到场人员署名、画押。

第五十九条　债务人就已受查封之不动产，仅限于必要范围内有管理或使用之权利。

第六十条　债务人得于查封后七日内，向审判厅提出现款声请撤销查封。

前项期间，债务人得邀同债权人向审判厅声请展限。

第六十一条　已查封之不动产，债务人未依第六十条规定声请撤销时，审判厅得据债权人声请或以其职权命为拍卖。

声请拍卖之书状，适用第五十五条规定。

第六十二条　拍卖不动产，审判厅应选派鉴定人就该不动产估价，以估定之价为拍卖最低价。

第六十三条　拍卖不动产，应由审判厅先期公告拍卖期日及拍定期日。

第六十四条　拍卖公告，应载明下列各项：

一　不动产之处所、种类及应声叙之事项；

二　拍卖之原因、日、时、处所并执行书记官、承发吏姓名、住址；

三　拍卖最低价；

四　拍定之日时及处所；

五　阅看笔录之处所；

六　对该不动产上有权利者，依限声明；

七　利害关系人应于拍卖期日到场。

第六十五条　拍卖期日至少须距公告日起，十四日以后。

拍卖得由审判厅酌量于审判厅内或其他处所行之。

第六十六条　拍定期日距拍卖期日不得逾七日，拍定于审判厅内行之。

第六十七条 拍卖公告之方法，除揭示于执行审判厅及该不动产之所在地外，得酌量登载一种或数种之报纸。

第六十八条 各拍买人所声明之价额，于未有声明较高价额以前，须受其拘束。

拍卖非俟催告各拍买人声明价额逾一小时后，不得终结。

拍买人于声明价额后，非以现金或有价证券可当该价额二十分之一之金额预交承发吏为保证金时，不许拍买。

前项保证金于已交后，若有声明较高价额预交保证金之拍买人时，前拍买人于宣告拍卖终结后，得即时要求返还。

第六十九条 承发吏于报告最高价拍买人姓名及其价额后，应宣告拍卖终结。

承发吏收受拍买人保证金，应于宣告拍卖终结时给予收据，并即时交付于执行处书记官转交会计科。

第七十条 拍卖终结后，书记官应作拍卖笔录。

笔录应记载下列各项：

一　不动产之处所、种类及应声叙之事项；

二　债权人；

三　催告声明拍买价额日时；

四　各拍卖价额并其声明人姓名、住址或无声明合格之价额；

五　宣告拍卖终结；

六　报告最高价额，拍买人姓名及其价额保证金；

七　拍卖书记官、承发吏之署名、盖印；

八　作成拍卖笔录之处所及年、月、日。

第四十条第二项规定，前项笔录准用之。

第七十一条 拍卖期日无合格声明拍买价额者，执行审判厅应酌减最低拍卖价，更定新拍卖期日。

新拍卖期日，准用关于拍卖期日之规定。

第七十二条 拍定期日审判厅得使利害关系人到场，以决定允许其拍定，并以职权缮制权利移转之书据。

第七十三条 自拍卖日起，经三次低减拍卖价格，无合格声明拍买价格者，得依最低价格，由审判厅以职权发给权利移转之书据交债权人收受；但书据内应载明自发给书据日起，一年内有第三人增价购买时，许原债务人向债权人备价赎回。

前项赎回期间，如不动产之价格在五千元以上者，并应酌予延长。

（按本条第一项但书及第二项债务人得赎回之期间，依补订民事执行办法第十六条第五项规定，已予废止。）

第七十四条 以数宗不动产供拍卖，其一部分之不动产之卖得金，已足敷清偿债权总数及一切应负担之费用时，对于他宗不动产应停止拍定。

前项情形，债务人得拍定其应卖之不动产。

第七十五条 拍定人因允许拍定之决定，取得不动产所有权。

第七十六条 拍定人非缴足价金后，不得清交不动产及一切书据。于决定后交付前，审判厅得据拍定人或债权人声请命管理人管理该不动产。

债务人拒绝交付时，审判厅据拍定人或债权人声请，应命承发吏勒令交付，遇必要时，得请警察官吏协助。并得依职权以公告方法宣告债务人未交付之书据无效，并发给拍定人证明书。

第七十七条 拍定人若不能如期缴足价金，审判厅应以职权将该不动产行再拍卖；但拍定人于距再拍卖期日三日前缴足价金及此项程序之费用时，得撤销之。

行再拍卖时，前拍定人不许再请拍买。且再拍卖拍定价额若较低最初拍定价额时，应令负担其不足之数及此项程序之费用。

第七十八条　共有物应有部分之拍卖，审判厅应通知他共有人。最低拍卖价据共有物全部之估价，比例债务人应有部分定之。

第七十九条　卖得金之交存及分配，适用第四十五条至第五十一条之规定。

第八十条　已受查封之不动产，执行审判厅若认不必拍卖时，得据债权人声请或以职权决定管理。声请管理之书状，适用第五十五条规定。

第八十一条　管理决定后，审判厅应禁债务人干涉管理人事务及处分该不动产之收益。又若有给付收益之第三人时，应命第三人自后向管理人给付。

第八十二条　管理人由审判厅委任之；但债权人得推荐适当之人。

管理人对不动产因管理及收益得占有之。若遇抵抗时，得随时声请审判厅核办或警察官吏协助。

第八十三条　审判厅对管理人应指示关于管理必要事宜定其报酬，并监督其业务进行。

审判厅得使管理人立保证或撤退之。

第八十四条　管理人就不动产之收益，于扣除租税及其余公课及管理费用外，须以其余额从速交给债权人。

前项交付数额债权人有异议时，得声请审判厅核办。

第八十五条　管理人应于每年或其业务执行终结后，缮具计算书，呈报执行审判厅。并须呈由审判厅分别报告债权人及债务人。

前项计算书，债权人或债务人有异议时，须于接受计算书送达五日内，声请审判厅核办。

第八十六条　债权人若已由不动产收益受其清偿时，审判厅应以职权决定撤销其管理权并使管理人解职。

第四章 其他执行

第八十七条 确定判决系命债务人为一定行为而不履行者,执行处得以债务人之费用命第三人代为履行。

前项费用,由执行处依通常执行程序行之。遇有必要时,并得选任鉴定人评定费用数额。

第八十八条 确定判决系命债务人为一定行为而非他人所能代行者,债务人若不履行时,执行处得处债务人以一千元以下之过怠金,以强制其履行债务。

前项规定,于应为婚姻之判决,应为夫妇同居之判决,不适用之。

第八十九条 确定判决系命债务人容许他人之行为或禁止债务人为一定之行为者,债务人不履行时,执行处得管收债务人或处债务人以一千元以下之过怠金,并得据债权人声请命债务人供相当之保证。

第九十条 关于继承财产或共有物分析之执行,由执行处将财产总额核算分配给与证明书,记载财产种类及其部分之权利移转。

第九十一条 关于物权上动产、不动产之执行,执行处应命债务人交付之。债务人不交付时,准用动产、不动产执行之规定。

第九十二条 前二条之执行,执行处应命债务人交付证明权利书据。其无书据或债务人抗不交付者,执行审判厅得公告其书据无效,并发给证明书。

第九十三条 债务人对于第三人之债权或其他之财产权,执行处得据债权人声请禁止债务人处分或命第三人停止支付,并转付债权人。

第九十四条 第三人接受命令后,于其债权或财产权不承认其存在或于数额有争论时,应于十日内提出书证向执行审判厅声明。

第九十五条 债权人若以第三人之声明为不实在,得向有管辖权之审判厅提起诉讼,请求其履行,并通知债务人。

第九十六条 债务人对于第三人债权、财产权持有书据者,执行处得命债务人交出书据。

第九十七条 债务人对于第三人之债权系维持生活必要费用者,不得为强制执行。

第五章 假扣押假处分及假执行

第九十八条 假扣押须就金钱债权或得易为金钱之债权,为保全对于动产或不动产之强制执行时,得声请之。

第九十九条 假扣押之声请,无论起诉前、起诉后或债务未至履行期限,皆得为之。

第一百条 假扣押非料日后不能为强制执行或执行困难或应在外国为强制执行者,不得为之。

第一百零一条 假扣押之声请。专属于本案之管辖审判厅,或管辖假扣押物所在地之审判厅

本案之管辖审判厅,为第一审审判厅;但本案系属于控告审者,以控告审判厅为管辖审判厅。

第一百零二条 声请假扣押,应于声请书内填载下列各事宜:
一 当事人之姓名、年龄、籍贯、住址;
二 请求之表示;
三 声请假扣押之原因及理由;
四 审判厅。

请求若无一定之金额者,应记明价额。因扣押物所在地定审判厅管辖者,应记明扣押物及其所在地。

第一百零三条 假扣押之声请,遇有急速情形时,得以言词为之。

第一百零四条 假扣押之声请,以决定审判之。

第一百零五条 审判厅就债务人因假扣押所应受之损害,已命债权人

供担保者，债权人虽未声叙请求之表示及假扣押之原因，亦得为假扣押之命令。

第一百零六条 假扣押之决定内，应记明债务人因停止或撤销假扣押所应供担保之金额。

第一百零七条 命债权人供担保而发假扣押命令者，应将其提存之担保及其方法记明于假扣押之决定。

第一百零八条 假扣押之决定，应送达于债务人。

驳回声请假扣押之决定或命债权人供担保之决定，毋庸为前项之送达。

第一百零九条 债务人对于假扣押之决定，得为抗告。其抗告期限为七日。

前项抗告不停止假扣押之执行。

第一百十条 本案未起诉时。假扣押审判厅因债务人之声请，应以决定指定相当期间命债权人起诉。

第一百十一条 经过前条期间，债权人未起诉者，假扣押审判厅得因债务人之声请或以职权撤销假扣押之决定。

第一百十二条 债务人于假扣押原因消灭后或提存担负后，得声请撤销假扣押之决定。

第一百十三条 声请撤销假扣押之决定，应向假扣押审判厅为之。起诉后，应向受诉审判厅为之。

第一百十四条 前三条声请，应以决定审判之。

第一百十五条 假扣押之决定因抗告或逾起诉期限而撤销者，债权人应赔偿债务人因假扣押或供担保所生之损害。

第一百十六条 声请假扣押时，依其声请对于第三人得发禁止支付之命令。

前项命令，第三人、债务人如有确实证明不为承认时，得声明异议。

第一百十七条 假扣押之执行，除本规则有特别规定外，准用关于动产、不动产执行之规定。

第一百十八条 假扣押之命令，由书记官督同承发吏行之。

第一百十九条 于假扣押命令后，债权人或债务人有承继时，应附记于执行文。

第一百二十条 假处分，非因系争物之现状变更日后不能为强制执行或执行困难或因在外国为强制执行者，不得为之。

第一百二十一条 假处分之命令及其程序，除有特别规定外，准用关于假扣押命令及其程序之规定。

第一百二十二条 审判厅因为假处分，得酌量情形为一切必要之处分。

第一百二十三条 审判厅非有特别事项，不得命债务人供担保而撤销假处分之决定。

第一百二十四条 假处分为防重大损害、急迫、强暴或其他必要情形时，审判衙门得就系争之法律关系为假定状态。

第一百二十五条 假处分之声请，应由管辖本案之审判厅以决定审判之。遇有急速处分者，亦得由系争物所在地审判厅审判之。但应促当事人于该厅所定期间内起诉。届期不起诉者，得依声请或以职权撤销假处分之决定。

第一百二十六条 审判厅得依必要情形，于判决确定前为假执行之宣示。

第一百二十七条 下列各款情形，审判厅得依职权为假执行之宣示：

一　被告承认原告之请求时。

二　对于有扶养义务人命其履行时；但以起诉前最近六个月分及诉讼中已届履行期之部分为限。

三　同一当事人在同一审级受第二次缺席判决或第二次以后之缺席判决时。

四　因下列事件涉讼谕知之判决时：

　　　　第一，业主与租户因接收房屋或迁让、使用、修缮或因业主扣留租户之家具、物品涉讼者。

　　　　第二，雇主与雇人因雇用契约涉讼，其期限在一年以下者。

　　　　第三，旅客与旅馆、酒饭馆主人、运送人、船舶所有人，或船长、因寄放行李、款项、物品或房饭费、运送费涉讼者。

　　　　第四，因占有涉讼者。

　　　　第五，因财产上金额或价额，其数在五百元以下之事件，为被告败诉时。

第一百二十八条 债权人若声叙在判决确定前不为执行日后履行困难或生难于计算之损害者，审判厅得因其声请，为假执行之宣示。

审判厅就债务人因假执行所受之损害已命债权人供担保者，债权人虽未为前项之声叙，亦得为假执行之宣示。

第一百二十九条 债务人声叙因假执行恐受不能回复之损害者，若系第一百二十七条情形，审判厅得因声明不为假执行之宣示。

若系前条情形，驳斥声请假执行之宣示。

第一百三十条 假执行之声请，须于言词辩论终结前为之。

假执行之审判，应记明于判决主文。

第一百三十一条 审判厅为假执行宣示之审判有所遗漏或忽略假执行之声请者，得由声请以追加判决补正之。

声请追加判决，应于判决之送达七日内为之。

第一百三十二条 有假执行之宣示，债权人得即声请执行。

前项之执行，由书记官督同承发吏行之。

第一百三十三条 宣示假执行之本案判决，经撤销或变更者，关于所撤销或变更之部分所为假执行之宣示，失其效力。

第一百三十四条 假执行之宣示基于前条情形失其效力时，审判厅应以判决命债权人赔偿债务人因假执行宣示所受之损害。

债务人得为前项之请求。

（按本章自第九十八条至第一百十六条，及自第一百二十二条至第一百三十一条，并第一百三十三条第一百三十四条均已不能适用。）

第六章　附则

第一百三十五条　本规则施行前各审判厅所订关于民事执行各项规则办法，自本规则施行日起，均废止之。

第一百三十六条　本规则于民事诉讼律、强制执行律未施行以前，为有效。

第一百三十七条　本规则如有未尽事宜，得随时由部修改之。

第一百三十八条　本规则自公布尔日施行。

二　补订民事执行办法

民国二十二年（1933年）五月二十二日，司法行政部通令施行。

第一条　专任执行之推事及书记官，应遴选勤慎干练之人员充之。关于执行事件之进行，由院长随时严加督饬。在事务较简之法院，院长应自兼执行推事。

法院斟酌事务情形，如以为便利时，得不专置执行推事。即使审判案件之原推事办理执行事宜，如原推事更易者，由其继任人员办理。但仍应设民事执行处，并置专任执行之书记官。

执达员务以考试合格之人员充之。法院长官应随时考察其是否称职，励行承发吏惩奖章程之规定。

第二条　除民事诉讼执行规则及本办法别有规定外，民事诉讼法总则及关于证据并抗告程序之规定，于强制执行程序准用之。

第三条　债权人声请强制执行，经提出判决正本并判决确定证明书或不变期间内未提起上诉之证明书或经提出各审级之判决正本，证明该判决已确定者，执行处应即据以开始执行。如债权人未证明判决之确定，原第一审法院民事庭亦未依修正民事诉讼执行规则第四条第二项移付判决正本者，执行处应即向民事庭调查其判决已否确定；但债权人如系向原第一审法院以外之法院声请执行者，应责令其提出判决确定之证明。

债权人以和解、调解、宣示假执行之判决，或支付命令，及以假扣押、假处分裁定，或其他得强制执行之裁定为执行名义。经提出其正本者，应即据以开始执行。

第四条　法院酌量事件情形认为适当时，得依职权开始强制执行。如确定判决系命被告履行扶养义务,或所命给付之金额或价额较微、与就民事诉讼法第三百九十三条第二项第一款至五款诉讼所为被告败诉之确定判决及假扣押或假处分裁定,尤以径依职权执行为宜。

第五条 债务人于迟误不变期间后追复上诉或提起再审之诉者,除上诉审法院或再审法院有停止原判决执行之裁定外,不得停止强制执行。其为停止执行之裁定时,须命债务人提出相当确实之保证,为民事诉讼执行规则第五条所明定,自应遵照办理。依该条规定及民事诉讼法第三百八十三条之法意,当执行宣示假执行之判决时,如债务人对于该判决上诉后预供担保,或提存请求之标的物而声请停止执行者,上诉审法院亦得以裁定准许之。债务人对于宣示假执行之支付命令提出异议后为此项声请者亦同。

第六条 当事人或其他利害关系人为民事诉讼执行规则第九条之抗议,或不服院长裁断之声明,及为第十条之声请,声明异议或抗告者,除该执行推事、书记官、执达员或院长认其为有理由时,应撤销或更正原处分或程序外,不得停止强制执行。惟关于抗告应准用民事诉讼法第四百五十八条第二项、第三项之规定。对于院长裁断,向上级司法行政监督长官所为之不服声明。民事诉讼执行规则已明定其期间为七日。其提起抗告之期间按之该规则期望执行事件速结之立法精神,应准用民事诉讼法第四百五十三条第二项,亦以七日为限。至于抗议声请及声明异议虽无期间之限制;但至执行程序终竣后则通常不应准许之。

由院长为执行推事者,关于其所为之执行行为,得径向上级司法行政监督长官声明不服,或径向上级法院提起抗告。

第七条 第三人异议之诉必就执行标的物有足以排除强制执行之权利者,始得提起。如就其物有所有权、典权、质权、留置权者,得提起异议之诉。有地上权、地役权、永佃权、抵押权者,仅能主张该不动产拍卖后或管理中其权利依然存在，或行使优先受偿之权利，而不得提起此诉以排除强制执行是也。对于不动产执行时，第三人提起异议之诉者，民事诉讼执行规则第五十四条定明受诉法院得酌量情形停止或限制执行。如受诉法院无此项裁定，其执行自不得停止、限制。又为裁定时如认有必要，应准照同规则第五条之例，命第三人提出相当之保证，即对于动产之执行亦应一律办理，民事诉讼执行规则第四十三条之规定宜变通适用之。

第三人如在执行处确实证明其有排除强制执行之权利者，执行推事自可谕示债权人，经其同意后，即撤销对于该物之执行，不必拘守民事诉讼执行规则第十一条之规定。概行指示第三人另案起诉。

如系债务人串通第三人虚捏排除强制执行之权利而提起异议之诉者，于判决确定后，须将该债务人及第三人送交检察官函询债权人。如原告诉时，即依刑法第三百八十四条追诉。

第八条 民事诉讼执行规则第十一条所谓债务人异议之诉，必主张执行名义所载之请求实际并不存在，或毋庸清偿者，始得提起。如主张其请求已因清偿或时效而消灭，或债权人已允其展限清偿是也。且其主张为异议原因之事实须系以后所发生，在前诉讼程序不能主张者而后可。对于此种异议之诉，应准照前条第一项、第二项之例办理。

第九条 强制执行应依据裁判或和解、调解笔录之正本为之。非就执行事项及其范围有疑义时，毋庸调阅诉讼卷宗（参照修正民事诉讼执行规则第四条第三项）。于需用诉讼卷宗时，遇他法院调取该卷宗者，可自作缮本或节本备用。又执行事件遇有抗告，除具理由书外，通常毋庸检送执行卷宗，即有须送交卷宗于抗告法院或他机关时，亦应作缮本或节本备用（参照民事诉讼法第四百五十七条第三项、第四项）。故执行处断不可借口于诉讼卷宗或执行卷宗已送交他机关或经其调去率行停止执行。

第十条 各地方法院送由高等法院呈部之执行报告书表，该高等法院于转呈前应详加审核，于执行事件逾三个月尚未终结之原因，与有无停止执行及对于串通提起执行异议之诉者曾否送检察官追诉等事，尤须注意。

第十一条 执行处于开始强制执行前，除因调查强制执行之条件或执行之标的物认有必要者外，毋庸传讯当事人。如债权人已指明执行之标的物者，尤应即予开始执行，不得因催告债务人任意履行而先行传讯之。但执行人员实施执行时会晤债务人或其亲属者，得先劝令任意履行。倘能即时清偿，应不执行。如具确实保证或经债权人承诺者，得缓执行。

第十二条 为清偿执行名义所载之金钱请求而查封债务人财产时，关于查封物之范围及种类，应于不害债权人利益之中，兼顾债务人之利益。尤应注意其尚有可为之营业，苟有两全之道，务勿令其因此而致倒败。

第十三条 查封之动产，通常应给与债务人收据，搬运他处保管之。法院为保管查封物，得于院内或院外置备贮藏所，其不便或不值在贮藏所保管者，执行书记官得酌定相当报酬，委托妥适之保管人，或委托相当之公署，索取收据，交给保管。如认为适当时，并得许债权人保管，且得对于债务人谕以刑法所定损坏查封标示及处分已受查封物等罪之处罚，责令保管。其所采之保管方法，应记明于查封笔录。

第十四条 拍卖动产，于认为适当时，得委托拍卖行行之。

有价证券及生金银或金银物品无艺术价值者，得不经拍卖。按行情任意卖却之。

拍卖之动产于拍卖期日未拍定者，得再行拍卖，或任意卖却之。如实无卖出之望时，得作价交债权人收受。若债权人不收受时，应撤销查封，将该物返还债务人。

第十五条　不动产之查封，经揭示后即生效力。

经查封后，债务人关于该不动产所为之处分，对于债权人为无效。查封之不动产，在已行登记制度地方，执行处应嘱托登记机关为查封之登记。如该不动产先已登记者，登记机关受嘱托后应即将登记簿中该部分登记之缮本送交执行处。

第十六条　拍卖不动产时，许以投标声明价额者，应于拍卖期日当投标人之面开封。投标人于拍卖期日仍得声明增加价额。

不动产之新拍卖期日距公告日之期间，于认为适当时，得缩短为七日以上。其拍定期日与拍卖期日，得定为同日。

经二次或一次减价拍卖而未能拍定者，债权人得声请停止拍卖。对于债务人其他财产执行，并得声请依末次所定最低价额即将该不动产交债权人收受。

经三次减价而未拍定之不动产，债权人不肯收受者，应命强制管理。

民事诉讼执行规则第七十三条第一项但书及第二项之规定废止之。

第十七条　执行处得依声请或依职权，对于应拍卖之不动产，同时命行强制管理，或先命管理而后拍卖。

强制管理于认为适当时，亦得以债权人为管理人。

第十八条　拍卖动产、不动产之期日得于查封后即时定之。其期日应通知债权人、债务人。

第十九条　执行处因鉴定执行标的物之价额，除得准用民事诉讼法随时选任鉴定人或嘱托公署、法人鉴定外，并得约定常任各种鉴定之人员。此等人员于约定时经依式具结者，其效力及于所为之一切鉴定。

鉴定人所估价额是否适当，及可否以为拍卖之最低价额，由执行处酌量核定。

第二十条　为强制执行时，得请地方自治机关协助。查封物之保管或管理，得商由自治机关或其所属职员任之。

第二十一条　对于船舶之强制执行，准用关于不动产执行之规定。

第二十二条　民事诉讼执行规则第九十三条所规定之执行，系指为清偿债权人执行名义所载之金钱请求，而就债务人所有之债权或其他财产权所为之强制执行而言。其为执行标的之权项如下。

一　债务人对于第三人之金钱债权。

二　债务人基于债权或物权得请求第三人交付或移转动产、不动产之权利。

三　债务人所有前二款以外非系所有权之财产上权利，如以劳务为标的之债权、地上权、永佃权、典质权、抵押权、著作权、专利权、矿业权、渔业权、水利权及共有之权利等。

本条之执行，亦得按民事诉讼执行规则第四条第一项依职权为之。

第二十三条　对于前条第一项第一款权利之执行，应发命令，一面禁止债务人收取该金钱债权或为其他处分，一面禁止第三人向债务人清偿。与此命令同时或于此命令后，更发转付之命令，依债权人（即执行债权人）选择或许债权人收取该金钱债权，或将该金钱债权移转于债权人均可。如认为适当时，亦得命令第三人向执行处支付再转给债权人。

对于前条第一项第二款权利之执行，除发命令禁止债务人处分并禁止第三人清偿外，应同时命令第三人将该动产或不动产交付执行处，再依关于动产或不动产执行之规定执行之。

对于前条第一项第三款权利之执行，应发命令禁止债务人处分其权利。至对于第三人应行禁止之事项，依该权利之种类而异。如无有关系之第三人时，只对于债务人为禁止之命令已足。执行处就此项权利得酌量情形为相当之处分，如命令让与或管理，而以让与价金或管理之收益清偿债权人是也。关于共有物应有部分之拍卖，民事诉讼执行规则另有第七十八条之规定。

前三项命令应送达于第三人及债务人。已为送达后，并应通知债权人。无第三人者，仅送达于债务人。

第二十四条 因强制执行所收受之款项，除扣除执行费用外，不问足清偿执行名义所载之请求全部与否，应随时交付债权人。执行人员收受款项后，即视为已由债务人向债权人清偿；但依法应提存之款项，不在此限。

提存时生有利息者，应一并交付领取该款项之人。

第二十五条 他债权人参与分配者，应于第一次拍卖期日终竣前以书状声明之。如执行之标的物不经拍卖时，在声明参与分配前已交付债权人之款项，或执行人员所收受之款项，视为已由债务人向债权人清偿者，他债权人不得分配。

因他债权人参与分配，致执行所得之款项不敷清偿各债权人之请求，而债务人尚有其他财产可执行者，应续行强制执行。

对于债务人之财产行管理时，他债权人无执行名义者，不得分配其收益。

第二十六条 无执行名义之他债权人声明参与分配者，应提出释明其债权并债务人无他财产足供清偿之证据。执行处接受声明后，应即通知各债权人及债务人，务于三日内回答是否承认声明人之参与，或指定期日集讯各关系人。如债权人、债务人对于其参与分配无异议时，即以该债权加入分配表。其不于期间内回答，或不于期日到场者，以无异议论。如债权人或债务人有异议时，执行处应通知声明人，并告以如仍欲参与分配，应于五日内向执行处证明已另案对于异议人起诉。如声明人为此项证明者，应将其债权所应分配之金额提存。未为此项证明时，应不顾及该债权，即行分配。

有执行名义之债权人声明参与分配者，应提出该执行名义。

第二十七条 分配表至迟应于分配期日前二日以缮本交付债权人及债务人，或置于执行处书记室任听阅览。

债权人于分配期日不到场者，视为已同意，按照分配表分配，虽经以书状声明异议者亦同。如不到场之债权人与他债权人所声明之异议有关系者，视为不到场人系不认其异议为正当。

民事诉讼执行规则第五十一条所定之起诉期间应改为十日。其起诉并须于此十日内向执行处证明之。

第二十八条 执行名义系命债务人向债权人交付某物者，不问其请求之原因为物权为债权，关于其执行应适用民事诉讼执行规则第九十一条。兹明定其执行方法如下：

一　债务人应交付特定之动产或代替物之一定数量者，执行人员应取该物交付债权人。如债权人不在场时，应予搬送。倘不能即时交付于债权人时，应查封保管之。民事诉讼执行规则第十六条、第十七条及第二十一条、第二十二条等规定此际均可准用。

二　债务人应交付不动产者，执行人员应解除债务人之占有，点交债权人，非有债权人或其代理人到场不得执行。其房屋内或土地上所有之动产，除应与不动产同时执行者外，应取去点交债务人或其代理人或家属、雇人。如无此等人可交时，应付保管，通知债务人领取。倘债务人迟不领取，应拍卖之，提存其价金。

三　债务人应交付之物在第三人之手而有占有权者，应发命令将债务人对于第三人得请求交付之权利移转于债权人。

第二十九条 民事诉讼执行规则第八十七条及第八十八条所谓行为，系除去金钱之支付及物之交付而言。其第八十七条所规定者，系可代替之行为为请求标的，如服机械的劳务是。第八十八条所规定者，系不可代替之行为为请求标的，如为计算之报告是。执行名义命债务人交付子女或被拐诱人者，自可适用民事诉讼执行规则第八十八条之规定；但亦得用直接强制之手段，取该子女或被拐诱人交给债权人。

民事诉讼执行规则第八十七条及第八十八条之处分，由执行处依声请或依职权命令之。代为行为之第三人，不必由执行处指定，仅于命令中宣示债权人得使他人为此项行为可矣。其债务人应负担之费用，得由执行处酌定额数命债务人预行支付，而以此命令为收取费用之执行名义，亦得于命令中仅言以债务人之费用使第三人代为行为。至债权人垫付费用后，再据此命令准用民事诉讼法第九十四条声请确定其费用额。债务人领付之费用不足者亦同。执行名义所命之行为非他人所能代行者，除得处债务人以过怠金外，如债权人声请执行处定债务履行之期间，宣示债务人若不于期间内履行应赔偿定额之损害者，亦得准许之。

第三十条 经确定判决命债务人为一定之意思表示者，应认其判决即足以代债务人之意思表示。民事诉讼执行规则第八十九条所谓确定判决，系命债务人容许他人之行为。如其容许为意思表示之性质，于判决确定后即应视为该债务人已经容许，无须更为其他执行行为。如系不作为之性质，则应与该条所谓禁止债务人为一定之行为同适用第八十九条之规定。

有不作为义务之债务人，如已有所作为，例如债务人负有不在其所有土地上设工作物之义务而竟施此工作者，除得处过怠金强制其除去外，亦得以执行处命令命以债务人之费用除去之。

第三十一条 假扣押或假处分之执行，应于该裁定送达后立即开始。或与送达同时为之。因执行假扣押收取之金钱，应提存之。假扣押物暂不拍卖或换价，至日后有得为强制执行之名义时，再以因假扣押所为之查封等为基础，续行拍卖等行为。但保管假扣押之动产恐减少其价额或需不相当之费用者，得拍卖之提存其价金。查封不动产之揭示应记明其为假扣押，其已行登记制度之地方，应嘱托登记机关将假扣押裁定登记之。对于不动产亦得行强制管理。如对于债权或其他财产权执行假扣押者，应仅发禁止处分清偿之命令。

假处分之执行准用关于假扣押执行之规定，但其方法因假处分裁定之内容而异。例如假处分裁定选任管理人管理争执物者，其执行应依民事诉讼执行规则第九十一条及本办法第二十八条，使管理人占有其物。假处分裁定命令或禁止债务人为一定行为者，将该裁定送达于债务人，即系同时为假处分之执行是也。如假处分裁定系禁止债务人设定、移转或变更不动产上之权利者，除依民事诉讼法第五百零一条第三项嘱托登记外，宜将该裁定揭示之。

第三十二条 债务人所执关于执行标的物之书据，依民事诉讼执行规则第五十六条第一项第三款，第九十二条及第九十六条应追缴或命其交出者，得依对于动产执行之方法追取之。

第三十三条 债务人有图免强制执行而隐匿或处分财产之嫌疑，或审酌其最近之财产状况、生活情形、身分能力及债权额或请求之性质等，认债务人显系能履行而故不履行，或于执行处调查执行之标的物时拒绝陈述，或陈述不实及因图免强制执行或避调查而逃匿，或有逃匿之虞者，应依管收民事被告人规则第三条管收之。其处分或隐匿财产者，并须送交检察官函询债权人，如愿告诉时，即依刑法第三百八十四条追诉。

债务人管收期满，其履行债务之义务并不因而免除。虽经执行处依修正民事诉讼执行规则第七条令债务人写立书据或发给凭证后，仍得随时依声请或依职权更为执行。如有管收债务人之新原因，得再行管收之。

债务人除有管收民事被告人规则第一条之情形者外，其有得管收之原因者，亦得拘提。

第三十四条 执行处因为执行行为所需之特别费用，例如执行标的物保存费、搬运费、管理费及鉴定费等，得准用民事诉讼法第九十五条命债权人预纳。

债权人支出之执行费用如求偿于债务人时，得准用民事诉讼法第九十四条向执行处声请确定费用额。

债权人支出之执行费用及取得执行名义之费用，得求偿于债务人者，得对于参与分配之他债权，由债务人之财产先受清偿。

三　管收民事被告人规则

民国十七年（1928年）十月四日，前司法部通令施行。

第一条　民事被告人具备下列情形者，得用拘票拘提：
一　经传唤三次不于日期到场，亦不声明理由或其理由不正当者；
二　显见为败诉者；
三　非本人到场本案虽终结而不收终结之效者。
执行拘票由承发吏或承发吏会同法警为之。

第二条　拘票应盖法院或县司法机关之印，并记明下列事项：
一　被告人姓名、年龄、住址及其他足资辨别之特征；
二　拘提之理由；
三　应到之日时及处所；
四　发票之年月日。
前项拘票应由推事或审判员并书记官签名盖章。

第三条　民事被告人有下列情形之一者，应提出担保，其无相当保证人或保证金者得管收之：
一　有逃匿之虞者；
二　有犯刑事之嫌疑者；
三　具有前二款原因之一而原保证人死亡，或声明退保，不能另有其他保证者；
四　判决确定，显有履行义务之可能而不遵判履行者。
前项被管收人至有相当保证人或交纳相当保证金时，或已遵判履行及本案完结时，应释放之。

第四条　前条规定于被反诉之当事人准用之。

第五条　管收应用管收票。

第六条　管收票应记明之事由及其执行，准用第一条第二项及第二条之规定。

第七条　被管收人应随时提讯，每月至少不得在二次以下。

第八条　管收情形是否适当，各法院或县司法机关应随时考查或纠正之。

第九条　管收期限至多不得逾三个月。

第十条　管收之费用由败诉人负担。

第十一条　管收所规则由各该高等法院拟订，呈部核准。

第十二条　各法院及县司法机关每届月终应造民事管收人报告书报部，至迟不得逾翌月十日。

第十三条　本规则自公布日施行。

四　地方法院及分院处务规程有关条文

二十四年（1935年）六月二十八日公布。

第五章　民事执行处

第二十一条　民事执行应设执行处办理之。

第二十二条　执行事件由执行推事办理之；但以院长或承办该案推事办理为宜者，不在此限。前项执行推事于必要时得咨询承办该案推事之意见。

第二十三条　书记官接收执行案件应即登簿，并将该件送请执行推事或院长核办。书记官应填载执行案件进行表，于每周末送院长核阅。前项表式另定之。

第二十四条　当事人缴案之款项、有价证券、契据及其他贵重物品，由书记官督同当事人送交会计科收管。并应于印收联单中擎取两联，以一联交当事人收执，一联送执行推事附卷备查。拍卖时收取款项亦同。

前项款项应随时登入执行案件进行表。

第二十五条　关于查封拍卖事件应立即作成报告书，送院长核阅。

第二十六条　执行处每月未结案件依照第十八条（按即于每届月终应将未结案件开具理由送由院长核阅）办理。

郑競毅先生学术年表

蒋银华　王　堃[*]

1930 年

毕业于东吴大学法学院，获"法学士"学位。

1932 年

发表著作《比较工会法》，法政学社出版。

1933 年

发表《苏联法律的哲学基础》，载《东方杂志》（The Eastern Miscellany），第 30 卷，第 2 期。

1933 年

发表《苏联的反宗教法律》，载《东方杂志》，第 30 卷，第 5 期。

1933 年

发表《苏联的联邦刑事法院》，载《东方杂志》，第 30 卷，第 13 期。

1934 年

发表了《苏俄的国籍法》，载《法学杂志》，第 7 卷，第 4 期。

1934 年

发表著作《苏联婚姻法》，上海生活书店出版，将该时期学者们所引述的外国婚姻家庭法从大陆法系国家，扩大至社会主义法系。

1936 年

发表著作《法律大辞书》，上海商务印书馆，1936 年 1 月第一

---

[*] 蒋银华，法学博士，广州大学法学院副院长、教授。王堃，法学博士，助研。

版。该书收入词条 14000 余条,代表了近代中国法律辞书的编纂的最高水平。另与彭时合著有《法律大辞书·补编》一册。以上两书商务印书馆 2012 年以简化字、横排本形式再版。

1937 年

与徐百齐合著《战时适用法规概要》,上海商务印书馆出版。

1937 年

发表著作《强制执行法释义》(上下册),上海商务印书馆出版。

1962—1969 年

任台湾东吴大学主管主任秘书。加入中华民国斐陶斐励学会(The Phi Tau Phi Scholastic Society)。

以公力救济的法制化构建私权神圣之法制

——《强制执行法释义》导读

张 颖*

　　文如其人,阅读一本书,也是在阅读一个人。所以,要跨越时间的距离去理解一部注释法学著作所蕴含的制度建构理念,必须要结合注释者所处的时代背景及他寄予这部著作的法制理想——正是这种解读思路,才使得我们能够将 13 世纪发起于意大利波伦那大学的那场革命性的活动和简单的复古运动区分开来:"罗马法复兴"虽然以注释古代罗马法的方式推进,但它在向资本主义社会转型的最初阶段,则扮演的不是复活奴隶制,而是滋养新型社会生产关系和社会结构的角色,这有赖于在当时的历史背景下解读那些注释的文字——它们寄生于古文,却是为了时代话语的更新。

　　对近代中国法制革新转型过程中的注释法学著作,亦当如此。故此,在具体翻查《强制执行法释义》的内容之前,到底要从什么立场出发来整体理解这部著作,我们选择从对作者郑兢毅先生本人以及他所处的立法时代切入。

　　现在可考的有关郑兢毅先生详细生平的材料比较少,但确知他来自民国时期群星璀璨、天才辈出的东吴大学法学院,这里曾经培养出王宠惠(1881—1958)、顾维钧(1888—1985)、吴经熊(1899—1986)、李浩培(1906—1997)、周枏(1908—2004)等一批中国近代法制史

---

* 张颖,法学博士,广州大学公法研究中心助研。

上的大家，虽然郑先生的名字并没有他这些同侪们那样如雷贯耳，然而当我们翻阅民国早期那批构建中国近代法制体系的著作的时候，不得不承认他的才华是与他母校在民国的风华完全匹配的：从基本的法哲学著作，到部门法著作，他几乎够得上被称作一位近代中国注释法学界"百科全书式"的人物——除了这部《强制执行法释义》之外，他的另一部代表作，《法律大辞书》[①]更是但是近代乃至现代注释法学研究中，同类专业辞书编纂最高水平的代表作之一。

正是凭着对整个法学体系和部门法律体系所具有的全面、精准的把握，郑競毅先生对南京国民政府时期的民事强制执行制度，以法条释义的方式进行了系统的阐释。需注意的是，这部名义上对1940年由南京国民政府颁行的《强制执行法》"逐条加以诠释"的著作，结合了对"前大理院解释例、裁判例及司法院最高法院之解释例与最高法院裁判例以及司法院院令并司法行政部部令"以及各项经过修改、补订之旧法规的系统梳理，这项工作不独使民事强制执行制度能够全面地现于人前，更重要的是，以此为基础所作出的注释，重现了唐代长孙无忌等人系统整理魏晋南北朝以来令、格、式，全面梳理天下律学家释法精华而为《永徽律》逐条作"疏议"的功夫和苦心，通过依托基本法为主要对象的注释工作，将零散于其他法律文件中的相关规条，全部整合从而构建为一个民事强制执行"部门法"的体系。这种以注释为路径推进法律体系构建的做法，与近代法律肇兴于13世纪意大利波仑那大学的方式堪称有异曲同工之妙。

一如"罗马法复兴"当中通过注释而构建新的法律体系，郑競毅先生首先在"绪论"中就指明，民事强制执行程序在他眼中，与民事诉讼程序分别为两个价值功能彼此独立的制度设计，前者是"非讼事件之结果……纯为对于私权之实行，与对于私权之确定显有区别"。

[①] 郑競毅编著：《法律大辞书》，商务印书馆2012年简化字再版。

故此在理解这部法律采用的"单行法主义"立法体例时,需将之与今天我们将民事强制执行制度作为民事诉讼法之一部的立场区分开,这里的民事强制执行法律制度并非仅仅为判决之实现而设的保障,而是从整个践行私权神圣的法治体系构建角度出发,以国家公权力救济补充、保障私人自力救济之不足而产生的制度设置。然后本书才由对立法体系中的制度地位,转而进入分析作为基本法律制度框架的文本——《强制执行法》的解读当中。注释法学虽然包含了注释者通过规范解读而进行学理构建与制度完善的创造过程,但忠实文本仍然是必须遵守的第一要义。为此,探求立法者真意、为文本确立解释规则是在逐条注释前必须完成的工作。

亚里士多德曾经提出过:法治须为良法之治。可见立法者起草法律在整个法治国发展史中的关键作用。一部力图促进法治社会构筑的注释法学著作,首先是建立在被注释文本精良的基础上的,这恰如"量体裁衣",否则"巧妇难为无米之炊"。

就《强制执行法》立法文本来看,本书首先介绍了《强制执行法》的起草过程及其讨论经过,其间反复斟酌,多方参考,这便让人容易理解,何以在中国近代法制史中,民国政治虽乱,但立法仍往往能够产生经典法案。只是翻阅短短一节,是时《强制执行法》的起草过程,就能够强烈的感受到,民国的法学家们正是怀抱着构建良法以促进中国法治国建设的历史责任感投入到制度的起草工作中:这部法律文本的最早草案颁布可以追溯到清末修律,由修订法律馆延请日本人松冈正义所编定的《强制执行律草案》,不但广阅列国法案,并征集各级法院意见,延请顾问,多加参详,反复审查,方成一稿。是以,1940年这部《强制执行法》问世后,虽然随着社会变迁屡经修改,然整体仍在当今台湾地区施行,可以说为集近代中国民事执行立法大成之作。

盖有精益求精的制度文本在前，郑先生的注释文本却并没有因此沦为配角。全书所作的法条释义，除了对规范内容本身的解说，更重要地是将规范所涉及的法理知识点进行了延伸解读，如列国立法例、本条规定原理、适用要点，结合在实施中可能发生的疑难予以设问并予以解答，并补充以解释例、裁判例、部令、公函等其他相关规范的规定内容。经由注释的"加工"，本书向读者展示的不仅仅是民国当时一部法律的文本材料，更重要的是侧面反映了当时民国法学界在相关制度领域为国人引入的西法范围，在此基础上，中国自身发展起来的研究水平，以及该法律赖以实施的司法机构的设置及其运作模式。可以说，借由一条释义，能够让读者了解制度史、制度原理及其运作机制，对于今天的法学研究来说，除了法律史价值，对民事诉讼法学以及民法等部门法学研究和制度设计也具有极高的参考价值。

纵观全书，除了充实了法制史和部门法学的研究材料以外，郑先生依托注释工作所作的规范梳理和制度构建，还有以下几个方面的内容设计，值得提请读者注意，也希望能为方家在进行制度发展史以及当代制度分析等研究时，提供一些有益的思路。

一、完善近代民刑分立的法律体系

从内容上看，这部法律当中，进一步贯彻了民刑分离的体例要求。从古代法典来看，无论是《唐律疏议》还是《大清律集解附例》，在体系上都没有专门针对民事权利设置通过公权力机关予以强制执行、辅助私权利实现的规定。

制度功能上比较近似的规定是"牵掣"，《唐律疏议·卷第二十六·杂律》中第 399 条规定，当出现债务不履行的情况，债权人应"皆告官司听断"，所惩罚的是未经官府认定程序而私自"强牵掣财物"的行为,即债权人民事权利的强制实现,应为官府认定后的自力救济,在制度功能上和今天的民事强制执行有一定契合之处,然而本质上则出于不同原理:古代是官府对基本权益分配状况予以把握和监管,当代则是积极支持权益的实现,公力救济施与私权利实现是基于对公权力服务于私权利对价值功能定位方可能产生对制度设计。到清代,唐代以降的相关制度转入《大清律例·户部律·钱债》部分予以规定,在第149条"违禁取利"的规定也主要惩罚的是"豪势之人……不告官司"而私自强制夺取债务人财物的行为,这里强调"豪势之人"并非说指一种主体资格,而只是从事实上来看,能够实施自力救济的债权人必然具备某种"豪强之势",此时官府管制的是"不告官司"的行为;如果夺取财物超过债的限度,官府则将针对过限夺取等行为定罪;而"若准折人妻妾子女"、"抢夺"(人妻妾子女)或"奸占妇女"等人身侵害行为,则会发生"人口给亲私债免追"的法律后果,即由于刑事犯罪反过来丧失了民事权利。

  总体来说,传统法制中公权力的介入并不是为了辅助私权利的实现,"告官司"这个程序的要求毋宁说是要求私权利的任何变动状态都纳入公权力都监管视野下,仍可以理解为官府认可的私力救济是民事权利实现的主要方式。这说明民事权利尚未进入国家法专门予以保护的视阈,国家所关注的只是私权利主体之间能够和谐共处的秩序,而非这种秩序中权利本身应当得到强制保障的正义价值,应当说,作为一个专制主义国家,这是权力本位统治结构的逻辑结果,在制度配置上,与其说它为私人权益设置规则,毋宁说它主要关注的是统治支配权力稳定存在的秩序;另一方面,从古代律典的体系结构来说,无论是唐律还是清律,本质上都是刑法典,是以刑事责任的方式规范社会关系,所以从制度结构上,没有独立的民事部门法,也就没有专门的民事强制执行制度,国家的强制介入主要是追究刑事责任,这就将原本的民事权利关系直接转化为国家的刑事管理秩序。

到清末修律，法律体系的构建开始完善各部门法建制，但在民刑分离的进程中，公权力通过民事强制执行制度辅助私权利实现的问题仍未得到重视和解决。在向近代化的部门法体系转变的过程中，部门法的结构中仍没有专门的民事强制执行制度。出现这种情况，应当说与清末修律中，民法部门未能系统完成不无关系——作为民事权利的保障，没有完善的民法体系，民事强制执行制度可谓缺少依托；更深层次的说，没有基于权利本位构建法律秩序的法观念，民事强制执行制度也是缺乏价值基础的。直到南京国民政府完善"六法体系"的时候，这一制度才正式确立。

以这种历史考察的维度视之，确立这项制度具有相当革命性的意义。恰如郑先生在绪论开篇即说，"畴昔之世，法律制度未备，国家权力薄弱，人民私权之保护，恒依自力救济之方式。"而民事强制执行制度的设立，"其唯一目的乃在于使人民业已确定之私权，于不满之状态中，依国家之强制力使其获得现实之满足"，盖国家公权力之涉入私权，不再基于监管，而转而以保障与辅助私权利的实现为其功能与价值定位，这种立法本位的根本转变，是这部《民事强制执行法》独立制定的最大意义。

二、广义的强制执行

这部《强制执行法》虽然将实施强制执行的民事执行处设置在地方法院，但主要是要依托既有的机关设置，并承接旧制，方便新法实施。但这种强制执行权并不因为配置给法院而只是诉讼程序中的一部分，这部法律的调整范围涵盖了民事判决、破产、经公证的债权、抵押权以及"其他依法律之规定的为强制执行"等民事权利的实现（第四条），故此，它所界定的民事强制执行制度是一种广义的公力救济制度，和狭义的诉讼判决强制执行区分，是和我国当前主要将民事强制执行放到民事诉讼法体系内的做法不同的。

不过这种做法和当时南京民国政府所确立的"六法体系"既有衔接，也有独立的创新思路。民国已经采用了"民商合一"的体例，"六法"所指为宪法、民法、行政法、刑法、刑事诉讼法和民事诉讼法，《强制执行法》从其实施机制的主体设置方面理解，应属民事诉讼法，但从其调整对象来看，它是以民法的权利为客体的，执行对象为民事财产权利以及部分人身权利。这和我国当前民事诉讼法中的强制执行规定相比，郑先生尝试构建的《强制执行法》调整范围更宽。

三、凸显民事私权神圣的法精神

强制执行作为自力救济不足的补充和保障，依照民事权利的本质来说，权利为一种"得贯彻主张某利益之可能性"[①]，即可以由权利人所放弃。故此，强制执行程序的启动原则上采用了"声请主义"，即申请启动；不过由于民国司法部曾经发布部令，承认主动依据职权介入，并已经有先例，故此从强制执行规范整体来看，当时采用了"以声请主义为原则，以职权主义为例外"的体例，依职权主动强制执行则适用于已经处于保全强制执行下的财产或行为，此时的财产或行为，一种为"假处分"状态，即已经在事实上先予以权利的实现，属于今天所说的先予执行，不存在再次实现的必要，也就不必再行声请；另一种为"假扣押"，程序上相关私权指向的财产已经处于法院支配之下，在实现过程中，事实即由法院向权利人转移，这两种情况

---

① 史尚宽：《民法总论》，中国政法大学出版社2000年版，第18页。

均属"有迅予执行之必要",并非以职权替代权利人的意思自治。总的来说,这种规定还是遵循了私权意思自治的精神。

这一点,如果就当今制度设计来看,强调民事强制执行服从私权神圣自治精神,并依此作为笔者主张和力促发展民事权利私权神圣精神的佐证,论据可能显得有些单薄。然则恰如开始所强调的,应结合注释者所处的时代背景解读他的注释意图。从整个法制近现代化的历史趋势来看,中国的法律从传统的诸法合体、以刑为主的体例,不断向部门法划分和民刑分离的方向发展和转变,具体影响到民事权利领域,可以理解为民事强制执行行为的"独立化"和"民主化"的趋势。

"独立化"比较突出。就纵向的比较法研究来看,"古代各国最初大抵都经历了'民刑不分'的阶段,其最典型的表现就是民事纠纷之刑事处置,或将民事诉讼与刑事诉讼混同一体。"[1] 民国立法的一个重要思路,即沿袭清末修律以来改变传统法制中过分强调刑法的国家暴力性在社会领域,尤其是私人权利领域中的主导作用。无论其时政府行为如何,必须承认的是,其时的法律学人无不抱有建立一个符合西方法治精神政府的理想,希望能在私权领域内限制国家公权力的深入,防治其暴虐。

而"民主化"趋势则涉及到对社会结构深层次变迁的把握。以强制执行所针对的个人财产范围界定这一制度为例。今人以强制执行财产范围以个人财产为限这种规定理所当然,然而从中国法制史的纵向比较研究可以看到,自奴隶时代开始,中国传统法制中就设置了发达的宗法家长权来支撑高度集权结构,即以宗法家族为社会基本单位向国家公权力负责,国家则授权宗法家长行使内部管理的权力和职能;宗族家长依据身份支配了社会大部分个体的人身和财产权利。譬如唐

---

[1] 倪正茂:《比较法学探析》,中国法制出版社2006年版,第828页。

宋的《杂令》规定:"诸家长在,而子孙弟侄等,不得辄以奴婢、六畜、田宅及余财物私自质举及卖田宅。其有质举、卖者,皆得本司文牒,然后听之。若不相本问,违而辄与及买者,物即还主,钱没不追。"从法律后果"物即还主,钱没不追"可以看到,除非家长,个人一般无法享有完整私人财产处分权;依此逻辑,设若有子孙欠他人债务,其可被执行的财产范围和他本人可以占有、使用和收益的财产权益并不相同。换言之,在传统的民事财产权结构中,执行对象不应认作个人,而应认作家族或代表家族的家长,而执行的财产也不能认定为个人的财产,至多是家族财产中个人依身份有权占有、支配、收益的份额,和今天的完全所有之财产完全不同。这种变化,固然是适应晚清变法以来,社会单位由家族向个人、民法财产权部分承认家族子孙个人主体资格的变迁现状,但不能不谓之从公法的程序上对这种向个人本位的一种巩固,是对宗法家长权力的进一步破除,强化了国家和个人之间的法律联系,在破除宗法等级身份的支配结构层面,其"民主化"趋势不可谓不深刻。

这样再来理解本书中,对国家民事强制执行行为和权力的定位:第一,国家公权力只是私权实现的保障和补充,而非是私权实现的必然途径;第二,民事权利借助国家公权力实现的途径,主要采用财产权利的强制处分,和刑事强制对人身或财产依公权力意志进行处分区分开来。这是要保证公权力功能和定位"在于贯彻人民对于私权之现实的享有"(本书绪论),即民事强制执行固然为国家之权力,然其价值则指向私权之自由和实现。

四、紧密衔接民事实体法规定

从分则的结构划分来看,除了第七章"假扣押假处分之执行"是与诉中的保全强制程序相衔接的规定以外，第二章到第六章："动产"、"不动产"、"其他财产权"、"物之交付请求权"和"行为及不行为请求权"，分别依据执行对象划分不同章节，分别作出执行程序规定。这样一来，在不同财产以及财产权利在执行中的转移程序方面，与民法关于不同财产和不同财产权利的管理规定相衔接，最典型的例子可以参照不动产的执行以及抵押权执行。不过，这种划分方式并不是国民政府草案的原创，最早在民国四年法律编查会所修撰的《强制执行法草案》中，第四编"执行程序"各节也遵循了类似的原理进行划分，分为动产、不动产、船舶、金钱债权、物之交付及给付之请求（权）、（其）他财产权等共六节。[1] 而且，相比民国四年的草案版本，国民政府的草案中，对执行对象的分类进行了进一步整合。

除了在结构上与实体法衔接以外，在内容上，在对程序法规范进行注解之前，作者基本会对该章节程序法规范所涉及的实体法概念进行阐释，譬如"孳息"、"不动产"等，由此民事强制执行规范体系在该书中所展现出来的，不只是国家干预私权实现过程的技术性操作规程，而是国家法制视域下私权完整的流转过程。

综观全书，郑先生这部《强制执行法释义》名为释法，实际广涉文本之外，以当时构建整个现代的法律体系所倡导的精神，贯穿整部法律的释义。

由是观之，我们今日的立法往往过于关注西方制度的介绍，他山之石固然可以攻玉，然则中国现代化史以来制度建设既有的基础更值得深度挖掘。是以，商务印书馆此次重新整理出版的这部《强制执行法释义》，对于我国近代法制史、民事诉讼法，乃至民法的研究和制度建设将有极大裨益。

---

[1] 参看杨鸿烈：《中国法律发达史》，中国政法大学出版社 2009 年版，第 581—582 页。

《中国注释法学文库》编后记

"法学作为一种学术型态，其重要的构成要素是法律注释学，这是区别于哲学、文学、美学、经济学等其他人文学科的重要特点。法律注释学虽然早在古代即已产生，如古代罗马的私法注释学、古代中国的刑法注释学等，即使在没有法典的中世纪英国，也产生了法律注释学即判例法注释学。"① 注释法学是世界法学研究共同的样态。

中国古代法学就价值层面，具有无神论和现实主义精神，其法学理论的思辨精神淡薄，理论层次不高。从文献上讲，中国古代法学资料十分广泛，如《易经》《尚书》《周礼》《左传》《国语》《论语》《孟子》《荀子》《墨子》《老子》《庄子》《商君书》《慎子》《申子》《韩非子》《吕氏春秋》《历代刑法考》，还有正史列传、循吏列传、酷吏列传，《食货志》、私人文集，奏议及类书、丛书中的有关部分都与法学有关。②

从辞源上来讲"由于法学的概念是近代海禁打开以后，从西方输入的文化范畴，在古代是没有的，因此，传统律学就可以说是中国古代特定历史条件下的法学。"③ 所以，古代中国并没有出现正式定名的法学，有的是实质意义上的法学，即中国古代的律学。律学讲求"法条之所谓"，④ 与中国传统学术习惯和研究范式相一致，字词意的考

---

① 何勤华：《法律近代化考论》，载《法律文化史谭》，商务印书馆2004年，第281页。
② 同上书。
③ 张晋藩：《清代律学及其转型》，载《律学考》，商务印书馆2004年，第413页。
④ 武树臣：《中国古代的法学、律学、吏学和谳学》，载《律学考》2004年，第11页。

据是学术的基础。从这个意义上说,古代的中国就已经产生了与近代法学意义同一的律学。两千多年来,对法律的研究大都驻足于如何准确地注释法律、诠解法意、阐明法律原则,形成了以注释律学为主要代表的传统律学。中国古代的注释法学,以注释律学为载体,是以注释国家的制定法为特征。注释的宗旨,在于统治者设定的框架下,准确注释法律条文的含义,阐明法典的精神和立法原意,维护法律在社会生活中的统一适用。①

在这个意义上说中国古代的注释法学,即律学,经过漫长的发展阶段,大致分为如下:传统注释律学的发端是以商鞅变法,改法为律和以吏为师为起始。西汉引经解律是注释律学的早期阶段。东汉章句注释到晋律解是律学的奠基阶段。《唐律疏议》的出现标志着注释律学的发展阶段,这一阶段显著特点是唐代以官定的律疏取代私家注律,强调法律解释的国家权威性。注释律学自宋代至元代逐渐衰微。明代是专制主义极端强化的时期,是注释律学振兴和复苏的时期,产生了著名的注释律学大作,如彭应弼《刑书据会》、陆柬《读律管见》、王肯堂《律例笺释》等。到清代注释律学又达到了鼎盛,历两百年不衰,直到20世纪初西学东渐而来的近代法律转型,建立中国近代法律体系止,清代的注释法学,在注释方法、注释内容和注释风格上,更达完备性、规范性,成为传统注释律学的最终成熟形态。②

中国传统法学到19世纪晚期经历着中华法系的死亡与再生,③在此基础上产生了中国近代的注释法学。19世纪末20世纪初,中国

---

① 何敏:《从清代私家注律看传统注释律学的实用价值》,载梁治平编:《法律解释问题》,中国政法大学出版社1999年,第323页。
② 同上书,第325页。
③ 何勤华:《中国古代法学的死亡与再生》,载《法律文化史谭》,商务印书馆2004年,第300页。

社会面临亘古大变，甲午战败、辛丑条约，到日俄战争，竟让外国人（俄国、日本）在我们的国土上开战，自己倒成了坐上观的看客![1] 在这样的屈辱历史背景下，1901年慈禧太后发布新政诏书，中国传统社会开始自上而下地发生近代化转型。转型最烈在于宪政改革、官制改革，建立起了中国近代的国家官僚机构。1905年慈禧发布预备立宪诏书，至此，清末以宪政改革为龙头的变法修律、近代化运动进入高潮。1908年钦定宪法大纲出台，确立宪法上的君主立宪政体。这年慈禧与光绪相继谢世，转年进入宣统年，这场近代化改革依然继续，大量的近代法律法规均在这一时期纷纷颁布。据统计，从光绪二十七年（1901）到宣统三年1911年，整个清末"新政"十年，清政府发布新法律涉及宪政、司法、法律草案、官职任用、外交、民政、教育、军政、财政、实业、交通、典礼、旗务、藩务、调查统计、官报、会议等十多类，法规数量达2000余件,[2] 这一期间既是清政府没落的回光返照，也真实地开启了中国社会的法律近代化。

中国近代法学以移植西方法学，尤其是法德法系的六法为主干，输入西方法治文明的观念、制度与原则，这些涵括世界法律文明的内容包括：

第一，法律的渊源或是人类的理性（自然法），或是全体人民的共同意志（制定法），它是社会正义的体现；

第二，人的天赋的自然权利不可剥夺；

第三，国家或政府是人们之间通过协商、订立契约的产物，因此，国家或政府若不能保护人民，人民就有权推翻它；

第四，必须用法律来治理国家，哪里没有法治，哪里就肯定不再

---

[1] 王涛:《大清新法令1901—1911》点校本总序，商务印书馆2010年。
[2] 商务印书馆编译所编纂:《大清新法令》(1901—1911)，何勤华等点校，商务印书馆2010年。

有政府存在；

第五，立法权是最高的权力，具有神圣性，但它不能侵犯公民的生命和财产；

第六，法律的主要目的是保护私有财产；

第七，法律制定后必须坚决执行；

第八，法律面前人人平等；

第九，法律与自由相联系，没有法律也就没有自由；

第十，一切拥有权力的人都容易滥用权力，因此，必须用权力或法律来制约权力。①

中国近代法学走上移植、继受西方发达国家法律文明的路子，学习途径，最初传教士从事法律教育、创办团体、刊物开始传播法律知识；② 清末政府积极推动，张之洞、袁世凯、刘坤一保举，经钦定的修律大臣沈家本、伍廷芳，③ 政府开办修订法律馆，派"五大臣出洋考察政治"，系统地组织翻译西方法学著作，都是中国近代法学迅速成长起来的重要原因。西方法律文化的传播，除大量的汉译法律类图书出版之外，还有对清末立法成果注释、解释的部门法律著作出版，鉴此，中国近代注释法学在这一背景下出现。

百年后的今天，当我们回顾中国近代法学时，尚存几点思考：

第一，西法传入是中国官方自上而下积极推动的，西方是一套全新的法律系统，与中国传统法学截然不同，要让人们知悉部门法的具体内容，以及这套知识体系的优点，解释法条、阐发法理之著作成为

---

① 何勤华：《法学近代化论考》，载《法律文化史谭》，商务印书馆2004年，第289页。
② 何勤华：《传教士与中国近代法学》，载《法律文化史谭》，商务印书馆2004年，第321页。
③ 王兰萍：《政治家的引领作用》，载吴玉章等主编：《西方法律思想史与社会转型》，中国政法大学出版社2012年，第311页。

西法东渐最基本的读物。

第二，考据、注释之方法是中国固有的治学方法，中国学人信手拈来，中国本土的考据之法与从继受西法知识系统交互对接，使中国近代法学呈现出翻译西法著作与注释法学著作两分天下之势。

第三，此时的注释法学，无论阐释哪种部门法，其核心价值反映西方法律文明的精神，如民主、自由、平等，权力制衡，司法独立，私权自治等，这些理念产生于欧洲近代化过程中民族国家建立、反对封建特权之中，这一历程是人类文明进步发展的必经之路，它为中国社会由专制走向法治奠定了理论基础。清末政府推动的中国法律近代化，其思想层面的意义，对于百年后依然进行中的法制现代化有诸多的启示与历史的借鉴意义。

第四，研究中国法学，按照学术流派梳理，有中国新分析法学派，如民国时期以吴经熊为代表，[1] 确少有关注中国注释法学派别。但是，不容忽视的是中国近代的注释法学研究成果真正体现了中国法学本土化与国际化初次尝试，所产生的碰撞、吸纳，排异、融汇，至今都是不过时的研究课题。因为，中国社会的现代化包括法律现代化依然是国家文明建设的当代话题。

为了梳理这些历史上曾经的、现在尚显支离破碎的中国注释法学，我们着手整理出版《中国注释法学文库》，纳入本次出版计划的书目主要集中于中国近代的注释法学。在众多著作中遴选孟森、秦瑞玢、张君劢、郑爰毅等的注释著作。如孟森的《地方自治浅说》、《咨议局章程讲义》、《省咨议局章程浅释》、《咨议局议员选举章程浅释》，张君劢的《中华民国宪法十讲》，郑爰毅的《强制执行法释义》上、

---

[1] 端木恺：《中国新分析法学简述》，载吴经熊、华懋生编：《法学文选》，中国政法大学出版社2003年，第231页。

下，汪文玠的《现行违警罚法释义》，徐朝阳的《刑事诉讼法通义》，秦瑞玠的《大清著作权律释义》，谢霖的《票据法要义》等著作。另外，对于中国古代经典进行法学意义上的阐释之作，我们也纳入其中，如张紫葛、高绍先的《〈尚书〉法学内容译注》等。当然，百年前的法律文献，保存十分不易，且不少图书馆索要高价，难以借阅，这些制约了《文库》版本选择，目前远未达到涵盖法学的全部基本法、再现六法面貌，今后随这一出版项目的继续，我们将逐步扩大收书范围，以期全面概观中国近代注释法学原貌。*

---

* 本文由王兰萍执笔。

图书在版编目(CIP)数据

强制执行法释义/郑竞毅著.—北京:商务印书馆,2014
(中国注释法学文库)
ISBN 978-7-100-10258-2

Ⅰ.①强… Ⅱ.①郑… Ⅲ.①强制执行—法律解释—中国—民国 Ⅳ.①D925.05

中国版本图书馆 CIP 数据核字(2013)第 201703 号

所有权利保留。
未经许可,不得以任何方式使用。

本书据上海商务印书馆 1940 年版排印

中国注释法学文库
强制执行法释义
郑竞毅 著

商 务 印 书 馆 出 版
(北京王府井大街36号 邮政编码 100710)
商 务 印 书 馆 发 行
北 京 冠 中 印 刷 厂 印 刷
ISBN 978-7-100-10258-2

2014年12月第1版　开本 880×1230 1/32
2014年12月北京第1次印刷　印张 11⅞
定价:49.00元